手に取るように**理解**が**すすむ**

Q&A 給与計算の実務

平澤貞三 著

清文社

はじめに

社会人になって初めて給与明細書をもらったときのことを覚えていますか？
一番上にある基本給〇〇円、「うん、たしかに入社時に言われた金額どおりだ」、そして、通勤手当など各種手当を含む給与支給総額、「うん、たしかに」、その下を見ていくと健康保険料、厚生年金保険料……所得税……そして最後にみえる振込支給額〇〇円。

「ん、なんでこんなに引かれちゃうの？ 結局もらえるお金はこれだけ？」
こんな疑問や感想を持った人は多いのではないでしょうか。しかし、いつの間にか給料からいろいろなものが引かれることに慣れっこになってしまい、なんとなく給与明細書を眺めるようになってしまうのが人の性分です。

普通の人ならそれでもいいのですが、給与計算事務に携わる人はそういう訳にはいきません。「なぜ保険料や所得税、住民税が変わったのか」など、給与明細書に関する質問を従業員から受けたときに、即座に答えられなければならないからです。

給与計算には、所得税法、社会保険各法、労働基準法などのさまざまな法律が密接に関係しており、それらすべての知識を身につけておかないと正確な事務処理が行えず、また、従業員から質問があったときに正確に答えられません。また、毎月やってくる給与支給日までの限られた時間の中で、正確かつ効率的に事務処理を行うことが要求されます。

余談ですが、筆者は、新卒で入社したてのときに、給与計算と社会保険事務サービスの担当となり、初めは何が何だかわからず、細かい事務作業がイヤで仕方ありませんでした。それが何とか1年、3年、5年と続けていくうちに、その仕組みが理解できるようになり、20数年経ったいまでは、このような本を書かせていただく立場にまでなりました。

そのような経験や苦労を踏まえて、本書では、初心者に給与計算をスムーズに理解していただくための4つの読み方を用意してみました。

① 給与計算の基本的な仕組みをひととおり理解したい

　　第1章「項目別手続き編——給与計算のキホン」では、月次給与や賞与にかかる社会保険料、所得税など、給与計算に関する基本的な解説をしています。一から学びたい方は、この章の最初のページから読んでみてください。

② 事例ごとに必要な手続きを理解したい

　　第2章「事例別手続き編——困ったときの虎の巻」では、給与計算業務に関する手続きを、事例別に整理しています。判断に迷う事例に遭遇したときは、ここから読んでみてください。

③ 入社から退職までの手続きを流れで理解したい

　　第3章「1年間の手続き編——ある社員の入社から退職まで」では、1人の社員の身に起きる出来事を1年間に凝縮してみました。毎月必要となる手続きを月ごとに解説していますので、一連の流れを確認したい人は、ここから読んでみてください。

④ 仕事内容を理解できているか確認したい

　　第5章「練習問題編」として、本書の理解を確認するための問題集を付けてみました。○×式の問題を解いていくことで理解が深まりますので、ぜひチャレンジしてみてください。ひととおり仕組みを理解している人は、いきなり問題を解いてみるのも有効です。

　そして、給与計算実務においても関連のある最新トレンドについて、第4章「今どきの労務事情編——働き方改革・感染症対策における給与計算・労務管理の留意点」にまとめてみました。感染症流行時の労務管理や事務処理について絶対の正解は存在しませんが、何が一番正解に近いのかを探ることは重要です。是非参考にしてみてください。

　給与計算は奥が深く、決して簡単な業務ではありません。だからこそ、しっかり身につければ、生涯続けていける仕事になるのです。

　本書を通じて給与計算に関する理解が深まり、読者の皆さんが「給与計算なら任せて！」と胸を張っていただけるようになれば、これ以上の喜びはありま

せん。

　最後になりますが、本書の出版にあたりご尽力いただきました清文社の東海林良様、山田英様、そして本書原案を作成いただきました（故）村本健太郎様には心より感謝申し上げます。

2021 年 3 月

社会保険労務士　平澤　貞三

手に取るように理解がすすむ　Q&A給与計算の実務
［目 次］

はじめに

第2章

事例別手続き編
──困ったときの虎の巻

第1節 社員が入社するとき **148**

第3章
1年間の手続き編
──ある社員の入社から退職まで

第4章
今どきの労務事情編
——働き方改革・感染症対策における給与計算・労務管理の留意点

第1節 働き方改革における給与計算・労務管理の留意点　*238*

第2節 感染症対策における給与計算・労務管理の留意点　*250*

第5章

練習問題編

第6章

資料編

本書の内容は、令和3年3月1日現在の法令等に基づいています。

第 1 章

項目別手続き編

——給与計算のキホン

第1節

給与計算の基本を
確認しよう！

Q1-1 | 給与計算とは何か

Q 初めて給与計算の仕事を担当することになりました。給与計算の仕事
はどのようなものか教えてください。

A 給与計算とは、ひと言でいえば、「給与の総支給額から、社会保険
料や所得税、住民税などを計算して、その明細書をつくる仕事」と
なります。実際に業務を進めていくうえでは、関連する法律や知識を身に
つけていくことがとても重要な仕事です。

解 説

　給与計算は、所得税法、社会保険各法、労働基準法など、さまざまな法律と
密接な関係がありますから、まずは、それぞれの関係を知ることから始めま
しょう。

1 給与計算と所得税

　所得税は個人の１年間の合計所得に対して確定するものですが、年に一度ま
とめて所得税を払うのは大変な負担です。

　そこで、給与支給を受けるサラリーマンについては、その給与が支払われる
都度、少しずつ所得税を前払いしていきます。性質は前払いですが、会社は適
当な額を給与から引けばいいわけではありません。所得税法で定められたルー
ルに従って厳密に所得税を計算し、その所得税を給与から控除し期限までに国

に納める義務を会社は負っています。

2 給与計算と社会保険

（1）社会保険（健康保険・介護保険・厚生年金保険）

　社会保険の保険料は、毎月の給与計算のたびにそれぞれの額を計算するのではなく、あらかじめ社員個々の給与月額に基づく「標準報酬月額」を年金事務所や健康保険組合に届け出ておき、その標準報酬月額によって決定された金額を毎月の給与計算に計上するという仕組みになっています。

　「標準報酬月額」は、まずは入社時（資格取得時）に決定しますが、固定給与に変更があったときは、一定のルールに従って見直しを行い、新たに届け出を行います。何も変更がない場合でも、年に一度は全員分の報酬月額を年金事務所や健康保険組合に届け出なければなりません。

　これらの手続きを怠っていると、控除する保険料を間違えてしまいますので、給与計算を正しく行ううえでは、社会保険の届け出や手続きを正しく理解することが不可欠となってきます。

（2）労働保険（雇用保険・労災保険）

　労働保険の保険料は、単純に給与の支給総額に一定の率を乗じて計算します。雇用保険料は社員からの控除が必要ですが、労災保険料は全額が会社負担となりますので社員からの控除はありません。

　保険料は年に一度申告書を作成して納めますので、申告に関するルールや事務手順を覚えることも大切です。なお、社会保険および労働保険の体系については、**図表1-1**を参照ください。

3 給与計算と労働基準法

　労働基準法には「賃金支払5原則」（**図表1-2**参照）というルールがあり、給与の支払方法や時期などが定められています。残業手当の計算に関するルールなども定義されていますので、給与計算担当者必見の法律となります。

図表1-1　社会保険・労働保険の体系

		保険制度	主な目的	事務取扱の窓口
社会保険（広義）	被用者保険	社会保険（狭義） ①健康保険	• 業務外の病気、ケガ、出産、死亡に対する給付	年金事務所または協会けんぽまたは健康保険組合
		②介護保険	• 介護が必要な人に対して給付 • 40歳以上が対象	
		③厚生年金保険	• 老齢、障害、遺族に対する給付	年金事務所
		労働保険 ④雇用保険	• 失業に対する給付 • 事業主への助成金の支給	公共職業安定所（ハローワーク）
		⑤労災保険	• 業務災害または通勤災害に対する給付	労働基準監督署
	一般国民保険	⑥国民健康保険	• 病気、ケガ、出産、死亡に対する給付	市区町村
		⑦国民年金	• 老齢、障害、遺族に対する給付	

図表1-2　賃金支払5原則

5原則	内　容
①通貨払い	賃金は、日本銀行券または鋳造貨幣で支払うこと ※　労働者の個別の同意があり、労働者が指定する金融機関口座へ振り込む等の要件を満たせば、口座振込が可能
②直接払い	労働者本人以外の者に賃金を支払うことは禁止 ※　未成年者にも直接払わなければならない（労働基準法第59条）
③全額払い	賃金の一部を控除して支払うことを禁止 ※　欠勤、遅刻、早退などによる控除は全額払いの原則に違反するものではない ※　あらかじめ労使協定により取り決められている社宅費用等を控除することは可能
④毎月1回以上払い	賃金は少なくとも月に1回は支払うこと ※　年俸制であっても毎月1回以上支払わなければならない
⑤一定期日払い	賃金は、「毎月25日」や「月の末日」など、期日を特定して支払うこと

➡ 税金や保険料の計算には法律で決められたルールがあり、これを守らないと会社が罰則を受けることもあります。

➡ 図表1-1の⑥（国民健康保険）と⑦（国民年金）は、給与所得者以外の主に自営業者などが加入する保険です。給与計算担当者が関わる保険は、図表1-1の①～⑤の被用者（サラリーマン）保険となりますので、これらについてしっかりと学習していきましょう。

➡ 年金事務所や健康保険組合への届け出を怠ると、正しい給与計算が行えなくなります。

➡ 正しく給与計算を行うためには、所得税、社会保険、労働関係の法規を理解することが重要です。

Q1-2 | 毎月の業務スケジュール

Q 給与計算の毎月の仕事の流れについて教えてください。

A 給与計算担当者の責任範囲にもよりますが、情報の収集、整理から始まり、給与システムへの登録、給与明細の作成、振込み、税金等の納付という流れになります。

解 説

給与計算の仕事で社員の目に触れるものは「給与明細書」と「給与の振込み」ですが、その完了までにはさまざまな工程があります（**図表1-3**参照）。

図表1-3　毎月の作業スケジュール

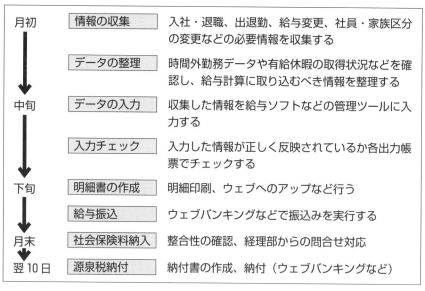

月初	情報の収集	入社・退職、出退勤、給与変更、社員・家族区分の変更などの必要情報を収集する
	データの整理	時間外勤務データや有給休暇の取得状況などを確認し、給与計算に取り込むべき情報を整理する
中旬	データの入力	収集した情報を給与ソフトなどの管理ツールに入力する
	入力チェック	入力した情報が正しく反映されているか各出力帳票でチェックする
下旬	明細書の作成	明細印刷、ウェブへのアップなど行う
	給与振込	ウェブバンキングなどで振込みを実行する
月末	社会保険料納入	整合性の確認、経理部からの問合せ対応
翌10日	源泉税納付	納付書の作成、納付（ウェブバンキングなど）

時間的制約の中で、効率よく給与計算事務を進めるためには、毎月の作業スケジュールの管理が重要なカギとなってきますので、卓上カレンダーなどを利用して、何をいつまでにやらなければならないか、事前に把握しておくといいでしょう（**図表1-4**参照）。

図表1-4　毎月の作業カレンダーの例

日	月	火	水	木	金	土
1	2	3	4	5	6	7
	新入社員説明会		勤怠情報回収・チェック			
8	9	10	11	12	13	14
			勤怠一覧の作成・チェック		新入社員書類の回収期限	
15	16	17	18	19	20	21
	社員変更情報の整理	給与計算データ入力	出力データチェック	出金伝票作成	銀行データ提出日	
22	23	24	25	26	27	28
	明細書印刷	明細書配布	給与支給日	会計仕訳伝票の作成	会計伝票の提出期限	
29	30					
	社会保険料引落し					

Check!

➡ 当月のカレンダーに、何をいつまでにやらなければならないかをあらかじめ記入しておくと便利です。

➡ 勤怠データや申請書などを期限までに提出してもらえるよう、関連部署とのコミュニケーションを円滑にしておきましょう。

Q1-3 | 年間の業務スケジュール

Q 年次で行わなければならない給与計算関連の定例業務について、教えてください。

A 給与計算の仕事には、税金や社会保険、労働保険など、各行政窓口に届け出や報告書を決められた期限までに提出しなければならないさまざまな年間業務があります。

解説

給与計算の仕事は、年間を通じて繁忙期と閑散期が明確に分かれていますので、非常にメリハリのある仕事といえます。このメリハリを利用すればプライベートの旅行などの計画も立てやすく、ワークライフバランスにもすぐれた仕事といえるかもしれません（**図表1-5**参照）。

図表1-5　年定例の主な業務スケジュール

比較的忙しい時期	4月	新規入社	・雇用契約書や通勤手当申請書など給与計算に必要な書類や情報を収集する
			・基礎年金番号やマイナンバーなど社会保険の加入手続きに必要な書類や情報を収集し手続きを進める
			・住民税の支払状況を確認し、異動に関する手続きを進める
繁忙期	5月	住民税通知書	・各市区町村役所から送られてきた住民税の通知書を開封し、個人ごとに本人控えを渡す
	6月	住民税改定	・給与システムのマスターデータで新年度住民税の金額を入力する
		賞与	・会社のルールに沿って賞与支給金額を確認し、賞与処理を行う

繁忙期	7月	労働保険更新	・前年4月〜当年3月までの1年間における賃金をベースに労働保険料の確定・概算保険料申告書を作成し、保険料を納付する（第1期分）
		社会保険算定	・当年4〜6月の各月の報酬を算定基礎届に記入し健保組合や年金事務所に提出する
		源泉所得税	・納期の特例の適用を受けている場合は上半期（1〜6月）分の源泉所得税を集計して税務署に納付する
閑散期	8月		・8〜9月は特に法定の業務がないので、会社によっては給与計算担当者の休みどころ
	9月		
	10月	社会保険料変更	・年金事務所や健保組合から届いた通知書に従って給与システム上の9月以降の標準報酬を変更し10月給与以降の保険料控除額を変更する
		労働保険料納付	・分割払いを選択している場合は2期分の労働保険料を納付する
超繁忙期	11月	年末調整準備	・年末調整の各種申告書を配付・回収し内容の確認を行う
	12月	賞与	・会社のルールに沿って賞与支給金額を確認し、賞与処理を行う
		年末調整	・年末調整データを給与システムに入力し所得税の年税計算を行う。還付や不足の税額を12月給与に転記する。源泉徴収票を発行する
	1月	労働保険料納付	・分割払いを選択している場合は3期分の労働保険料を納付する
		源泉所得税	・納期の特例の適用を受けている場合は下半期（7〜12月）分の源泉所得税を集計して税務署に納付する
		法定調書	・前年の給与・賞与・退職金に関するデータを法定調書合計表に記載して税務署に提出する
		給与支払報告書	・新年度住民税計算のために給与支払報告書（源泉徴収票）を市区町村単位で提出する

| 閑散期 | 2〜3月 | ・2〜3月は特に法定の業務がないので、会社によっては給与計算担当者の休みどころ |

➡ 給与計算担当者は、5〜7月にかけて比較的忙しくなり、11〜翌1月にかけて最も忙しくなります。

➡ まとまった休暇をとるなら、8〜10月、2〜4月あたりがお勧めです。

Q1-4 | 支給項目のルール

Q 給与計算の支給項目のルールについて簡単に教えてください。

A 所得税や社会保険の計算対象になる支給項目は、それぞれの法律により扱いが異なります。

解説

まずは、**図表1-6**の給与明細を例に、給与計算の構造と各項目の性質や特徴をみていきましょう。

図表1-6　給与明細書の一般例

<table>
<tr><td colspan="10" align="right">給 与 明 細 書
20XX年4月分
株式会社ABC商事</td></tr>
<tr><td>所属コード</td><td>社員No.</td><td colspan="3">氏　名</td><td colspan="4"></td><td></td></tr>
<tr><td>営業一課</td><td>99</td><td colspan="3">花形　満作　　様</td><td colspan="4"></td><td></td></tr>
<tr><td rowspan="4">支給額</td><td>基本給</td><td>時間外手当</td><td>休日手当</td><td>深夜手当</td><td>営業手当</td><td>住宅手当</td><td>家族手当</td><td>通勤手当</td><td></td></tr>
<tr><td>350,000</td><td>31,250</td><td></td><td></td><td>50,000</td><td>20,000</td><td>15,000</td><td>8,500</td><td>支給額合計</td></tr>
<tr><td>役員報酬</td><td>調整1</td><td>調整2</td><td></td><td></td><td></td><td>非課税額計</td><td>課税額計</td><td></td></tr>
<tr><td></td><td></td><td></td><td></td><td></td><td></td><td>8,500</td><td>466,250</td><td>474,750</td></tr>
<tr><td rowspan="4">控除額</td><td>健康保険</td><td>介護保険</td><td>厚生年金</td><td>雇用保険</td><td>社会保険料計</td><td></td><td>所得税</td><td>住民税</td><td></td></tr>
<tr><td>23,124</td><td>4,230</td><td>43,005</td><td>1,424</td><td>71,783</td><td></td><td>9,550</td><td>21,500</td><td>控除額合計</td></tr>
<tr><td>社宅費</td><td>財形貯蓄</td><td>生命保険</td><td></td><td></td><td></td><td></td><td></td><td></td></tr>
<tr><td>30,000</td><td></td><td>12,000</td><td></td><td></td><td></td><td></td><td></td><td>144,833</td></tr>
<tr><td rowspan="2">勤怠</td><td>出勤日数</td><td>勤務時間数</td><td colspan="3">時間外勤務時間
普通　深夜　休日</td><td>有給日数</td><td>公休日数</td><td>欠勤日数</td><td>遅刻・早退
回数　時間</td><td>扶養者数</td><td>備考</td><td>差引支給額</td></tr>
<tr><td>21</td><td>178</td><td>10　　0　　0</td><td></td><td></td><td>1</td><td>0</td><td>0</td><td>0　　0</td><td>2</td><td></td><td>329,917</td></tr>
</table>

1 支給額における固定項目・変動項目

支給額は、毎月固定的に支給される「**固定項目**」と、それ以外の「**変動項目**」に区分されます。健康保険料や厚生年金保険料は、原則として年に一回見

図表1-7　固定項目と変動項目の例

固定項目	基本給、役員報酬、住宅手当、家族手当、通勤手当など
変動項目	時間外手当、休日手当、深夜手当、各種調整など

直しとなりますが、固定項目が変動したときには例外的に保険料の見直しを行うべきかどうか判定を行う必要があります（**Q1-33** 参照）。

　そのため、その支給項目が固定なのか変動なのかということは、大変重要な意味を持っています（**図表1-7**参照）。

　明細書の例にある営業手当は、会社のルールによって固定項目の場合もあれば、営業成績に連動する変動項目の場合も考えられます。項目名称だけにとらわれず、会社単位の取扱いを就業規則や賃金規程で事前に確認しておきましょう。

　また、通常、給与ソフトでは、この固定、変動の区分定義を項目ごとに設定していますので、その設定状況を確認しておくことも大切です。

2　所得税の課税・非課税と社会保険料の対象・非対象の区分

　公共交通機関を利用する場合の**通勤手当**は、月15万円までは所得税の課税計算の対象から除外されますが、健康保険・介護保険・厚生年金保険および雇用保険料を計算するうえではすべて計算対象とされます。

　このように、給与の支給項目には、同じ項目であっても所得税や社会保険において異なる取扱いをするものが存在します。給与ソフトでは、所得税の課税・非課税、社会保険の対象・非対象を設定する個所が必ずあるはずですので、設定が正しく行われているか確認しておきましょう。

　なお、社会保険は、法律で詳細を定義せずに、地域によって異なる取扱いをする場合もあり、また、現金以外の現物で給与を支給する場合は、所得税の課税・非課税の扱いが複雑になるケースがあります。

　これらの判断に迷う場合は、面倒でも、管轄の税務署や年金事務所に直接確認するようにしましょう。

➡ 固定の支給項目が変動したときには、健康保険・厚生年金の標準報酬と保険料を見直すべきかどうかの判定が必要です。

➡ 通勤手当は、月15万円までは非課税となりますが、社会保険では全額が保険料の対象となります。

Q1-5 | 残業手当のルール

Q 支給項目のうち、残業手当を計算する際のルールについて簡単に教えてください。

A 給与の時間単価に、残業時間と、区分ごとの割増率を乗じて計算します。

解説

法律で決められている上限労働時間を「**法定労働時間**」といい、法定労働時間は1日8時間、週40時間と定められています。

これに対し、法定時間内で会社が任意に定める労働時間を「**所定労働時間**」といいます。たとえば始業9時、終業17時で休憩1時間の場合は、休憩時間を除く1日7時間が所定労働時間となります。

1 残業手当の計算式

計算式は**図表1-8**のようになります。

図表1-8 残業手当の計算式

時給者	時給 × 法定労働時間を超えた労働時間数 × 割増率		
月給者	$\dfrac{月給額}{月の所定労働時間数}$	×	月所定労働時間を超えた労働時間数 × 割増率

2 残業手当計算における割増率

所定労働時間を超えて法定労働時間までの残業手当については、法律上、割

図表 1 - 9 　残業手当の法律上の割増率

区　分	割増率	対象となる時間・時間帯
①所定時間を超える労働	100 %	所定労働時間を超えて、法定労働時間に至るまでの労働時間
②法定時間を超える労働	125 %	1 日 8 時間または週 40 時間を超える労働時間
③所定休日の労働	125 %	法定休日以外の休日における労働時間。ただし、週 40 時間労働を超えていなければ会社ルールによっては 100 %でも可
④法定休日の労働	135 %	週 1 回または 4 週で 4 回の休日。たとえば土日祝日が休みの会社で、会社ルールで日曜日を法定休日とすれば、土曜祝日は所定休日扱い
⑤深夜の労働	上記に25 %加算	夜 10 時から朝 5 時までの時間帯に行った労働はすべて 25 %加算 ① 100 %→ 125 %、② 125 %→ 150 %、 ③ 125 %→ 150 %、④ 135 %→ 160 %

増で支払う義務はありませんので、**割増率は 100 %でも差し支えありません**（**図表 1 - 9** 参照）。

3 　1 か月60時間を超える残業手当

　法定労働時間（1 日 8 時間、週 40 時間）に対して 1 か月合計 60 時間を超える残業については、割増率を 125 %ではなく 150 %として計算しなければなりません。ただし、中小企業については、2023 年 3 月まで猶予されていますので、上記 **2** のとおりで構いません（**図表 1 - 10** 参照）。

4 　残業手当計算上の端数処理

　会社のルールで一方的に残業時間を切り捨て、時間単価を切り捨てることは法律では認められませんが、**図表 1 - 11** の範囲で端数処理することは可能です。
　残業手当は、法律の範囲内で就業規則などの会社ルールに沿って計算するこ

図表1-10　猶予される中小企業の範囲

資本金の額または出資の総額が				常時使用する労働者数が	
小売業	5,000万円以下			小売業	50人以下
サービス業	5,000万円以下	または		サービス業	100人以下
卸売業	1億円以下			卸売業	100人以下
上記以外	3億円以下			上記以外	300人以下

※　金額や人数は、事業場単位ではなく法人または個人事業主単位で判断します。

図表1-11　残業手当計算上の端数処理で認められるルール

①	1か月における時間外労働、休日労働および深夜労働の各々の時間数の合計に1時間未満の端数がある場合に、30分未満の端数を切り捨て、それ以上を1時間に切り上げること
②	1時間あたりの時間単価および割増時間単価に円未満の端数が生じた場合、50銭未満の端数を切り捨て、それ以上を1円に切り上げること
③	1か月における時間外労働、休日労働、深夜労働の各々の割増賃金の総額に1円未満の端数が生じた場合、②と同様に処理すること

とになりますが、会社の計算ルールがない場合は、法律で定めた最低ライン以上のルールで計算することになります。

5　時間単価計算から除外できる手当

　月給者の時間単価を計算する際の月給額は、原則としてすべての給与支給項目を対象としなければなりませんが、**図表1-12**に掲げる手当については、労働の対価としての意味合いが薄いものや、実費弁償的であるなどという理由で、法律により例外的に除外が認められています。

　なお、この時間単価計算から除外できる手当は、法律で限定列挙されているものです。したがって、ここに挙げられているもの以外の手当のうち、毎月の精算期間をもって支給されるまたは支給されるべき手当は、金額上の固定・変動の要素を問わず、すべて時間単価計算に含めなければなりません。ただし、営業コミッションのように、出来高（歩合）に応じた手当については、**図表1**

図表 1 - 12　残業手当の時間単価計算から除外できる手当

家族手当／通勤手当／別居手当（単身赴任手当）／子女教育手当／住宅手当／臨時に支払われた賃金／１か月を超える期間ごとに支払われる賃金

※　名称のいかんを問わず、その実質的な内容により判断します。

図表 1 - 13　計算基礎から除外できる住宅手当にあたる例

①　住宅に要する費用に定率を乗じた額を支給することとされているもの（たとえば、賃貸住宅居住者には家賃の一定割合、持家居住者にはローン月額の一定割合を支給することとされているもの）
②　住宅に要する費用を段階的に区分し、費用が増えるに従って額を多くして支給することとされているもの（たとえば、家賃月額 5 〜 10 万円の者には 2 万円、家賃月額 10 万円を超える者には 3 万円を支給することとされているようなもの）

- 8 で示す残業手当の計算式とは異なる方法によって計算することになりますので注意が必要です。

　具体的には、出来高払手当を含めない状態で**図表 1 - 8** に示す残業手当の計算を行い、それとは別に、出来高払手当にかかる割増手当を計算し、その額を加算して支給する、という流れになります。出来高払手当にかかる割増手当は、まず、当該出来高払手当だけを当月の総労働時間で除した時間単価計算を行います。そこで求めた時間単価に、（A）法定時間外の労働時間、および（B）休日労働の時間を乗じ、さらに（A）の場合は 0.25、（B）の場合は 0.35 を乗じた額を求めます。これが出来高払手当にかかる割増手当となり、**図表 1 - 8** で求めた金額に加算して支給します。

$$\text{出来高払手当にかかる割増賃金額} = \frac{\text{当該賃金算定期間中に支払われた出来高払手当の総額}}{\text{当該賃金算定期間における総労働時間数}} \times \begin{array}{l}\text{法定時間外の労働時間} \times 0.25 \\ \text{（法定休日部分は 0.35）}\end{array}$$

　その他、**図表 1 - 12** の中で、「**住宅手当**」については特に注意が必要です。

　住宅手当を全員一律で支給している会社もあると思いますが、これらは時間単価計算の基礎から除外できる住宅手当には該当しません。先にも述べたとお

り、その住宅手当が、実費弁償的でなければ除外できる住宅手当として認定されませんので注意しましょう（**図表1-13**参照）。

6 36（さぶろく）協定

　法律では、原則として、事業主が労働者に法定労働時間を超えて労働させることを禁止しています。ただし、時間外労働や休日労働について、あらかじめ労使間で協定を結び、その内容を記した書面を労働基準監督署長に届け出ておけば、法定時間外や休日に労働させることを許されます。これは、労働基準法第36条に規定されていることから、この書式を一般に「36（さぶろく）協定」と呼んでいます。

　36協定のひな型「様式第9号（第17条関係）」は、インターネットでダウンロードできますので、毎年必ず更新するようにしましょう。

Check!

→ 残業手当を計算する際には、残業区分ごとの割増率を使用します。

→ 法定労働時間内の残業は、会社ルールによっては割増しなくとも差し支えありません。

→ 36協定の届け出なしで法定時間外労働をさせることは違法となりますので、必ず36協定を結んで管轄の労働基準監督署長に毎年提出するようにしましょう。

Q1-6 | 控除項目のルール

Q 給与計算の控除項目のルールについて簡単に教えてください。

A 給控除項目は、大別すると法律に基づく「**法定控除**」と、会社単位で任意に定める「**任意控除**」に分けられます。

解説

所得税や住民税、健康保険や厚生年金保険などの社会保険料は、会社が給与・賞与を支払うときに必ず控除するように法律で定められています。一方、社宅費、生保・損保などの民間保険、財形貯蓄などは会社のルールで控除します。

1 法定控除

給与から控除する法定控除は**図表1-14**のとおりです。

図表1-14 法定控除の種類

法定控除	所得税、住民税
	健康保険料、介護保険料、厚生年金保険料、雇用保険料、（会社によっては）厚生年金基金掛金

所得税は、毎月の給与や賞与の額に対して、その都度、会社が控除額の計算を行います。

一方、住民税は、社員の住んでいる市区町村役所が、その社員の前年の所得に基づいて住民税を計算し、5月ごろに会社に通知してきます。会社は、その通知金額に従って、毎年6月〜翌年5月にかけて毎月指定の金額を控除します。

法定控除は、それぞれの法の定めに従って控除するものであり、控除する金額について労使協定を結んだり本人に同意を得る必要はありません。

2 任意控除

一般的な任意控除として、**図表1-15**のようなものが挙げられます。

図表1-15 任意控除の例

任意控除	社宅費、財形貯蓄、生命保険、親睦会費、社内預金、組合費　持株会、給食費、ローン返済など

労働基準法では、社会保険料、所得税、住民税などの法律で定められたもの以外のものを控除することを原則禁止としています。任意で控除したいものがある場合には、労働者代表と使用者（会社）の間で、「賃金控除に関する協定書」という「労使協定」を結ぶことで、控除が可能となります。

任意控除は一般的に「協定控除」とも呼ばれます（**図表1-16**参照）。

図表1-16 法定控除と協定控除の違い

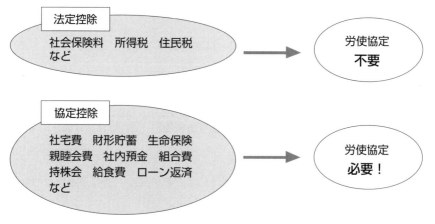

法定控除
社会保険料　所得税　住民税　など　→　労使協定　**不要**

協定控除
社宅費　財形貯蓄　生命保険　親睦会費　社内預金　組合費　持株会　給食費　ローン返済　など　→　労使協定　**必要！**

➡ 所得税や住民税、社会保険料などの法定で控除するものは、その金額や控除
　することについて労使協定や本人の同意を得る必要はありません。

➡ 任意で社宅費、財形貯蓄、生命保険、親睦会費、社内預金、組合費などを控
　除する場合には、事前に「労使協定」を結ぶ必要があります。

Q1-7 | 月次給与から控除する社会保険料の求め方

Q 月次給与の法定控除のうち、社会保険料の求め方と控除の仕方について概要を教えてください。

A 社会保険は大別すると、健康保険・介護保険・厚生年金保険の「社会保険」グループと、雇用保険・労災保険の「労働保険」グループに分けられます。保険料の求め方は、グループごとに異なります。

解説

社会保険料は、給与の金額をベースに「保険料額表」を使って求め、労働保険料は、給与の支給額に一定の率を乗じて求めます（**図表1-17**参照）。

図表1-17 社会保険のグループ関係図

1 社会保険料（健康保険・介護保険・厚生年金保険）の求め方

これら保険料は、毎月の給与計算のたびにそれぞれの額を計算するのではなく、あらかじめ社員個々の給与月額に基づく「標準報酬月額」を年金事務所や健康保険組合に届け出ておき、その標準報酬月額によって決定された金額を毎月の給与計算に計上するという仕組みになっています。

標準報酬月額には4種類の決定方法があり、それぞれの概要は**図表1-18**の

図表 1 - 18　標準報酬月額の決定方法

決定方法	届出時期	届出書類	届出対象者	記載すべき報酬
①資格取得時決定	入社後5日以内	被保険者資格取得届	適用除外者を除く新入社員	雇用契約書に記載された月額給与（1か月あたりの通勤手当含む）
②定時決定（算定）	毎年7月1〜10日	被保険者報酬月額算定基礎届	適用除外者および6月中に保険加入した人を除く保険適用者全員	その年の4〜6月に受けた給与総額（残業手当などの変動給与含む）の1か月平均額
③随時改定（月変）	給与の大幅な変更があった月から3か月経過後速やかに	被保険者報酬月額変更届	固定的賃金変動後の継続した3か月間の平均標準報酬月額が2等級以上変わる人	固定的賃金変更の月から3か月間に受けた給与総額（残業手当などの変動給与含む）の1か月平均額
④産前産後休業・育児休業等終了時改定	産前産後・育児休業社員が復帰した月から3か月経過後速やかに	産前産後休業/育児休業等終了時報酬月額変更届	職場復帰日以後の3か月間平均標準報酬月額が1等級以上変わる人	職場復帰日の属する月以後3か月間に受けた給与総額（残業手当などの変動給与含む）の1か月平均額

とおりです。

　上記届け出のうち、直近の届け出によって決定された保険料を、次の見直し時期がくるまで同額を計上し続けるということになります。

　保険者は、標準報酬に対して保険料がいくらになるかを表した「標準報酬月額保険料額表」を用意していますので（各ホームページでダウンロードできます）、この表に標準報酬月額をあてはめて保険料を求めるか、標準報酬月額にそれぞれの保険料率を乗じて求めます（**図表 1 - 19** 参照）。

図表1-19　入社した社員の保険料の決定（資格取得時決定）の例

※　便宜上、協会けんぽ（東京都）令和3年3月以降適用の保険料額表（第6章 **資料1**参照）で説明します。

① 雇用契約書などで入社時の報酬（給与）の総額を確認します。

　例）基本給300,000円＋通勤手当15,000円＝315,000円

② 315,000円を「標準報酬月額保険料額表」にあてはめて標準報酬月額を求めます。

標準報酬		報酬月額	
等級	月額		
		円以上	円未満
1	58,000	～	63,000
2	68,000	63,000 ～	73,000
3	78,000	73,000 ～	83,000
4(1)	88,000	83,000 ～	93,000
5(2)	98,000	93,000 ～	101,000

（中略）

22(19)	300,000	290,000 ～	310,000
23(20)	320,000	310,000 ～	330,000
24(21)	340,000	330,000 ～	350,000

（中略）

48	1,270,000	1,235,000 ～	1,295,000
49	1,330,000	1,295,000 ～	1,355,000
50	1,390,000	1,355,000 ～	

月額給与の合計（報酬月額）315,000円はこの行にあてはまる。
だから、標準報酬月額は320,000円、健保・介護23等級（厚生年金20等級）ということが判明。

③ 該当する標準報酬月額に対する保険料（同一行の右側）を確認します。

(東京都)　　　（単位：円）

標準報酬		報酬月額		全国健康保険協会管掌健康保険料				厚生年金保険料(厚生年金基金加入員を除く)	
				介護保険第2号被保険者に該当しない場合		介護保険第2号被保険者に該当する場合		一般・坑内員・船員	
				9.84%		11.64%		18.300%※	
等級	月額	円以上	円未満	全　額	折半額	全　額	折半額	全　額	折半額
1	58,000	~	63,000	5,707.2	2,853.6	6,751.2	3,375.6		
2	68,000	63,000 ~	73,000	6,691.2	3,345.6	7,915.2	3,957.6		
3	78,000	73,000 ~	83,000	7,675.2	3,837.6	9,079.2	4,539.6		
4(1)	88,000	83,000 ~	93,000	8,659.2	4,329.6	10,243.2	5,121.6	16,104.00	8,052.00
5(2)	98,000	93,000 ~	101,000	9,643.2	4,821.6	11,407.2	5,703.6	17,934.00	8,967.00
6(3)	104,000	101,000 ~	107,000	10,233.6	5,116.8	12,105.6	6,052.8	19,032.00	9,516.00
7(4)	110,000	107,000 ~	114,000	10,824.0	5,412.0	12,804.0	6,402.0	20,130.00	10,065.00
8(5)	118,000	114,000 ~	122,000	11,611.2	5,805.6	13,735.2	6,867.6	21,594.00	10,797.00
9(6)	126,000	122,000 ~	130,000	12,398.4	6,199.2	14,666.4	7,333.2	23,058.00	11,529.00
10(7)	134,000	130,000 ~	138,000	13,185.6	6,592.8	15,597.6	7,798.8	24,522.00	12,261.00
11(8)	142,000	138,000 ~	146,000	13,972.8	6,986.4	16,528.8	8,264.4	25,986.00	12,993.00
12(9)	150,000	146,000 ~	155,000	14,760.0	7,380.0	17,460.0	8,730.0	27,450.00	13,725.00
13(10)	160,000	155,000 ~	165,000	15,744.0	7,872.0	18,624.0	9,312.0	29,280.00	14,640.00
14(11)	170,000	165,000 ~	175,000	16,728.0	8,364.0	19,788.0	9,894.0	31,110.00	15,555.00
15(12)	180,000	175,000 ~	185,000	17,712.0	8,856.0	20,952.0	10,476.0	32,940.00	16,470.00
16(13)	190,000	185,000 ~	195,000	18,696.0	9,348.0	22,116.0	11,058.0	34,770.00	17,385.00
17(14)	200,000	195,000 ~	210,000	19,680.0	9,840.0	23,280.0	11,640.0	36,600.00	18,300.00
18(15)	220,000	210,000 ~	230,000	21,648.0	10,824.0	25,608.0	12,804.0	40,260.00	20,130.00
19(16)	240,000	230,000 ~	250,000	23,616.0	11,808.0	27,936.0	13,968.0	43,920.00	21,960.00
20(17)	260,000	250,000 ~	270,000	25,584.0	12,792.0	30,264.0	15,132.0	47,580.00	23,790.00
21(18)	280,000	270,000 ~	290,000	27,552.0	13,776.0	32,592.0	16,296.0	51,240.00	25,620.00
22(19)	300,000	290,000 ~	310,000	29,520.0	14,760.0	34,920.0	17,460.0	54,900.00	27,450.00
23(20)	320,000	310,000 ~	330,000	31,488.0	15,744.0	37,248.0	18,624.0	58,560.00	29,280.00
24(21)	340,000	330,000 ~	350,000	33,456.0	16,728.0	39,576.0	19,788.0	62,220.00	31,110.00
25(22)	360,000	350,000 ~	370,000	35,424.0	17,712.0	41,904.0	20,952.0	65,880.00	32,940.00
26(23)	380,000	370,000 ~	395,000	37,392.0	18,696.0	44,232.0	22,116.0	69,540.00	34,770.00
27(24)	410,000	395,000 ~	425,000	40,344.0	20,172.0	47,724.0	23,862.0	75,030.00	37,515.00
28(25)	440,000	425,000 ~	455,000	43,296.0	21,648.0	51,216.0	25,608.0	80,520.00	40,260.00
29(26)	470,000	455,000 ~	485,000	46,248.0	23,124.0	54,708.0	27,354.0	86,010.00	43,005.00
30(27)	500,000	485,000 ~	515,000	49,200.0	24,600.0	58,200.0	29,100.0	91,500.00	45,750.00
31(28)	530,000	515,000 ~	545,000	52,152.0	26,076.0	61,692.0	30,846.0	96,990.00	48,495.00
32(29)	560,000	545,000 ~	575,000	55,104.0	27,552.0	65,184.0	32,592.0	102,480.00	51,240.00
33(30)	590,000	575,000 ~	605,000	58,056.0	29,028.0	68,676.0	34,338.0	107,970.00	53,985.00
34(31)	620,000	605,000 ~	635,000	61,008.0	30,504.0	72,168.0	36,084.0	113,460.00	56,730.00
35(32)	650,000	635,000 ~	665,000	63,960.0	31,980.0	75,660.0	37,830.0	118,950.00	59,475.00
36	680,000	665,000 ~	695,000	66,912.0	33,456.0	79,152.0	39,576.0		
37	710,000	695,000 ~	730,000	69,864.0	34,932.0	82,644.0	41,322.0		
38	750,000	730,000 ~	770,000	73,800.0	36,900.0	87,300.0	43,650.0		
39	790,000	770,000 ~	810,000	77,736.0	38,868.0	91,956.0	45,978.0		
40	830,000	810,000 ~	855,000	81,672.0	40,836.0	96,612.0	48,306.0		
41	880,000	855,000 ~	905,000	86,592.0	43,296.0	102,432.0	51,216.0		
42	930,000	905,000 ~	955,000	91,512.0	45,756.0	108,252.0	54,126.0		
43	980,000	955,000 ~	1,005,000	96,432.0	48,216.0	114,072.0	57,036.0		
44	1,030,000	1,005,000 ~	1,055,000	101,352.0	50,676.0	119,892.0	59,946.0		
45	1,090,000	1,055,000 ~	1,115,000	107,256.0	53,628.0	126,876.0	63,438.0		
46	1,150,000	1,115,000 ~	1,175,000	113,160.0	56,580.0	133,860.0	66,930.0		
47	1,210,000	1,175,000 ~	1,235,000	119,064.0	59,532.0	140,844.0	70,422.0		
48	1,270,000	1,235,000 ~	1,295,000	124,968.0	62,484.0	147,828.0	73,914.0		
49	1,330,000	1,295,000 ~	1,355,000	130,872.0	65,436.0	154,812.0	77,406.0		
50	1,390,000	1,355,000 ~		136,776.0	68,388.0	161,796.0	80,898.0		

※厚生年金基金に加入している方の厚生年金保険料率は、基金ごとに定められている免除保険料率（2.4%～5.0%）を控除した率となります。
加入する基金ごとに異なりますので、免除保険料率および厚生年金基金の掛金については、加入する厚生年金基金にお問い合わせください。

標準報酬月額320,000円に対する保険料が以下のように確定します。

〈健康保険料〉

① 介護保険第2号被保険者（※1）に該当しない場合
　　全額 31,488円　労使折半額 15,744円

② 介護保険第2号被保険者（※1）に該当する場合）
　　全額 37,248円　労使折半額 18,624円

※1　40歳以上65歳未満の人が介護保険第2号被保険者に該当し、健康保険料と合わせて介護保険料を負担します。

〈厚生年金保険料〉

　　全額 58,560円　労使折半額 29,280円（※2）

※2　円未満の端数は、原則として、被保険者（従業員）側の端数を50銭以下切捨て、50銭超を切り上げしますが、実務上は常に被保険者（従業員）側の端数を切り捨てても特に問題はありません。

標準報酬月額が確定したら、「被保険者資格取得届」に必要事項を記入して年金事務所や健康保険組合に届け出をするか、電子申請によりインターネット経由で

届け出します。

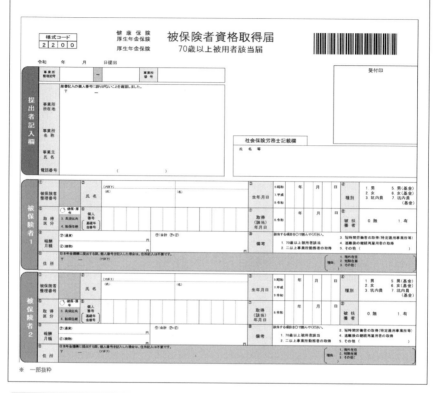

※ 一部抜粋

2 社会保険料率

（1）健康保険・介護保険

　健康保険と介護保険は、「全国健康保険協会（通称：協会けんぽ）」（旧：政府管掌）に加入しているか、または単一事業所や業界団体で組織する「健康保険組合（通称：健保組合）」に加入しているかによって、その「保険者」ごとに保険料率が異なります。また、健康保険については、協会けんぽにおいても、都道府県単位で異なる料率を採用しています。

　健康保険料と介護保険料は、毎年度、料率の見直しが行われ、例年、原則として３月から変更となりますので注意が必要です。保険料は、労使折半で負担

図表1-20 東京都で協会けんぽに加入し、厚生年金基金に加入していない事業所の保険料率

（令和3年3月現在）

	対 象	従業員負担	事業主負担	合計
健康保険	健康保険の標準報酬月額（上限：139万円）×	4.92％	4.92％	9.84％
介護保険		0.9％	0.9％	1.8％
厚生年金保険	厚生年金保険の標準報酬月額（上限：65万円）×	9.15％	9.15％	18.3％
子ども・子育て拠出金		―	0.36％	0.36％

することが法律で義務づけられています（健康保険組合の場合、規約により事業主負担が多い場合があります）。

（2）厚生年金保険

　厚生年金の保険料率は全国統一で、18.3％（労使折半）となっています。

　また、中学校修了前の児童を養育している人に支給される児童手当の費用の一部を、「子ども・子育て拠出金」として、厚生年金の適用を受ける全事業所が（その事業所に児童を養育する親が勤務しているかどうかにかかわらず）負担することになっています。これは、事業主が全額負担となっていますので、従業員の給与手取り計算には直接の関係はありません。

　その他、その事業所が厚生年金基金にも加入している場合には、事業主が負担すべき保険料に上乗せ部分が加わりますので注意してください。

　保険料は、労使折半で負担することが法律で義務づけられています（**図表1-20、図表1-21**参照）。

3 保険者とは

　「保険者」とは、保険契約に基づいて保険料を徴収し、保険事故が発生したら保険金を支払う義務を負う者をいいます。公的年金については、政府が管轄する日本年金機構が保険者となります。

　一方、健康保険の保険者は、政府が管轄する全国健康保険協会（通称：協会

図表1-21　各都道府県の協会けんぽ健康保険料率　　（令和3年3月現在）

北海道	10.45％	東京都	9.84％	滋賀県	9.78％	香川県	10.28％
青森県	9.96％	神奈川県	9.99％	京都府	10.06％	愛媛県	10.22％
岩手県	9.74％	新潟県	9.50％	大阪府	10.29％	高知県	10.17％
宮城県	10.01％	富山県	9.59％	兵庫県	10.24％	福岡県	10.22％
秋田県	10.16％	石川県	10.11％	奈良県	10.00％	佐賀県	10.68％
山形県	10.03％	福井県	9.98％	和歌山県	10.11％	長崎県	10.26％
福島県	9.64％	山梨県	9.79％	鳥取県	9.97％	熊本県	10.29％
茨城県	9.74％	長野県	9.71％	島根県	10.03％	大分県	10.30％
栃木県	9.87％	岐阜県	9.83％	岡山県	10.18％	宮崎県	9.83％
群馬県	9.66％	静岡県	9.72％	広島県	10.04％	鹿児島県	10.36％
埼玉県	9.80％	愛知県	9.91％	山口県	10.22％	沖縄県	9.95％
千葉県	9.79％	三重県	9.81％	徳島県	10.29％		

けんぽ)、または、各企業や企業体で運営する健康保険組合に分けられます。

　保険者ごとに保険料率や給付レベルも異なりますので、まずは自分の所属する事業所がどの保険者の適用を受けているのかを把握することが大事です。

4　社会保険料の控除の仕方

　保険料は原則として労使折半となっており、社員から徴収した保険料とほぼ同額の会社負担の保険料を合わせて年金事務所や健康保険組合に納付します。この納付は1か月遅れで行うため、健康保険、介護保険、厚生年金の各保険料の控除は、原則として、1か月遅れで行うことになります（**図表1-22** 参照）。

　なお、その月の末日に保険加入していれば1か月分の保険料が発生しますので、月の中途入社であっても、保険料を日数按分することなく、その月分からの保険料控除が必要となります（**図表1-23** 参照）。

5　労働保険料（雇用保険・労災保険）の求め方

（1）雇用保険料

　雇用保険料は、単純に給与の支給総額（非課税通勤手当を含む）に雇用保険

図表1-22 社会保険料の控除のタイミング

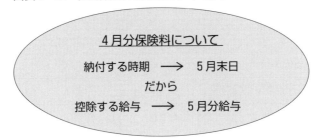

4月分保険料について

納付する時期 ⟶ 5月末日
だから
控除する給与 ⟶ 5月分給与

図表1-23 月の中途入社者の社会保険料控除の図

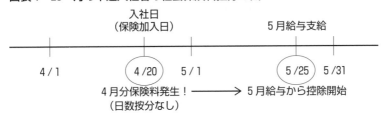

料率を乗じることによって計算されます。

たとえば、一般の事業区分の会社であれば、従業員の保険料率は3/1000ですので、その月の給与支給総額が30万円であれば、30万円×3/1000で雇用保険料は900円となります。

保険料は労使それぞれの負担となりますが、雇用保険二事業の費用（各種助成金の費用など）に充てるため、事業主のほうが従業員より多く負担することになっています（**図表1-24**参照）。

（2）労災保険料

労災保険料は、事業主だけが負担するものなので、給与計算とは直接の関係はありませんが、法定福利費という会社の人件費の一部として計上しておく必要があるため、給与計算担当者がこれを計算します。

保険料率は、事業の種類ごとに詳細に区分されていますので、自分の会社がどの区分にあたるのかを正しく認識する必要があります（第6章**資料2**参照）。

図表1-24 雇用保険料率

事業の種類		雇用保険料率		
		従業員負担	事業主負担	合計
一般の事業		3/1000	6/1000	9/1000
特掲事業	農林水産・清酒製造の事業	4/1000	7/1000	11/1000
	建設の事業	4/1000	8/1000	12/1000

Check!

➡ 健康保険、介護保険、厚生年金保険の保険料はあらかじめ保険者に届け出た標準報酬月額によって決定されます。保険料は、保険料率の改定がない限り次の届け出まで変わりません。

➡ 健康保険、介護保険、厚生年金保険の保険料は、入社した（保険に加入した）翌月の給与から控除を開始します。

➡ 雇用保険、労災保険の保険料は、支給総額（非課税通勤手当を含む）に各保険料率を乗じることによって計算されます。

Q1-8 | 月次給与から控除する源泉所得税の求め方

Q 月次給与の法定控除のうち、源泉所得税の求め方について教えてください。

A 給与から控除する源泉所得税の計算構造を簡単に表すと、課税給与支給額 — 社会保険料 — 扶養などの人的控除 = 税引前課税所得となり、この税引前課税所得に税率がかけられて源泉所得税が算出されます。扶養などの人的控除額は、従業員が提出する「給与所得者の扶養控除等（異動）申告書」に基づいて決定します。

解 説

給与ソフトを使うと自動的に源泉所得税を計算してくれます。そのため、所得税は合っていることを前提に手続きを進めてしまいがちですが、計算の基本ルールを知らずにいると、従業員から問合せを受けた場合に対応できなくなってしまいます。

また、給与ソフトにおける従業員の扶養状況や使用する税額テーブルの条件（月額表、日額表、甲欄、乙欄、丙欄）を間違えると、即、所得税の計算ミスにつながりますので、ここでしっかりと基本をマスターしましょう。

1 給与所得者の扶養控除等（異動）申告書

所得税を計算する際には扶養親族等の数に応じた「扶養控除」をとることができ、扶養親族等の数が多いほど所得税の金額は小さくなります。

2社以上から給与を得ている人でも、**扶養控除等申告書は給与所得者1人につき1枚（つまり1社に）しか提出できない**ことになっています。申告書を受け取った会社のみが扶養控除を加味した税額テーブル（甲欄）を使用し、申告

図表1－25 「給与所得者の扶養控除等（異動）申告書」の様式

令和３年分　給与所得者の扶養控除等（異動）申告書

扶

所轄税務署長等　税務署長　市区町村長

給与の支払者の名称（氏名）

給与の支払者の法人（個人）番号　※この申告書の提出を受けた給与の支払者が記載してください。

給与の支払者の所在地（住所）

（フリガナ）あなたの氏名　㊞

あなたの個人番号

あなたの住所又は居所　（郵便番号　－　）

あなたの生年月日　明・大・昭・平・令　年　月　日

世帯主の氏名

あなたとの続柄

配偶者の有無　有・無

従たる給与についての扶養控除等申告書の提出（提出している場合には、○印を付けてください。）

あなたに源泉控除対象配偶者、障害者に該当する同一生計配偶者及び扶養親族がなく、かつ、あなた自身が障害者、寡婦、ひとり親又は勤労学生のいずれにも該当しない場合には、以下の各欄に記入する必要はありません。

主たる給与から控除を受ける

区分等	（フリガナ）氏名	個人番号／あなたとの続柄・生年月日	老人扶養親族（昭27.1.1以前生）／特定扶養親族（平11.1.2生～平15.1.1生）	令和３年中の所得の見積額／非居住者である親族・生計を一にする事実	住所又は居所	異動月日及び事由（令和3年中に異動があった場合に記載してください（以下同じです。）。）
A 源泉控除対象配偶者（注1）		明・大・昭・平　・　・		円		
B 控除対象扶養親族（16歳以上）（平18.1.1以前生）1		明・大・昭・平　・　・	□同居老親等 □その他 □特定扶養親族	円		
2		明・大・昭・平　・　・	□同居老親等 □その他 □特定扶養親族	円		
3		明・大・昭・平　・　・	□同居老親等 □その他 □特定扶養親族	円		
4		明・大・昭・平　・　・	□同居老親等 □その他 □特定扶養親族	円		

C 障害者、寡婦、ひとり親又は勤労学生

□障害者　区分＼該当者	本人	同一生計配偶者（注2）	扶養親族	
一般の障害者			（　人）	□寡婦
特別障害者			（　人）	□ひとり親
同居特別障害者			（　人）	□勤労学生

上の該当する項目及び欄にチェックを付け、（　）内には該当する扶養親族の人数を記入してください。

障害者又は勤労学生の内容（この欄の記載に当たっては、裏面の「2　記載についてのご注意」の⑻をお読みください。）　異動月日及び事由

（注）1　源泉控除対象配偶者とは、所得者（令和3年中の所得の見積額が900万円以下の人に限ります。）と生計を一にする配偶者（青色事業専従者として給与の支払を受ける人及び白色事業専従者を除きます。）で、令和3年中の所得の見積額が95万円以下の人をいいます。
2　同一生計配偶者とは、所得者と生計を一にする配偶者（青色事業専従者として給与の支払を受ける人及び白色事業専従者を除きます。）で、令和3年中の所得の見積額が48万円以下の人をいいます。

D 他の所得者が控除を受ける扶養親族等	氏名	あなたとの続柄	生年月日	住所又は居所	控除を受ける他の所得者　氏名	あなたとの続柄	住所又は居所	異動月日及び事由
			明・大・昭・平・令　・　・					
			明・大・昭・平・令　・　・					

○住民税に関する事項（この欄は、地方税法第45条の3の2及び第317条の3の2に基づき、給与の支払者を経由して市区町村長に提出する給与所得者の扶養親族申告書の記載欄を兼ねています。）

16歳未満の扶養親族（平18.1.2以後生）	（フリガナ）氏名	個人番号	あなたとの続柄	生年月日	住所又は居所	控除対象外国外扶養親族	令和３年中の所得の見積額	異動月日及び事由
1				平・令　・　・			円	
2				平・令　・　・			円	
3				平・令　・　・			円	

◎この申告書は、あなたの給与について扶養控除、障害者控除などの控除を受けるために提出するものです。
◎この申告書は、源泉控除対象配偶者、障害者に該当する同一生計配偶者及び扶養親族に該当する人がいない人も提出する必要があります。
◎この申告書は、2か所以上から給与の支払を受けている場合には、そのうちの1か所にしか提出することができません。
◎**この申告書の記載に当たっては、裏面の「1　申告についてのご注意」等をお読みください。**

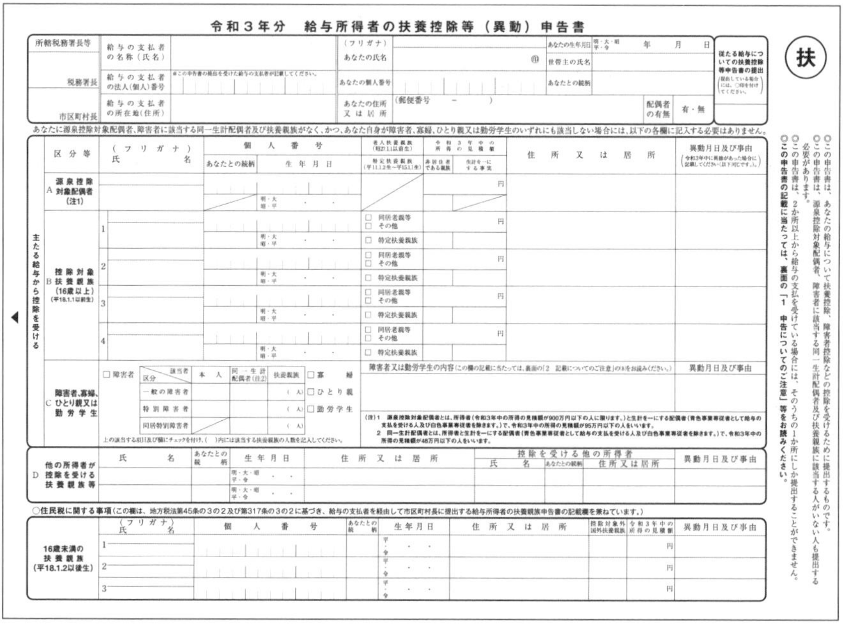

書を受け取らなかった会社では扶養控除を考慮しない高い所得税が算出される税額テーブル（乙欄）を使用することになります。

なお、扶養控除等申告書は、原則として税務署に提出すべき書類ですが、実務上は税務署に提出することなく、税務署から提示を求められたときにいつでも提示できるように社内で保管しておきます。たとえ自社にしか勤務していない人であっても、扶養控除等申告書の提出がない場合は乙欄適用となり、税務調査で源泉徴収不足を指摘される可能性がありますので、提出が必要な全員について扶養控除等申告書がそろっているか必ず確認しておきましょう。

年の中途で扶養の増減などがあった場合には、その都度、その従業員から変更後の扶養控除等申告書を提出してもらうか、提出済みのものに上書きで修正を入れてもらい、常に書類を更新しておきましょう（**図表1－25**参照）。

2 扶養親族等の範囲

扶養控除等申告書に記載できる**扶養親族**は、給与所得者本人と生計を一にする6親等内の血族または3親等内の姻族であり、かつ、その扶養される人の年間（暦年）合計所得が48万円（給与収入だけの場合は103万円、65歳以上の人で公的年金収入だけの場合は158万円、65歳未満で公的年金収入だけの場合は108万円）以下でなければなりません（**図表1-26**参照）。

図表1-26　所得税計算における扶養親族等の所得制限

| パート・アルバイト収入 | ⟶ | 103万円まで |
| 公的年金収入 | ⟶ | 158万円 or 108万円まで |

なお、学校に通っている血縁関係のある子どもについては全員「扶養親族」にあたりますが、このうち16歳以上の高校生・大学生世代以上が「控除対象扶養親族」として控除対象となります。16歳未満の中学生世代までは、所得税を計算するうえでの控除対象扶養親族には該当しませんので注意しましょう。

また、外国人社員に多いケースですが、日本国外に住んでいる親族にかかる扶養控除等の適用を受ける場合には、当該親族にかかる「親族関係書類」および「送金関係書類」を提出または提示することが義務化されていますので注意しましょう（**図表1-27**参照）。

図表1-27　国外居住親族にかかる扶養認定に必要な書類

【「親族関係書類」とは】
次の①または②のいずれかの書類で、国外居住親族が給与所得者の親族であることを証するもの
① 戸籍の附票の写しその他の国または地方公共団体が発行した書類の原本および国外居住親族の旅券（パスポート）の写し
② 外国政府または外国の地方公共団体が発行した書類の原本（国外居住親族の氏名、生年月日および住所または居所の記載があるものに限る）

【「送金関係書類」とは】

次の書類で、給与所得者がその年において国外居住親族の生活費または教育費に充てるための支払いを必要の都度、各人に行ったことを明らかにするもの

① 金融機関の書類またはその写しで、その金融機関が行う為替取引により給与所得者から国外居住親族に支払いをしたことを明らかにする書類

② いわゆるクレジットカード発行会社の書類またはその写しで、国外居住親族がそのクレジットカード発行会社が交付したカードを提示等してその国外居住親族が商品等を購入したこと等により、その商品等の購入等の代金に相当する額の金銭をその給与所得者から受領し、または受領することとなることを明らかにする書類

※ 詳しくは、国税庁ホームページの「国外居住親族に係る扶養控除等Q&A」で確認しましょう。

3 源泉徴収税額表の種類と適用区分

　源泉所得税は、「社会保険料控除後の給与等の金額」および「扶養親族等の数」をキーとして、「源泉徴収税額表」という税額テーブルを用いて算出されます。源泉徴収税額表にはいくつか種類があり、給与支給形態や扶養控除等申告書の提出の有無によって使用する税額表の種類や適用区分が異なります（**図表1-28**参照）。

図表1-28　源泉徴収税額表の種類と適用区分

給 与 の 支 給 形 態		適用する税額表	適用する欄
主たる給与（＝申告書あり）	月ごとに支払うもの 半月ごと、10日ごとに支払うもの 月の整数倍の期間ごとに支払うもの	月 額 表	甲 欄
	毎日支払うもの 週ごとに支払うもの ｝日雇賃金除く 日割で支払うもの	日 額 表	
従たる給与（＝申告書なし）	月ごとに支払うもの 半月ごと、10日ごとに支払うもの 月の整数倍の期間ごとに支払うもの	月 額 表	乙 欄
	毎日支払うもの 週ごとに支払うもの ｝日雇賃金除く 日割で支払うもの	日 額 表	
日 雇 賃 金		日 額 表	丙 欄

（扶養控除等申告書提出あり）　かつ　（月給）　──→　月額表甲欄
（扶養控除等申告書提出あり）　かつ　（日給）　──→　日額表甲欄
（扶養控除等申告書提出なし）　かつ　（月給）　──→　月額表乙欄
（扶養控除等申告書提出なし）　かつ　（日給）　──→　日額表乙欄

4　源泉徴収税額表の見方

図表1-29の「従業員Aさん」を例に、見ていきましょう。

図表1-29　源泉徴収税額表を参照する所得税の計算例

【従業員Aさん】
- 月給制で扶養控除等申告書の提出あり ──→ 月額表甲欄適用
- 妻と子ども1人（高校生）を扶養（控除対象扶養親族2人）
- 基本給345,000円／社会保険料（健保・介護・厚年・雇保）の合計51,967円

ステップ1

社会保険料控除後の金額を求めます。

345,000円－51,967円＝ 293,033円

ステップ2

源泉徴収税額表（第6章**資料3**参照）で上記293,033円と扶養親族等の数が交わるところを探します。

その月の社会保険料控除後の給与等の金額		甲								乙
		扶 養 親 族 等 の 数								
		0人	1人	2人	3人	4人	5人	6人	7人	
以上	未満	税			額					税 額
円	円	円	円	円	円	円	円	円	円	円
290,000	293,000	8,040	6,420	4,800	3,190	1,570	0	0	0	50,900
293,000	296,000	8,140	6,520	4,910	3,290	1,670	0	0	0	52,100
296,000	299,000	8,250	6,640	5,010	3,400	1,790	160	0	0	52,900

ここ！
源泉徴収すべき
所得税は4,910円

もし、扶養控除等申告書を
提出していなかったら乙欄
のこの税額となります

5 電子計算機等を使用して計算する特例

　源泉所得税を求める方法は、先に説明した源泉徴収税額表を参照する方法が原則ですが、コンピュータの普及に伴い、**電子計算機等を使用して源泉徴収税額を求める方法が特例として認められています**。

　それでは、上記「従業員Aさん」の例で、特例計算を検証してみましょう（**図表1-30**参照）。なお、説明の過程で出てくる「別表」は第6章の**資料5**を参照して下さい。

図表1-30　電子計算機等を使用する所得税の計算例

ステップ1

社会保険料控除後の金額を求めます。

345,000円－51,967円＝ 293,033円

ステップ2

社会保険料控除後の金額293,033円を第6章**資料5**の**別表第一**にあてはめて給与所得控除の額を求めます。

別表第一

その月の社会保険料等控除後の給与等の金額（A）		給与所得控除の額
以　上	以　下	
円	円	
－	135,416	45,834円
135,417	149,999	（A）×40％－　8,333円
150,000	299,999	（A）×30％＋　6,667円
300,000	549,999	（A）×20％＋36,667円
550,000	708,330	（A）×10％＋91,667円
708,331　円 以 上		162,500円

ここ！

（注）　給与所得控除の額に1円未満の端数があるときは円未満切り上げ

293,033円×30％＋6,667円＝94,576.9 ➡ 94,577円 ← 給与所得控除額

ステップ3

扶養状況を**別表第二**にあてはめて扶養親族等の控除額を求めます。

別表第二

配偶者（特別）控除の額	31,667円
扶養控除の額	31,667円×控除対象扶養親族の数

① 妻を扶養しているので、配偶者控除として31,667円
② 控除対象となる子ども1人（高校生）を扶養しているので、扶養控除として31,667円

①と②の合計 63,334円 ← 扶養親族等の控除額

ステップ4

社会保険料控除後の金額293,033円を**別表第三**にあてはめて基礎控除の額を求めます。

別表第三

その月の社会保険料等控除後の給与等の金額 (A)		基礎控除の額
以　　上	以　　下	
円	円	
－	2,162,499	40,000 円
2,162,500	2,204,166	26,667 円
2,204,167	2,245,833	13,334 円
2,245,834　円 以 上		0 円

ここ！

社会保険料控除後の金額 293,033 円は、2,162,499 円以下に該当のため

40,000 円 ← 基礎控除の額

ステップ5

給与支給金額（非課税給与除く）から、社会保険料控除、給与所得控除、扶養親族等控除、基礎控除を差し引き、税率を乗ずべき課税給与所得金額を求めます。

給与支給金額	345,000 円
社会保険料控除	▲ 51,967 円
給与所得控除	▲ 94,577 円
扶養親族等控除	▲ 63,334 円
基礎控除	▲ 40,000 円
95,122 円	← 税率を乗ずべき課税給与所得金額

ステップ6

税率を乗ずべき課税給与所得金額を**別表第四**にあてはめて源泉所得税を求めます。

別表第四

ここ！

その月の課税給与所得金額 (B)		税　額　の　算　式
以　　上	以　　下	
円	円	
－	162,500	(B)× 5.105 %
162,501	275,000	(B)×10.210 %－　8,296 円
275,001	579,166	(B)×20.420 %－ 36,374 円
579,167	750,000	(B)×23.483 %－ 54,113 円
750,001	1,500,000	(B)×33.693 %－130,688 円

| 1,500,001 | 3,333,333 | (B) × 40.840% − 237,893 円 |
| 3,333,334　円以上 | | (B) × 45.945% − 408,061 円 |

（注）　税額に10円未満の端数があるときは10円未満四捨五入

95,122 円 × 5.105% = 4,855.9781 → 4,860 円 ← 源泉所得税の額

　原則の「源泉徴収税額表を参照する方法」で求めた答え（4,910円）とは税額が異なっていますが、どちらの答えも法律で定められた正しい答えです。

　原則と特例のどちらの計算方法をとるのかは給与計算を行う会社の任意ですが、このようにそれぞれの源泉所得税の計算では、数十円程度のズレが生じることを理解しておきましょう。

　給与ソフトによっては、一方の方法しか搭載されていないか、いずれかを選択できる仕組みになっています。使用するソフトの設定を見て、どちらの計算方法で運用しているかを確認しておきましょう。

Check!

→ 所得税の計算では扶養の確認がとても重要ですから、従業員から最新の扶養控除等申告書を受け取っているか必ず確認しましょう。

→ 扶養控除等申告書に記載できる扶養親族は、6親等内の血族または3親等内の姻族であり、かつ、その扶養される人の年間（暦年）合計所得が48万円（給与収入だけの場合は103万円、65歳以上の人で公的年金収入だけの場合は158万円、65歳未満で公的年金収入だけの場合は108万円）以下でなければなりません。

→ 月給者で扶養控除等申告書の提出がある人は「月額表甲欄」、ない人は「月額表乙欄」の税額テーブルを参照します。

→ 源泉所得税の計算方法は、①（原則）源泉徴収税額表を参照する方法と、②（特例）電子計算機等を使用して計算する方法の2通りがあります。計算される税額に若干の差異が生じることがありますが、法律上問題ありません。

Q1-9 | 住民税の仕組み

Q 住民税の仕組みと給与計算との関係について簡単に教えてください。

A 住民税は社員の住んでいる（住民票のある）市区町村役所が、前年1～12月の所得に基づいて計算します。住民税は個人が納付するものですが、その納付方法のひとつとして、給与を通じて納める「特別徴収」という方法があります。

解説

　会社を通じて住民税を納める方法を「**特別徴収**」といいます。「特別」といっていますが、給与所得者の場合は、給与から住民税を控除してもらい会社を通じて住民税を納めることが原則とされています。これに対し、市区町村から納付書を自宅に送ってもらい、コンビニや金融機関で自分で納付する方法を「**普通徴収**」といいます。

　住民税の支払年度は6月から翌年5月で、会社を通じて納付する「特別徴収」の場合は、毎月払いとなります。「普通徴収」の場合は、年1回または4回の分割払いの方法があります（**図表1-31**参照）。

図表1-31　住民税の決定と支払時期

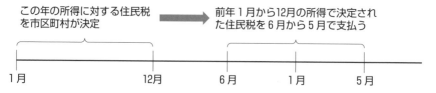

| この年の所得に対する住民税を市区町村が決定 | 前年1月から12月の所得で決定された住民税を6月から5月で支払う |

1月　　　　　12月　　6月　　1月　　5月

1 入社した人の住民税の確認

　入社があったときは、住民税の現在の支払状況について本人に確認します。通常は大きく分けて以下の3パターンがありますので、それぞれの状況に応じて必要な手続きを行います。

（1）入社者が前の勤務先が作成した「特別徴収にかかる給与所得者異動届出書」を提出してきた場合

　この場合は、次の5月まで残っている住民税の残額を当社を通じて市区町村に納めていくことになります。入社者から預かった届出書の下欄に自社情報などを記入し該当の市区町村役所に郵送などで提出します。これによりその入社者が当社に転職したことをその市区町村が認識し、その後、給与から控除すべき税額通知書や納付書が会社に送られてきます。会社は、その通知された税額を開始指定月の給与から控除していきます。通知書の発行には時間がかかりますので、早く税額を知りたいときは、郵送後に市区町村に電話をして入社者の情報を伝えれば、その場で税額を教えてくれます。

（2）入社者が前の勤務先で次の5月までの住民税を一括徴収で納付済みの場合

　この場合は、次の6月以降の住民税を当社での特別徴収に切り替えるために、社員の住所、氏名、生年月日などを記載した「特別徴収切替届」を社員の住所地を管轄する市区町村役所に提出します。

（3）入社者が「普通徴収」により住民税を納付している場合

　この場合は、以下の2つの選択があります。

① 当年度の住民税については何もせず（＝入社時には特に何もせず）、次の年度から特別徴収に切り替える

② 当年度の住民税について普通徴収から特別徴収に切り替える

　上記①の場合は、次の5月まで社員本人が住民税を自分で納付しますので、会社はノータッチで構いません。翌年1月に「給与支払報告書」という給与に関する情報を市区町村役所に送付することで、翌年6月以降、給与からの住民税控除（特別徴収）に変更となります。

上記②の場合は、上記**(2)**と同様に「**特別徴収切替届**」を市区町村役所に提出します。書式はインターネットでダウンロードできます。提出期限はありませんが、普通徴収の納期限が過ぎた分については切り替えることができなくなりますので、入社時の確認で本人が特別徴収を希望している場合は速やかに提出しましょう。その後、給与から控除すべき税額通知書や納付書が市区町村役所から会社に送られてきますので、会社は、その通知された税額を開始指定月の給与から控除していきます。

　なお、新規学卒や長期離職されていた人は、前年の収入がないため、当年の住民税はありません。この場合は①と同様に次の年度から住民税の控除を開始します。

2　退職する人の住民税の確認

　次の5月までの住民税の支払い方について、本人に、**一括徴収、特別徴収継続、普通徴収**のいずれかの方法を選んでもらいます。その選択に従って、「**特別徴収にかかる給与所得者異動届出書**」を作成し、本人に交付または市区町村役所に提出します（**図表1-32、図表1-33**参照）。

図表1-32　退職する人の住民税の処理方法

区　分	内　容	届出書交付
一括徴収	5月分までの未徴収の住民税合計額を最終給与や退職金からまとめて控除して納付する方法です。退職が1月から4月の場合は、一括徴収が原則となります。	市区町村役所
特別徴収継続	他社への転職が決まっている場合は、転職先で特別徴収を引き継ぐことができます。	本人
普通徴収	一括徴収、特別徴収継続を希望しない場合は普通徴収となります。なお、育児休業などの休職の場合も普通徴収に切り替えることがきます。	市区町村役所

図表1-33 「特別徴収にかかる給与所得者異動届出書」の様式

給与支払報告 にかかる給与所得者異動届出書
特別徴収

◎異動があった場合は、すみやかに提出してください。

（特別徴収義務者）給与支払者

令和　年　月　日

市区町村長殿

所在地　郵便番号

名称

代表者の職氏名印　㊞

※処理事項　新　現

特別徴収義務者指定番号

個人番号

連絡者の係
氏名並びに　氏名
電話番号　電話　（　）　－　番

個人番号　処理年月日

◎給与の支払を受けなくなった後の月割額（未徴収税額）について一括徴収する場合等は、次の欄に記載してください。

転勤等による特別徴収届出書（左欄外の注意書きを参照してください。）

すでに当区で指定番号を受けている場合は必ず記入してください。

月額割　　円

　月分から徴収し

納入する。

（特別徴収義務者）給与支払者

所在地　郵便番号

フリガナ

名称

代表者の職氏名印　㊞

給与支払方法及びその期日

特別徴収義務者指定番号

連絡者の係
氏名並びにその電話番号　氏名

電話　（　）　－　番

経理責任者氏名

---

3 住民税の納付期限

　給与から控除した住民税は、市区町村ごとに納付の合計額を集計し、その徴収した月の翌月10日までに各市区町村に金融機関等を通じて納付します。

　ほとんどの給与ソフトには納付データ作成機能が付いていますので、データ作成後にインターネットバンキングなどで納付すると便利です。

4 住民税の決定に関する年間の事務の流れ

　年を通した事務の流れは、**図表1-34**のようになります。

図表1-34 住民税の決定に関する年間の事務の流れ

いつ	誰が	何をする
11月頃	市区町村	翌年1月に会社から提出してもらう給与支払報告書総括表を会社宛に発送します
1月中	会社	給与支払報告書（内容は源泉徴収票と同じ書式）を作成し、市区町村ごとに郵送またはeLTAXで電子申告します
5月頃	市区町村	1月1日に住民票のある人の個人ごとの税額と毎月徴収すべき住民税を記載した通知書を会社宛に発送します
6月	会社	各自の控除すべき住民税額を給与ソフトなどに入力します。また、本人交付用の税額通知書を各自に配付します
7月	会社	100円未満の端数の関係で6月分の徴収額と7月以降の徴収額が異なりますので、7月以降の住民税を確認します

Check!

➡ 住民税は市区町村が計算し、会社は税額通知書に従って給与から住民税を控除します。

➡ 特別徴収している社員が退職する際には、「特別徴収にかかる給与所得者異動届出書」を作成し、本人に交付または市区町村役所に提出します。

毎月の定例業務の基本を身につけよう！

Q1-10 情報収集と整理の仕方

> **Q** 毎月の定例業務でミスを減らしてスムーズに業務を行うためには、どのようにすればよいか教えてください。

> **A** その月の処理すべき内容を整理した作業メモ（ワークペーパー）を作成することが、とても重要です。

解説

　毎月の給与計算の最初の仕事は、住所、通勤費、所属部署異動などの従業員に関する変更情報の収集や、勤怠情報の確認・整理です。

　これら情報の収集ルートや期限を社内ルールであらかじめ決めておくことは当然のことですが、ルールどおりにいかないのが世の常です。給与計算担当者の都合などお構いなしに、四方八方から情報が集まってくることもあります。

　このバラバラに集まった情報をどのように管理し、給与計算に反映させていくかということが、スムーズに給与計算事務を遂行するうえでの重要なカギを握ります。

　そこで、重要な役割を担うのが作業メモ（以下「ワークペーパー」といいます）です。

1 ワークペーパーの目的

給与計算は、さまざまな支給調整などの処理も伴うため、当月の処理だけで

完了しないこともしばしばです。そのため、ワークペーパーには当月に処理すべき内容はもちろんのこと、来月やその先の自分への申し送り事項も記載しておくことで、うっかりミスを防ぐことができます。

　実際の入力作業などを行う前にワークペーパーを作成しておくことで、これと付け合わせることにより作成した給与計算書類をチェックすることができます。また、各種計算根拠を残すことで社内の人からの問合せがあった場合の対応もスムーズになり、税務署、健康保険組合、年金事務所、労働基準監督署などの外部からの調査にも万全の体制で臨むことができます。

2 保存と引継ぎ

　ワークペーパーは、自分の手帳などを活用してもいいのですが、いずれ自分が給与計算担当からはずれることも想定し、手書きのルーズリーフや入力メモなどを用いてその月の給与計算に使用した資料と一緒に保存し、会社に残していくほうがより親切で実用的です。

　ワークペーパーや補助資料を会社に残すことによって、前任者から後任者への引継ぎ漏れを防ぎ、また、後任者も過去のワークペーパーを参照することによって、毎月の手続きの流れを容易に理解することができます。

3 記載方法

　給与計算は、過去、将来にわたる調整事項も多いので、ワークペーパーには少なくとも前月、当月、次月の３か月間の視野で数字を追うクセをつけるといいでしょう。当月をはさんで前後１か月の数字を確認することで、当月の給与処理でシステムに入力すべき数字や情報が明白となります。

　ワークペーパーは、自分だけが見るものではなく、将来の後任担当者や、場合によっては上司や外部からの監査担当者も見る書類となりますので、他人が見ても処理の内容や根拠などがわかるように、簡潔明瞭に記載しましょう。

➡ ワークペーパーは、いずれ自分が給与計算担当からはずれることも想定し、給与計算に使用した資料と一緒に保存し、会社に残していくようにしましょう。

➡ ワークペーパーには少なくとも前月、当月、次月の３か月間の情報を記載するようにしましょう。

➡ ワークペーパーは他人も見ることを想定して簡潔明瞭に記載しましょう。

Q1-11 | ワークペーパーの記載例

Q どのようにワークペーパーを書けばよいか、記載例を教えてください。

A ワークペーパーは、身上関係変更届のような各種の社内届出書や、社員からの電子メールでの連絡、あるいは各役所からの送付物などを参照しながら作成していくことになります。これら補助資料にも番号やアルファベットなどを記載し、ワークペーパーの一部として一緒に保存しておきます。

解 説

ワークペーパーは、「前月繰越事項」、「当月変動事項」、「次月繰越事項」の3つが基本の確認事項となります。

1 前月繰越事項

「転居した鈴木さんの通勤定期代の確認」など、前月の自分が当月の自分に申し送りした事項について確認します。

2 当月変動事項

給与計算では、毎月決まったパターンの確認事項があります。これは各社まちまちですが、**図表1-35**が一般的な代表例です。

図表1-35　毎月確認事項の例

毎月確認事項	確認内容・効果
入社・退職の人数	前月からの人数の増減をチェックし、当月の給与支給控除一覧表に載るべき人数を把握します。この確認で支給漏れや支給過多を防ぎます
標準報酬月額の変更	固定給変動後3か月が経過した人で、従前の社会保険の等級と比べて2等級以上の変動がある人がいないかどうかをチェックします（**Q1-33**参照）。該当者がいる場合は、標準報酬月額変更届を作成・提出するとともに、次月給与計算のために保険料の変更を記載しておきます
休業者の現況	育児や私傷病で休業中の人の復帰見込みなどを確認します。休業に入る人は、休業後の社会保険料や住民税の徴収方法を確認しておきます。産休・育休取得者については、社会保険料控除の停止や再開の時期も確認しておきます。これで従業員債務の回収漏れなどを防ぎます
通勤定期代	住所変更のあった人について、通勤手当の変更がないか確認します。3か月、6か月などの定期代を支給する場合には、当月に支給対象となる人がいないかどうか別リストなどで確認します
営業コミッション	毎月変動する営業手当などを支払う場合には、各部署から漏れなくデータが集まっているかを確認します
社会保険料の変更	算定基礎届や月額変更届の提出により、当月から社会保険料を変更すべき人がいないかどうか確認します。また、先月中に40歳を迎え、今月から介護保険料控除の対象となる人はいないかを確認します
住民税	市区町村役所から住民税の変更に関する通知書が届いているかどうか確認します
従業員情報	所属部門、氏名、住所、口座などの基本情報に変更がないかどうか確認します

　変更該当の有無にかかわらず、上記のような項目をワークペーパー上に毎月確認事項としてタイトル化しておけば、うっかりミスを防げて大変便利です。

3 次月繰越事項

　給与計算が終わった瞬間から、「A部署の佐々木さんが結婚して名字が変わった」、「B部署の中田さんが引っ越しをして住所と通勤手当が変わった」など、次月の給与計算で考慮しなければならない事項が日々蓄積されていきます。

　これらの情報は、随時、直近のワークペーパーの「次月確認事項」欄にメモを追加して、次月の給与計算でどのような処理をしなければならないのか（たとえば、A部署の佐々木さんから給与振込口座の変更届を回収する、B部署の中田さんから扶養控除申告書と通勤費変更届けを回収する、など）を記載しておきます。これにより、うっかりした手続き漏れを防げます。

　先月からの繰越事項と、当月に処理すべき事項の書き出しが終わったら、この設計図（ワークペーパー）に従って給与計算書類の作成に進みます（**図表1-36**参照）。

Check!

➡ 自分なりのワークペーパーの作成方法を確立して、うっかりミスや社内引継ぎ漏れなどがないように努めましょう。

図表1-36　ワークペーパーの記載例

| | | 4/25支給　給与計算 | No. | 1 |
| | | | Date | 4/15/20XX |

担当者　佐藤

	社員No.	3月	4月	5月
新入社員	153　中村太郎（4/1付け）			
	基本給	−	250,000	250,000
	通勤手当	−	15,000	15,000
	☆扶養控除等申告書未提出			
	154　鈴木花子（3/20付け）			
○	基本給	−	300,000	300,000
	調整（※1）	−	116,130	0
	通勤手当（※2）	−	27,742	20,000
	（※1）3/20～3/31分の基本給			
	300,000X12日/31日＝116,130			
	（※2）3/20～3/31 ＋ 4月の通勤手当			
	20,000X12日/31日＋20,000＝27,742			
欠勤控除	58　石井一郎　3日欠勤			
	調整（※）	(13,500)	(38,571)	−
	（※）基本給270,000X3日/21日＝38,571			
育児休業終了	77　大川京子（4/1から復職）			
○	基本給	−	280,000	280,000
	通勤手当	−	10,000	10,000
住民税変更	86　花形満作（世田谷区）			
	住民税	38,500	40,200	40,100
	（修正申告による変更、来月も金額修正）			
次月確認事項	①中村太郎の扶養控除等申告書回収			
	②大川京子の社会保険料控除再開			
	③労働保険年度更新の準備を始める			

Q1-12 | 給与ソフトへのデータ登録

Q ワークペーパーをもとに作業を進めていくことはわかりました。では、給与ソフトにどのようにデータ登録していけばいいのか教えてください。

A いろいろな給与ソフトが市販されていますが、各社データ構成は似ていますので、まずは自分が使う給与ソフトのデータ構成を確認することから始めましょう。

解説

給与ソフトの仕組みはその種類によりさまざまですが、一般的には**図表1-37**のような構成でつくられています。

図表1-37　給与ソフトの一般的なデータ構成

会社基本マスター	会社名や住所、給与明細書の形式などを設定します
従業員マスター	従業員の氏名、住所、家族情報、給与、標準報酬、住民税などの固定情報を登録します
月次給与データ	従業員マスターに登録済みの給与情報を呼び出して、当月の給与データを作成します。当月だけの給与データ（変動手当、調整手当など）がある場合は、ここで登録するのが一般的です。また、勤怠情報も登録します
賞与データ	賞与を支給するときに賞与金額を登録します
年末調整データ	年末調整時の申告データを登録します
退職金データ	退職金を支給するときにデータを登録します（退職金の計算機能が付いていないソフトもあります）

1 マスターデータ

　マスター情報に誤りがあると、基本的にすべての帳票や作成データに影響を与えますので、新入社員のマスター登録の際には入念にチェックしましょう（**図表1-38**参照）。

図表1-38　新入社員マスター登録で特に入念なチェックが必要な項目

項　目	登録を誤ると生じる影響
生年月日	介護保険料控除などに影響が生じます
扶養家族	源泉所得税が正しく計算されません
給与金額	言うまでもなく
標準報酬	社会保険料が正しく計上されません
住民税	初月と次月以降で控除額が変わることがあります
給与振込先	口座番号を入念にチェックしましょう（ある意味これがもっとも重要です）

2 データ登録の順番

　データ登録の順番は、使用する給与ソフトによって多少段取りは違いますが、一般的には、①マスターデータの登録や修正を行い、②月次給与更新によって登録済み基本データを読み込んで当月の給与テーブルを作成し、③当月の給与テーブルに勤怠情報や変動手当などを入力して完了となります。

　給与ソフトの操作方法はさまざまであり、また、各社いろいろな便利機能を備えています。これら機能を使えば操作性もあがり事務処理スピードが格段に上がります。最初は面倒に思いますが、最低一度は操作マニュアルすべてに目を通して、各種便利機能を使いこなす努力をしましょう。

➡ 給与ソフトは、マスターデータと当月処理画面の２つに分かれており、固定的な情報をマスターデータに、毎月変わる情報を当月処理画面で入力するのが一般的です。

➡ データ登録は、マスター登録、当月給与更新、当月勤怠情報の入力の順に行います。

➡ 最低一度は給与ソフトの操作マニュアルに目を通しましょう。

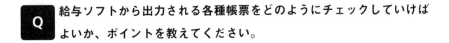

Q1-13　各種帳票のチェックポイント

Q 給与ソフトから出力される**各種帳票をどのようにチェックしていけば**よいか、ポイントを教えてください。

A 給与ソフトへの入力が終わったら、個人マスター帳票や、給与支給控除一覧表、勤怠データ一覧表などの各種帳票を印刷して、ワークペーパーや補助資料どおりに入力されているかをチェックします。

解説

各種帳票のチェックポイントは、**図表1-39**のとおりです。

図表1-39　各種帳票のチェックポイント

給与支給控除一覧表

☑	項目
	入社者の氏名、扶養者数、社会保険料（標準報酬月額）、所得税区分、住民税などの基本情報が正しく反映されているか【該当者全員】
	前月の退職者が適正に削除され、入社・退職の人数を加味したうえで当月に支給すべき従業員数は合っているか
	社会保険料（標準報酬月額）の変更が正しく反映されているか【該当者全員】
	所得税が正しく計上されているか（使用する税額テーブルに誤りがないか）【新入社員全員】
	住民税の変更が正しく反映されているか【該当者全員】
	基本給、各種手当、協定控除などのそれぞれの合計金額が補助資料などの合計金額と一致しているか【各項目すべて】

勤怠データ一覧表

☑	項 目
	該当者全員の残業時間や欠勤控除、有給休暇状況などがすべて補助資料と一致しているか【該当者全員】
	給与金額に変更があった人の残業単価の設定は合っているか【該当者全員】
	残業手当、欠勤控除などの金額が、給与支給控除一覧表に正しく反映されているか【数名のランダムチェック】

給与明細書

☑	項 目
	総支給金額、控除合計額、手取金額がそれぞれ給与支給控除一覧表と一致しているか【数名のランダムチェック】
	勤怠情報が勤怠データ一覧表の数字と一致しているか【数名のランダムチェック】

住民税納付一覧表

☑	項 目
	住民税の変更があった人の該当役所への納付合計金額が正しく変更されているか【該当役所すべて】
	全体の納付金額が給与支給控除一覧表の住民税合計と一致しているか

給与振込先データ一覧

☑	項 目
	振込先変更希望が合った人の新口座情報と合っているか【該当者全員】
	新入社員の口座情報は合っているか【該当者全員】
	複数口座への振込みを認めている場合、個人単位の振込み合計額が給与支給控除一覧表におけるその人の手取金額と一致しているか（該当者全員またはランダムチェック）
	全体の給与振込み金額が、給与支給控除一覧表の手取り合計と一致しているか

➡ 給与支給控除一覧表に誤りがあると、その他のほとんどの帳票にも同様の誤りが出ます。そのため、まずは、給与支給控除一覧表を入念にチェックした後で、その他の帳票を印刷、チェックしていくのが合理的です。

Q1-14 | 給与明細の発行と振込処理

Q 給与明細の発行と振込処理について、重要なポイントを教えてください。

A 給与明細の発行と振込処理は、一連の月次作業の最終工程であり、唯一、社員の目に触れる作業ですので、細心の注意を払って取り組む必要があります。

解説

それまでの作業を完璧に行ったとしても、給与明細の印字を間違えたり、振込処理を誤ると本人からクレームが入り、担当者としては言い逃れできない状況となってしまいます。ましてや間違えた相手が会社の重要人物であったりすると、大変な騒ぎになってしまうこともありますので、細心の注意を払って取り組みましょう。

1 給与明細書のチェック

給与明細書には、勤怠情報や支給・控除・差引支給額などの金額が載っています。これらのデータは、基本的にその月の給与支給者全員が載っている支給控除一覧表と完全一致するはずです。しかし人数が多い場合、全員の明細をひとつずつチェックしていくのは大変ですので、次の要領でチェックしていくといいでしょう。

① 最終確定した支給控除一覧表の合計人数と給与明細書の枚数が一致しているか

② （給与明細書の合計金額が出る場合）最終確定した支給控除一覧表の各項目の合計金額や時間数などが、給与明細書の合計金額や時間数などと一致

しているか

③　新たに登録した従業員の個人情報が正しく印字されているか

　人数の多い会社や事業所が複数ある会社の場合は、配付の手間を省く意味でウェブ給与明細が有効です。市販の給与ソフトを使っている場合でも、別のウェブ給与明細サービスを活用できる場合もありますので興味のある人はインターネットで検索してみることをお勧めします。

2 振込処理の方法

　銀行窓口で手書きの出金伝票を書いて振り込む方法もありますが、ほとんどの給与ソフトには全銀協対応の給与振込データを作成する機能がついていますので、これとインターネットバンキングサービスを利用すると、非常に効率よく事務を回すことができます。

　インターネットバンキングサービスでは、支給日の3営業日前までに**給与振込扱い**で振込データを銀行に送信・承認することで、従業員は支給日当日の朝一番に給与を引き出すことが可能になります。

　総合振込扱いでデータを送信してしまうと、朝一番での振込みが保証されず、従業員から現金を引き出せないなどのクレームを受けることもあります。そのため総合振込みで行う場合には、遅くとも前日の午前中までにはデータ送信および承認を完了しておくようにしましょう。

　銀行に振込データを送信する際には、給与ソフトで作成した給与振込データが、最終確定した支給控除一覧表の差引支給の合計額と一致しているか、振込予定日が正しく登録されているか再度チェックするようにしましょう（**図表1－40**参照）。

図表1-40　給与振込処理の流れ

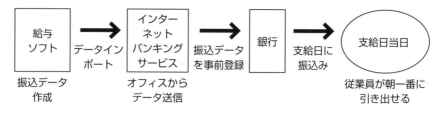

Q1-15 | 社会保険料と税金の納付方法

Q 社会保険料と税金の納付方法について教えてください。

A 一般的に、社会保険料は銀行引落し、労働保険料や税金はインターネットバンキング等で納付します。

解 説

納付方法や納付期限はそれぞれ異なります。まずは自社がどのような方法をとっているのかを確認し、それぞれ期限に遅れることのないよう留意しましょう。

1 納付方法と期限

それぞれの納付方法と期限は、**図表1-41**のようになります。

2 納付時期の留意点

社会保険料は、毎月一定のサイクルで支払いを行いますので、納入し忘れるおそれは低いのですが、毎月支払いを行わない次のようなケースでは、注意が必要です。

（1）源泉所得税の納期の特例

源泉所得税は、原則として、給与支払月の翌月10日までに納めなければなりませんが、給与の支給人員が常時10人未満の源泉徴収義務者については、源泉徴収した所得税を半年分まとめて納めることができる特例があります。

これを「納期の特例」といいます。

図表 1 – 41　社会保険料と税金の納付方法と期限

種 類	納付方法	納付期限
社会保険料（健康保険・介護保険・厚生年金保険）	① 銀行口座からの自動引落し ② 納付書にて銀行窓口で納付 ③ Pay-easy（ペイジー）で電子納付	保険料発生月の翌月末日（月末が休日の場合は翌営業日）
労働保険料（雇用保険・労災保険）	**全額納付および延納の１期目：** ① 概算・確定保険料申告書および納付書を金融機関窓口または労基署に提出して納付 ② Pay-easy（ペイジー）で電子納付 **延納の２期目・３期目：** ① 納付書にて金融機関窓口または労基署で納付 ② Pay-easy（ペイジー）で電子納付 ※ 口座振替もあります	• 全納および延納１期目：7月10日 • 延納2期目：10月31日 • 延納3期目：1月31日 ※ 口座振替の場合は9月6日、11月14日、2月14日
源泉所得税	① 納付書にて金融機関窓口で納税 ② Pay-easy（ペイジー）または e-Tax で電子納税	給与支払い月の翌月10日（10日が休日の場合は翌営業日）
住民税	① 納付書にて金融機関窓口で納税 ② 各銀行のインターネットバンクサービスまたは eLTAX で納税	給与支払い月の翌月10日（10日が休日の場合は翌営業日）

（2）納期の特例の適用条件と効果

　納期の特例の適用条件と効果については、**図表1 – 42**をご参照ください。

　なお、この特例の対象となるのは、給与や退職金から源泉徴収をした所得税と、税理士報酬などから源泉徴収をした所得税に限られますので注意しましょう。

図表1-42　納期の特例の適用条件と効果

適用条件	・パート・アルバイトも含めて給与の支給人員が常時10人未満の源泉徴収義務者であること ・給与等の支払を行う事務所などの所在地を所轄する税務署長に「源泉所得税の納期の特例の承認に関する申請書」を提出すること
効果	・1～6月までに源泉徴収した所得税はその半年分まとめて7月10日が納付期限になる ・7～12月までに源泉徴収した所得税はその半年分まとめて翌年1月10日が納付期限になる（「納期の特例適用者に係る納期限の特例に関する届出書」も提出している場合には1月20日）

Check!

➡ 毎年秋ごろに会社情報が記載された源泉所得税の納付書が管轄の税務署より送られてきます。翌年からの源泉徴収税額表と納付書記載例も書いてある資料が同封されていますので、必ず内容に目を通すようにしましょう。

Q1-16 ┃ 社会保険料の差異の確認

Q 経理担当者から「給与計算書の社会保険料の額と、実際の支払（引落し）額が合わないので調べてほしい」と言われたのですが、どのように調べればよいか教えてください。

A 年金事務所や健康保険組合に「増減内訳書」を依頼して、ズレの原因を突き止めましょう。

解 説

　健康保険、介護保険、厚生年金保険の保険料は、1か月遅れで給与から徴収され、事業主負担分と合わせて、その月末に支払われます。

　従業員から保険料を預かってすぐに支払いをするので、通常であれば、経理上の「社会保険料預かり金」は、その月末（月末が休日の場合には翌月初）で残高0円となるはずです。この残高が合わないと、経理担当者から給与計算担当者に問合せが入ります。

1 「社会保険料預かり金」にズレが生じてしまうケース

　以下のようなケースがある場合、給与計算での計上金額と、実際の保険料納入金額にズレが生じてしまう可能性があります。

①　健保組合や年金事務所への届出書提出が遅れた場合（資格取得・喪失届、賞与支払届、標準報酬月額変更届など）

②　月末退職者から2か月分の社会保険料を控除した場合

③　健保組合や年金事務所への届け出を忘れている場合

④　健保組合や年金事務所への届け出とは異なる標準報酬で給与計算をした場合

⑤　健保組合や年金事務所が届出内容と異なる標準報酬で請求をしてきた場合

上記①と②のケースは、単なる請求時期のズレの問題ですので、そのまま放置していても経理上の預かり金のズレは翌月以降に自然と解消されます。

しかし、上記③以降の場合においては、事業主側が修正のための自発的行動を起こさない限り、預かり金のズレが解消されません。それどころか、月の経過とともにそのズレは増大していく一方です。

そのため、実際の社会保険料請求額を毎月しっかりと確認し、給与計算で計上した金額（従業員からの預かり金額＋事業主負担額）と社会保険料の支払金額が一致しているかをチェックすることも給与計算担当者としての大切な仕事のひとつです。

2　「増減内訳書」の請求

ズレの原因を突き止めるうえで、年金事務所や健保組合が発行する「増減内訳書」はとても有効な資料です。発行都道府県や健保組合によってその請求方法は異なりますが、「増減内訳書」の請求をしておけば、入社、退社、賞与の届け出などによって保険料の請求額が変わったときに内訳書を会社に送ってくれます。

この内訳書には、前月と比べて保険料が変わった人や賞与が支払われた人などが書かれています。この内訳書を参照することで、上記①〜⑤のチェックが容易に行えますので、年金事務所や健保組合に「増減内訳書」を送ってもらえる体制を必ず作っておきましょう。

Check!

➡ 保険料の計上額と支払額にズレが生じた場合は、速やかにその原因を追及し、問題解決のために然るべき行動（給与計算の修正、届出書の提出・修正など）を迅速にとるようにしましょう。

賞与の事務処理の基本を覚えよう！

Q1-17 | 毎月の給与と賞与の違い

Q 当社では年2回賞与を支払うのですが、毎月の給与と賞与の違いについて教えてください。

A 賞与も毎月の給与と同じ「給与所得」に分類されますが、その源泉所得税の計算方法や社会保険料（健康保険、介護保険、厚生年金保険）の算出方法は、毎月の給与とは異なります。住民税は前年の所得に基づいて計算された税額を毎月の給与から 12 分割で控除していますので、退職時における残額をまとめて控除する（一括徴収する）場合を除き、原則として賞与から控除する住民税はありません。

解 説

「賞与」の定義は、所得税と社会保険で異なりますので、ここで定義を確認しておきましょう。

1 所得税計算における賞与の定義

賞与にかかる所得税の源泉徴収の計算方法は、毎月の計算方法とは異なるものの、最終的に毎月の給与支給額と合算されて年末調整の対象となるため、その支払いを毎月の給与に含めて計算するのか、賞与として別明細で計算すべきかについて、あまり慎重になる必要はありません。

所得税法における賞与の定義を大雑把にいえば、**毎月支払う予定のないもの**

図表1-43　所得税法における賞与の定義

（略）賞与とは、定期の給与とは別に支払われる給与等で、賞与、ボーナス、夏期手当、年末手当、期末手当等の名目で支給されるものその他これらに類するものをいう。なお、給与等が賞与の性質を有するかどうか明らかでない場合には、次に掲げるようなものは賞与に該当するものとする。
イ　純益を基準として支給されるもの
ロ　あらかじめ支給額又は支給基準の定めのないもの
ハ　あらかじめ支給期の定めのないもの。ただし、雇用契約そのものが臨時である　場合のものを除く。
（所得税基本通達183-1の2）

は賞与、ということができます（**図表1-43**参照）。

2　社会保険料計算における賞与の定義

　毎月の給与とは別に賞与にも社会保険料がかかるため、それが賞与に区分されるか、毎月の給与に含めて処理するか、ということは、重要な問題です（**図表1-44**参照）。

　図表1-44を言い変えれば、年4回未満（年3回まで）の回数で支給されるものは賞与、それ以外は毎月の標準報酬に含めるべき報酬となります。

　総じて、種類や性質ごとに年3回までの支払いは、所得税、社会保険料の計算において確実に賞与といえますが、それを超える回数の場合は、どちらの区分で計算すればよいのか正直迷うところです。

　迷ったら、ケースに応じて管轄の税務署や年金事務所などに直接問い合わせて、確認するようにしましょう。

図表1-44　健康保険、厚生年金保険法における賞与の定義

賃金、給料、俸給、手当、賞与その他いかなる名称であるかを問わず、労働者が労働の対償として受ける全てのもののうち、三月を超える期間ごとに受けるものをいう。
（健康保険法第3条第6項、厚生年金保険法第3条第1項第4号）

➡ 一括徴収を除いて、通常、賞与から控除する住民税はありません。

➡ 社会保険料の計算方法は、毎月の給与と賞与で違いがあります。

➡ 毎月経常的に支払われないものは原則として賞与の扱いとなりますが、判断に迷ったら、管轄の税務署や年金事務所などに直接確認しましょう。連絡先はネット検索ですぐ見つかります。

Q1-18　賞与から控除する社会保険料の求め方

Q 賞与の法定控除のうち、社会保険料の求め方と控除の仕方について概要を教えてください。

A 賞与における法定控除は、「社会保険料」と「源泉所得税」の2種類となります。また、両者とも月次給与における控除の計算方法とは異なりますので、まずは社会保険料の計算方法についてここで確認していきましょう。

解　説

健康保険・介護保険・厚生年金保険の「社会保険」グループと、雇用保険・労災保険の「労働保険」グループで、保険料の計算方法が異なります。

1 賞与から控除する健康保険料・介護保険料・厚生年金保険料の求め方

賞与にかかる保険料は、①標準賞与額の確定、②保険料の計算（標準賞与額×保険料率）という順番で求めます。

（1）標準賞与額の確定

「標準賞与額」とは、各人に支給される賞与額の千円未満を切り捨てた額のことで、健康保険・介護保険については年度（4月1日〜翌3月31日）での上限額が設定され、厚生年金保険については1か月あたりの上限額が設定されています（**図表1-45**参照）。

なお、同月中に同従業員に複数の賞与が支払われる場合は、その同従業員に支払われるすべての賞与を合算した額で判定します。

図表 1 - 45　標準賞与の上限額

標準賞与上限額

健康保険・介護保険	年度累計（4／1 〜 3／31）で573万円
厚生年金保険	1か月につき150万円

（例1）　社員Aさんに令和X1年6月10日に2,450,330円の賞与を支給
2,450,330円＜573万円
∴ 健康保険・介護保険の標準賞与額＝2,450,000円
2,450,330円＞150万円
∴ 厚生年金保険の標準賞与額＝1,500,000円

（例2）　上記社員Aさんに令和X1年12月10日に3,500,000円の賞与を支給
2,450,000円＋3,500,000円＝595万円＞573万円
∴ 健康保険・介護保険の標準賞与額＝573万円－245万円＝3,280,000円
3,500,000円＞150万円
∴ 厚生年金保険の標準賞与額＝1,500,000円

【上限額に関する注意点】
- 健康保険・介護保険の標準賞与額における年度累計は、同一保険者の中で通算されます。たとえば、協会けんぽ加入のX社から、同じ協会けんぽ加入のY社に転職した場合、X社とY社は無関係の会社であっても、X社でのその年度の標準賞与と、Y社でのその年度の標準賞与を合計して、標準賞与の上限額にかかるかどうかを判定します。
- 転職があった場合で、年度内の上限額を超える場合には、その都度「健康保険標準賞与額累計申出書」を提出する必要があります。提出しないと上限を超えた保険料を請求される場合がありますので注意しましょう。

図表 1 - 46　賞与における社会保険料の計算例

上記（例1）の社員Aさん（40歳未満）が協会けんぽ（東京都）加入の場合
- 健康保険料＝2,450,000円×9.84％（保険料率）×50％（被保険者負担割合）＝120,540円（50銭超切上げ、50銭以下切捨て）
- 厚生年金保険料＝1,500,000円×18.3％（保険料率）×50％（被保険者負担割合）＝137,250円

（2）保険料の計算

　「標準賞与額×保険料率」が求める保険料となります（**図表1-46**参照）。

2　賞与から控除する雇用保険料・労災保険料の求め方

（1）雇用保険料

　賞与にかかる雇用保険料の計算方法は、毎月の給料と同じで、単純に賞与の支給総額に雇用保険料率を乗じることによって求めます（**図表1-47**参照）。

図表1-47　賞与における雇用保険料の計算例

> （例）賞与支給総額600,000円で一般の事業区分の会社（従業員の保険料率3/1000）の場合
>
> 600,000円×3/1000＝1,800円　←━━ 賞与から控除すべき雇用保険料

（2）労災保険料

　事業主だけが負担するものなので、賞与計算とは直接の関係はありません（**Q1-7 5**(2)参照）。

Check!

→ 標準賞与には上限があり、健康保険・介護保険は年度（4月1日～翌3月31日）累計で573万円、厚生年金保険は1か月で150万円です。

→ 賞与支払後は、「賞与支払届」を保険者に提出します。提出を忘れるといつまでも健康保険料（介護保険料）・厚生年金保険料の支払い（引落し）が実行されません。

→ 賞与にかかる雇用保険料は、毎月の給料の計算方法と同じです。

→ 月の末日以外の中途で退職し、健康保険・介護保険・厚生年金保険の資格を失う場合、その月に支払う賞与からは、支給日にかかわらず健康保険・介護保険・厚生年金保険の保険料を控除しません。

→ 雇用保険料は、資格喪失後の退職者であっても控除が必要です。

Q1-19 | 賞与から控除する源泉所得税の求め方

Q 賞与の法定控除のうち、源泉所得税の求め方と控除の仕方について概要を教えてください。

A 賞与における源泉所得税の求め方は、毎月の給与における源泉所得税の計算方法と異なりますので、ここでしっかりと確認していきましょう。

解 説

毎月の給与と同様に、扶養控除等申告書の提出がある人については、扶養人数に応じて税額が低くなる甲欄の税額表を適用し、提出のない人については乙欄を適用します。

また、賞与には電子計算機等を使用する特例計算はなく、すべて賞与に対する源泉徴収税額の算出率の表を参照して税率を求め所得税額を算出します。

1 源泉徴収税額算出率表の見方

以下、事例をもとに解説します（**図表1-48** 参照）。

図表1-48 賞与から控除する源泉所得税の求め方

> 【従業員Aさん】
> ・扶養控除申告書の提出あり ──→ 甲欄適用
> ・妻と子ども1人を扶養（控除対象扶養親族等2人）
> ・賞与支給の**前月**における給与額 337,500円、社会保険料（健保・介護・厚年・雇保）合計金額 51,944円
> ・賞与支給額 600,000円、賞与にかかる社会保険料控除額 91,620円

ステップ1

前月給与における社会保険料控除後の金額を求めます。

337,500 円－ 51,944 円＝ 285,556 円

ステップ2

賞与に対する源泉徴収税額算出率の表（第6章**資料4**参照）で上記 285,556 円と扶養親族等の数が交わるところを探し、賞与に乗ずべき税率を確定します。

（一部抜粋）

賞与の金額に乗ずべき率	甲							
	扶 養 親 族 等 の 数							
	0人		1人		2人		3人	
	前月の社会保険料等控除後の給与等の金額							
	以上	未満	以上	未満	以上	未満	以上	未満
％	千円	千円	千円	千円	千円	千円	千円	千円
0.000	68 千円未満		94 千円未満		133 千円未満		171 千円未満	
2.042	68	79	94	243	133	269	171	295
4.084	79	252	243	282	269	312	295	345
6.126	252	300	282	338	312	369	345	398
8.168	300	334	338	365	369	393	398	417

ここ！賞与に乗ずべき税率は 4.084 ％

ステップ3

社会保険料控除後の課税賞与額に、上記で求めた税率を乗じて賞与にかかる所得税を算出します。

賞与支給金額 600,000 円－賞与にかかる社会保険料 91,620 円＝ 508,380 円 ← 課税賞与額
賞与にかかる所得税＝ 508,380 円× 4.084 ％＝ 20,762.2392 円
＝ 20,762 円 （円未満切捨て）

2 特別な計算方法

「前月中に普通給与がない場合」（**図表1－49**参照）および「賞与金額が前月

普通給与の 10 倍を超える場合」（**図表 1 - 50** 参照）は、特別な計算方法となります。

図表 1 - 49 前月中に普通給与がない場合の計算事例

【従業員 X さん】
- 扶養控除等申告書の提出あり → 甲欄適用
- 高校生の子ども 1 人を扶養（控除対象扶養親族 1 人）
- 休職者のため**前月中の普通給与なし**
- 賞与支給額 930,000 円（賞与の計算期間 6 か月）、賞与にかかる社会保険料控除額 142,011 円

ステップ 1
社会保険料控除後の賞与の金額を賞与計算期間（6 か月）で除します。
（930,000 円－ 142,011 円）÷ 6 か月＝ 131,331 円 （円未満端数は切捨て）

ステップ 2
給与の源泉徴収税額表（第 6 章**資料 3** 参照）で上記 131,331 円と扶養親族等の数が交わるところを探します。

その月の社会保険料控除後の給与等の金額		甲								乙
		扶 養 親 族 等 の 数								
		0 人	1 人	2 人	3 人	4 人	5 人	6 人	7 人	
以上	未満	税				額				税 額
円	円	円	円	円	円	円	円	円	円	円
129,000	131,000	2,260	630	0	0	0	0	0	0	5,700
131,000	133,000	2,360	740 ←	0	0	0	0	0	0	6,000
133,000	135,000	2,460	840	0	0	0	0	0	0	6,300

ここ！ 740 円

ステップ 3
上記税額を賞与の計算期間の月数倍に換算します。
740 円× 6 か月＝ 4,440 円 ← 賞与にかかる源泉所得税額

※ 賞与の計算期間が 6 か月を超える場合には、6 か月をすべて 12 か月に置き換えて計算します。

図表1−50　賞与金額が前月普通給与の10倍を超える場合の計算事例（社会保険料控除後）

【従業員Ｙさん】
- 扶養控除等申告書の提出あり　**→　甲欄適用**
- 扶養親族等なし
- 賞与支給の前月における給与額252,000円、社会保険料（健保・介護・厚年・雇保）合計金額39,704円
- 賞与支給額2,700,000円（賞与の計算期間6か月）、賞与にかかる社会保険料控除額302,490円
- （2,700,000円−302,490円）＞（252,000円−39,704円）∴前月給与の10倍超

ステップ1

社会保険料控除後の賞与の金額を賞与計算期間（6か月）で除します。
（2,700,000円−302,490円）÷6か月＝ 399,585円 （円未満端数は切捨て）

ステップ2

上記金額と前月における社会保険料控除後の給与の金額を合算します。
399,585円＋（252,000円−39,704円）＝ 611,881円

ステップ3

給与の源泉徴収税額表（第6章**資料3**参照）で上記611,881円と扶養親族等の数が交わるところを探します。

その月の社会保険料控除後の給与等の金額		甲								乙
		扶 養 親 族 等 の 数								
		0人	1人	2人	3人	4人	5人	6人	7人	
以上	未満	税			額					税　額
円	円	円	円	円	円	円	円	円	円	円
608,000	611,000	48,750	42,290	35,820	29,350	22,890	18,100	14,870	11,640	200,700
611,000	614,000	49,300	42,840	36,370	29,910	23,440	18,380	15,140	11,920	202,200
614,000	617,000	49,860	43,390	36,920	30,460	23,990	18,650	15,420	12,190	203,700

ここ！ 49,300円

ステップ4

給与の源泉徴収税額表（第6章**資料3**参照）で前月の社会保険料控除後の給与の金額212,296円（252,000円－39,704円）と扶養親族等の数が交わるところを探します。

その月の社会保険料控除後の給与等の金額		甲								乙
		扶 養 親 族 等 の 数								
		0人	1人	2人	3人	4人	5人	6人	7人	
以上	未満	税			額					税　額
円	円	円	円	円	円	円	円	円	円	円
209,000	211,000	5,136	3,500	1,890	280	0	0	0	0	23,900
211,000	213,000	5,200	3,570	1,960	350	0	0	0	0	24,400
213,000	215,000	5,270	3,640	2,030	420	0	0	0	0	25,000

ここ！ 5,200円

ステップ5

ステップ3の金額からステップ4の金額を控除します。

49,300円－5,200円＝ 44,100円

ステップ6

最後に、ステップ5の金額に賞与の計算期間6か月を乗じます。

44,100円×6か月＝ 264,600円 ← 賞与にかかる源泉所得税額

Check!

➡ 給与ソフトの計算した税額がおかしいなと思ったら、「前月中に普通給与がない場合」や、「賞与金額が前月普通給与の10倍を超える場合」に該当していないか確認しましょう。

Q1-20 | 賞与から控除した社会保険料と所得税の納付方法

Q 賞与から控除した社会保険料と所得税の納付方法について教えてください。

A 社会保険（健康保険・介護保険・厚生年金保険）料は、賞与の支払いをしたことを保険者に届け出ることで、源泉所得税は毎月の給与と合わせて納付します。

解説

賞与計算は毎月の業務ではないので、給与から控除した保険料や所得税の納付をうっかり忘れてしまいがちです。そのようなミスをしないためにも、ここでしっかり確認しておきましょう。

1 賞与から控除した社会保険料の納付方法

毎月の給与から控除する社会保険料（健康保険、介護保険、厚生年金保険）は、あらかじめ年金事務所や健康保険組合に届け出ている標準報酬月額により計算されるため、給与額に大きな変動がない限り、保険者から自動的に請求書が届くか口座から自動引落しされます。

一方、賞与については、保険者側にあらかじめの情報がないので、事業所が賞与を支払う都度、その支払金額を報告することによって保険料の請求が確定することになります。

2 賞与支払届

賞与の支給が終わったら、賞与の支給額などを記載した「賞与支払届」を原則として支給日から5日以内に、管轄の年金事務所や健康保険組合に提出しな

ければなりません。

この届け出により月額保険料と合わせて賞与にかかる保険料の請求がなされます。賞与支払届は、個人情報が印字された状態であらかじめ保険者側から郵送されてきますが、手元に見当たらないときは再度用紙を送ってもらうか、使用する給与ソフトなどから出力するようにしましょう（**図表1-51**参照）。

賞与支払届は電子申請でも提出できますので、利用できる環境が整っている場合は、電子申請を利用すると便利です。

図表1-51　賞与支払届（一部抜粋）

3 賞与から控除した源泉所得税の納付方法

　源泉所得税納付書の「俸給・給料等」の欄の下に「賞与」の欄がありますので、そこに賞与の支給日や金額などを記入して毎月の給与と合わせて納付します。納付期限は給与と同じで、支給日の翌月 10 日です。

Check!

➡ 賞与支払届の提出を怠ると、預かった保険料がいつまでも会社の帳簿に残ってしまいますので注意しましょう。

年末調整の手続きを
マスターしよう！

Q1-21 | 年末調整の概要

Q 年末調整の概要について教えてください。

A **年末調整**とは、簡単にいうと「給与・賞与の年間の合計額に対する所得税を計算し、その額と、それまでに源泉徴収してきた所得税の合計額との差額を出し、その差額を年の最終給与で調整する作業」です。

解説

　給与所得にかかる所得税は、1 〜 12 月までの 1 年間に得た合計の給与所得額に対して決定されます。一方、毎月の給与、あるいは賞与から所得税が控除されていますが、それらは年間で確定する所得税の、いわば前払いのようなものです。そのため、年間所得で計算し確定した年税額と、それまでの前払い分合計を 12 月の最終支払い給与（12 月給与または賞与）で、差し引き調整する必要があります。

　これを「年末調整」といいます。

1 源泉徴収税額の合計額と年税額が一致しない理由

　源泉徴収税額の合計と、年間所得で計算した年税額は、**図表 1 - 52** のような理由で一致しません。

　たとえば、毎月の給与がある程度一定で、その源泉税率が 10 ％だったとし

図表1-52　不一致の理由

①　毎月の給与や賞与で適用された源泉税率は、必ずしも年税率とは一致していないため
②　年の中で控除対象扶養親族等に変動があっても、年初にさかのぼって修正することはないため
③　配偶者特別控除や生命保険料・地震保険料控除など、年末調整のときだけに適用される控除があるため

ます。ところが年の中途で発生した賞与が著しく高く、最終的な年間所得に対する税率が20％になったとすると、毎月の源泉所得税（＝前払所得税）が少なすぎる結果となり、最終給与で多額の所得税を徴収しなければならない結果となります。

　一致しない原因は他にもありますが、いずれにしても年末調整前までに徴収してきた所得税の合計が、年末調整で計算した年税額とぴったり一致することはほとんどありません。

2　年末調整の対象となる人・ならない人

　年末調整は、年の中途入社の人も含めて、当年の最終給与を支払うときに在籍する扶養控除等申告書を提出している人を対象に行います。

　図表1-53のいずれかに該当する人は、年末調整の対象とはなりませんので、注意しましょう。

　なお、年末調整は、死亡した人や海外転勤などの事情により非居住者となった人は、年の中途であってもその時点で年末調整を行いますので注意しましょう。

図表1-53　年末調整の対象とならない人

①	本年中の給与収入（中途入社の場合は前職での給与収入を加算した）額が2,000万円を超える人
②	2か所以上から給与の支払いを受けている人で、他社に扶養控除等申告書を提出している人や、年末調整を行うときまでに扶養控除等申告書を提出していない人（乙欄適用者）
③	年の中途で退職した人（死亡した人、海外転勤者などを除く）
④	「災害被害者に対する租税の減免、徴収猶予等に関する法律」により、本年分の給与に対する源泉所得税の徴収猶予または還付を受けた人
⑤	非居住者
⑥	継続して同一の雇用主に雇用されない日雇労働者など（日額表丙欄適用者）

Check!

➡ 年の中途入社で当年分の前職給与がある人は、前職分の源泉徴収票の提出を受けて、その給与と当社分給与を合算して年末調整を行います。

➡ 2か所以上から給与を受けている場合であっても、当社に扶養控除等申告書を提出している限り年末調整の対象となります。

➡ 他に事業所得などのある人で「自分で確定申告するから年末調整しないでください」という申し出があっても、年末調整対象者に該当するかぎり年末調整を行わなければなりません。

Q1-22 | 年末調整の作業スケジュール

Q 年末調整の作業スケジュールについて教えてください。

A 10月下旬〜11月上旬の申告書類の配付に始まり、12月給与計算後の源泉徴収票の発行まで作業が続きます。

解説

12月25日支給の給与で年末調整を行う場合の一般的な作業スケジュールは、**図表1-54**のようになります。

図表1-54　年末調整の作業スケジュール

時　期	作業内容	作業上の注意点など
10月下旬〜11月上旬	・年末調整の申告書類（扶養控除等申告書／基礎控除申請書兼配偶者控除等申告書兼所得金額調整控除申告書／保険料控除申告書）を従業員に配付する	・住宅借入金等特別控除申告書も回収対象の申告書ですが、その書類は会社から従業員に配るものではなく、従業員が自発的に会社に提出するものです ・**年中途入社者で当年中に他社から給与を受けていた人からは、その前職分の源泉徴収票も回収します**
11月下旬〜12月上旬	・従業員から申告書類を回収し、記載や添付物の漏れがないかをチェックする。不確かな情報や添付漏れなどがあれば、適宜、従業員に確認し、申告内容を確定する	・早め早めの回収を心がけ、12月給与計算作業が始まる前に申告情報の整理と申告情報の登録を完了しておきます ・前年の保険料控除や住宅借入金控除などの個人ごとの実績をあ

	• 給与ソフトで処理する場合は、12月の通常の給与計算作業に入る前に、申告内容を給与ソフトに入力しておく	らかじめリスト化しておき、そのリストに従って申告書類をチェックすれば回収漏れ防止に役立ちます
12月中旬	• 12月の通常の給与計算の事務作業を行い、12月給与支給額を固めておく • 年間の支給額が確定した段階で源泉徴収簿を作成のうえ年税額を計算し、支払い済み源泉所得税との差額を算出する	• 手書きの源泉徴収簿は国税庁ホームページからダウンロードできます • 給与ソフトの場合は源泉徴収簿作成機能が付いていますので、それを利用すると便利です
支給日の3〜4営業日前までに	• 所得税の過不足額を12月給与計算書に転記し、12月の給与計算を完了させる • その後、振込処理を行う	• 過不足額の計算において、給与ソフトによっては、11月までの源泉徴収額を支払い済みとするか、12月給与の所得税も支払い済みとして扱うか、その設定により計算方法が異なりますので注意しましょう
12月下旬	• 源泉徴収票を作成し従業員に配付する	• 12月給与明細と同時に源泉徴収票を配付するのが望ましいのですが、遅くとも翌月の給与計算明細と一緒に渡せるように準備しましょう

Check!

➡ 作業期間約2か月の長丁場となりますので、なるべく早め早めを心がけて作業を行いましょう。

➡ 令和2年から、生命保険料控除、地震保険料控除および住宅借入金等特別控除に係る控除証明書等について、勤務先へ電子データにより提供できる「年調ソフト」が国税庁ホームページよりダウンロードできるようになりました。利用している給与システムが「年調ソフト」データの受入可能な仕組みになっている場合は利用したほうが便利でしょう。

Q1-23 | 年末調整申告書の配付と回収

Q 年末調整申告書の配付と回収を行う際の手順やコツについて教えてください。

A あらかじめ配付時期と回収期限を決めたうえで、そのチェックリストに従って作業を進めるのが効率的です。

解説

　長期出張中の従業員などがいると、書類の提出が遅れがちになりますので、あらかじめ立てたスケジュールどおりに作業を進めていくようにしましょう。年末調整の各種申告は、紙もしくは電子で行うことができますが、ここでは紙での申告について説明します。

1 申告書類の準備

　年末調整関連の申告書は、①「扶養控除等申告書」、②「基礎控除申告書 兼 配偶者控除等申告書 兼 所得金額調整控除申告書」、③「保険料控除申告書」、④「住宅借入金等特別控除申告書」の4種類です。

　このうち④は、本人が自発的に提出するものなので、会社から配付する書類ではありません。①～③について会社側で準備した申告書を各人に配付します。

　給与ソフトを利用している場合は、通常、印字済みの申告書を印刷できますが、そのような機能がない場合は、国税庁ホームページからブランク用紙をダウンロードして各人に配付しましょう。

2 書類の配付

　個人情報が印字された申告書類を配付する際には、情報保護の観点から従業

員別の封筒に入れて配付します。この際、提出先や提出期限、その他諸注意などを記載した案内も同封すると便利です（**図表1-55**参照）。

図表1-55　給与ソフトから印字済みの申告書を配付する場合の案内例

令和Ｘ年11月1日

年末調整のご案内

令和Ｘ年分年末調整および令和Ｙ年１月以降の給与計算のための申告書を配付いたします。
1.　令和Ｘ年分　給与所得者の扶養控除等（異動）申告書…変更のある方のみ提出
2.　令和Ｙ年分　給与所得者の扶養控除等（異動）申告書…全員提出
3.　令和Ｘ年分　給与所得者の基礎控除申告書 兼
　　　　　　　　給与所得者の配偶者控除等申告書 兼 所得金額調整控除申告書
　　　　　　　　…全員提出
4.　令和Ｘ年分　給与所得者の保険料控除申告書…該当者のみ提出

上記申告書に必要事項を記載のうえ、以下の期限までに提出してください。
　　提出期限：11月15日　←　配付日から週末を２回はさむぐらいで設定
　　提出先：人事部 ○○宛て
【注意事項】
※　会社にマイナンバーを提出済みの方は、申告書へのマイナンバー記入は不要です。
※　確定申告をされる方も「給与所得者の扶養控除等（異動）申告書」を提出してください。
※　保険料控除証明書などの添付物は同封の台紙に貼ってください。
※　住宅借入金等特別控除申告書をお持ちの方は合わせて提出してください。
※　その他　←　必要に応じて注意書きを入れる

3　書類の回収

　書類の回収にあたっては、保険料控除や住宅控除の前年実績をあらかじめ記した回収名簿を作成しておくと自発的に未提出者への提出を促すこともでき、追加提出者を未然に予防することができて便利です（**図表1-56**参照）。

図表1-56　回収名簿の例

社員番号	氏名	扶養控除等申告書 R.X年	扶養控除等申告書 R.Y年	基・配・所	保険	中途入社年月日	前職源泉徴収票	住宅控除	住宅控除質問票
1	給与　太郎								
2	東京　花子								
3	大阪　二郎								
4	鈴木　三郎								
5	マイケル スミス								

Check!

➡ 配付の案内や回収名簿は、会社の事情に合わせて作成しましょう。

➡ クラウド年調ソフトなどインターネット経由でデータを収集する場合であっても、保険料控除証明書などの紙書類の原本は会社で保管する義務があるので注意しましょう。

Q1-24 各種申告書と年税額計算の流れ

Q 従業員に提出してもらう年末調整申告書と所得税計算の関係について、教えてください。

A 所得税は、所得に対して課税されますが、その所得は「給与収入－所得控除」で求めます。所得控除には給与所得控除、所得金額調整控除、人的控除、保険料控除があり、提出された申告書に沿ってこれらの控除額を確定します。なお、住宅借入金等特別控除は所得控除ではなく、税額控除の対象となりますので、他の申告書とは種類が異なります。

解説

ここで、各種申告書が税額計算とどのような関係があるのか、事務の流れとともに確認しておきましょう（**図表1-57**参照）。

図表1-57　年末調整の事務と年税額計算の流れ

処理内容	方法など
①1〜12月までの給与・賞与の支給総額および徴収済み所得税額を集計する	年中途入社で前職分給与がある人は、その前職分の源泉徴収票を本人から入手し、その支給額および税額も集計に含めます。給与ソフトの場合は前職分の支給額および税額を登録する欄がありますので必ず確認しましょう
②給与所得控除後の給与等の金額を求める	上記①で集計した給与・賞与の支給総額を、「年末調整等のための給与所得控除後の給与等の金額の表」（第6章**資料9**参照）にあてはめて求めます。給与ソフトの場合は自動計算されます
③**所得金額調整控除**の額を求める	申告する本人の収入金額と本人または扶養親族の要件があてはまる場合、控除が受けられますので計算方法に沿って控除

	額を求めます。 給与ソフトの場合は自動計算されます
④人的控除の額を求める	基礎控除申告書、扶養控除等申告書、配偶者控除等申告書で申告された本人や扶養家族の状況に沿って控除額を求めます。給与ソフトの場合は本人や扶養家族の状況を正しく登録しておくことで控除額が自動計算されます
⑤保険料控除の額を求める	保険料控除申告書で申告された保険料をもとに控除額を求めます。給与ソフトの場合は、各保険区分に沿って正しく保険料を登録すれば控除額が自動計算されます。給与から控除した社会保険料も保険料控除の区分に属します
⑥税率をかける課税所得を求める	上記②（③の適用がある場合は②から③を差し引いた後の額）から④と⑤の合計額を差し引き、課税所得を求めます
⑦上記⑥に対する税率をかけて年税額を算出する	上記⑥の金額を「年末調整のための算出所得税額の速算表」（第6章**資料10**参照）にあてはめて税率と控除額を求め、それを用いて年税額を計算します。住宅借入金等特別控除がある場合は、さらに税額控除を行い、年税額を確定します
⑧還付・不足を計算し、12月の最終給与または賞与に反映させる	上記⑦の確定年税額と①で集計した徴収済み所得税額を比較して、還付・不足を求めます

Check!

➡ 人的控除は「扶養控除等申告書」や「基礎控除申告書 兼 配偶者控除等申告書 兼 所得金額調整控除申告書」の内容で決まります。給与ソフトの場合は、本人や扶養家族の登録状況によって自動計算されますので、提出された内容と給与ソフトの登録状況にズレがないかどうか確認しましょう。

➡ 保険料控除は「保険料控除申告書」に沿って算出します。給与ソフトの場合は、各保険区分に沿って正しく保険料を登録すれば控除額が自動計算されますので、入力した保険料に誤りがないか確認しましょう。

Q1-25 | 各種申告書のチェックポイント（扶養控除）

Q 従業員から回収した「扶養控除等申告書」のチェックポイントについて教えてください。

A その年の12月末時点の本人と扶養家族の状況、および翌年1月1日の住所を確認するのが主な目的となります。

解説

扶養控除等申告書の様式は、**図表1-58**のとおりです。

図表1-58 「扶養控除等申告書」の様式

図表 1 – 59 扶養控除等申告書のチェックポイント

☑	項 目
	押印漏れはないか
	住所が過年度のものと一致しているか
	老人配偶者や特定扶養に○が付されている場合、その配偶者、扶養親族の生年月日がその控除に該当しているか
	扶養親族の住所が記載されているか
	扶養親族の所得欄に記載がある場合、それが収入であるのか、所得であるのか（収入である場合は、給与収入だけで103万円以下、65歳以上の人で公的年金収入だけで158万円以下、65歳未満で公的年金収入だけで108万円以下のときに扶養に該当します）
	障害者に○が付されている場合、その障害の程度が正しく記載されているか
	海外在住の扶養親族の場合、親族関係や送金などの事実を証明する添付物がそろっているか

　その年の10月下旬から11月上旬にかけて従業員に配付する扶養控除等申告書は、その翌年度分の申告書です。翌年の申告書を配る目的としては、翌年1月以降の源泉徴収事務を適切に行うための前準備、ということと、翌年1月1日現在の住所を確認するためです。

　したがって、回収した新たな情報（翌年分の申告書）と、すでに会社が持っている情報（昨年秋、または当年入社時に回収した当年分の申告書）を横並びにして見比べ、それぞれの項目に異なっている点がないかどうかを確認します。

1 扶養控除等申告書のチェックポイント

　図表 1 – 59 を参考に、チェックしてみましょう。

　新たに更新すべき点を発見した場合には、その箇所にマーカーを引いたり、付箋を付けるなどして、最新情報を給与ソフトに登録しておきます。

2 年の中途で扶養親族等に異動があった場合

この場合は、当年分の扶養控除等申告書を本人に差し戻して正しい情報を記入してもらうか訂正してもらいます。

なお、扶養親族等に該当するかどうかは年末調整を行う日の現況により判定しますが、その判定要素である所得金額はその時点での本年中の見積額を用い、また年齢についてはその年の12月31日（年の中途で死亡した人については、その死亡の日）の現況により判定します。その後、12月末を経過した時点で扶養親族等の申告に誤りがあった場合には、翌年1月の給与計算で再年末調整を行うことが可能です。

3 扶養親族等の区分と注意点

扶養控除等申告書で申告される扶養親族等の区分と注意事項を整理すると、図表1-60のようになります。

図表1-60 扶養親族等の区分と注意点

被扶養者の区分	該当する人
同一生計配偶者	所得者と生計を一にする配偶者（青色・白色事業専従者として給与を受ける者を除く）で、合計所得金額が48万円以下の人 〈注意事項〉 •「配偶者」とは、婚姻届を提出している人のみを指しますので、単なる同居人や内縁関係の人は配偶者にあたりません •「生計を一にする」とは、必ずしも同居を要件とするものではなく、たとえば、勤務、修学、療養等の都合上別居している場合であっても、余暇には起居を共にすることを常例としている場合や、常に生活費、学資金、療養費等の送金が行われている場合には、「生計を一にする」ものとして取り扱われます
控除対象配偶者	同一生計配偶者のうち、合計所得金額が1,000万円以下であ

	る所得者の配偶者
源泉控除対象配偶者	所得者（合計所得金額が 900 万円以下の人に限る）と生計を一にする配偶者（青色・白色事業専従者として給与を受ける者を除く）で、合計所得金額が 95 万円以下の人
扶養親族	所得者と生計を一にする親族（配偶者、青色・白色事業専従者として給与を受ける者を除く）で、合計所得金額が 48 万円以下の人 〈注意事項〉 • ここでいう「親族」とは、6 親等内の血族と 3 親等内の姻族を指します • 児童福祉法の規定による里子または老人福祉法の規定による養護老人で、所得者と生計を一にし、合計所得金額が 48 万円以下の人も扶養親族に含まれます
控除対象扶養親族	扶養親族のうち、年齢 16 歳以上の人
特定扶養親族	控除対象扶養親族のうち、年齢 19 歳以上 23 歳未満の人
老人扶養親族	控除対象扶養親族のうち、年齢 70 歳以上の人
同居老親等	老人扶養親族のうち、所得者またはその配偶者の直系尊属で所得者等のいずれかとの同居を常況としている人 〈注意事項〉 • その老親等が所得者等の居住する住宅の同一敷地内にある別棟の建物に居住している場合で、その老親等が所得者等と食事を一緒にするなど日常生活を共にしているときは同居老親等にあたります
障害者（特別障害者）	所得者本人やその同一生計配属者、扶養親族で、次のいずれかに該当する人 ① 精神上の障害により事理を弁識する能力を欠く常況にある人——これに該当する人は、すべて特別障害者になります ② 児童相談所、知的障害者更生相談所、精神保健福祉センターまたは精神保健指定医から知的障害者と判定された人——このうち、重度の知的障害者と判定された人は、特別障害者になります ③ 精神保健および精神障害者福祉に関する法律の規定により精神障害者保健福祉手帳の交付を受けている人——このうち、障害等級が 1 級の人は、特別障害者になります

	④　身体障害者福祉法の規定により交付を受けた身体障害者手帳に、身体上の障害がある者として記載されている人——このうち、障害の程度が1級または2級である者として記載されている人は、特別障害者になります
	⑤　戦傷病者特別援護法の規定により戦傷病者手帳の交付を受けている人——このうち、障害の程度が恩給法別表第1号表ノ2の特別項症から第三項症までの人は、特別障害者になります
	⑥　原子爆弾被爆者に対する援護に関する法律第11条第1項の規定による厚生労働大臣の認定を受けている人——これに該当する人は、すべて特別障害者になります
	⑦　常に就床を要し、複雑な介護を要する人——これに該当する人は、すべて特別障害者になります
	⑧　精神または身体に障害のある年齢65歳以上の人で、その障害の程度が上記の①、②または④に該当する人と同程度である人として市町村長や特別区の区長または福祉事務所長などの認定を受けている人——このうち、①、②または④の特別障害者と同程度の障害がある人は、特別障害者になります
	〈注意事項〉
	• 現に身体障害者手帳や戦傷病者手帳の交付を受けていない人であっても、これらの手帳の交付を申請中の人やこの申請をするために必要な医師の診断書の交付を受けている人で、年末調整の時点において明らかにこれらの手帳の交付が受けられる程度の障害があると認められる人は、障害者（または特別障害者）に該当するものとして取り扱われます
同居特別障害者	同一生計配偶者または扶養親族のうち、特別障害者に該当する人で所得者、所得者の配偶者または所得者と生計を一にするその他の親族のいずれかとの同居を常況としている人
寡婦	所得者本人で、次に掲げる人のうち、合計所得金額が500万円以下、かつ、その所得者と事実上婚姻関係と同様の事情にあると認められる者がいない人（下記「ひとり親」に該当する人を除く） ①　夫と離婚した後、婚姻をしていない人で扶養親族を有する人 ②　夫と死別した後、婚姻をしていない人または夫の生死が

	明らかでない人
ひとり親	所得者本人で、次のすべてに該当する人のうち、合計所得金額が 500 万円以下、かつ、その所得者と事実上婚姻関係と同様の事情にあると認められる者がいない人 ① 現に婚姻をしていない人または配偶者の生死が明らかでない人 ② その所得者と生計を一にする子（他の人の同一生計配偶者または扶養親族とされている者を除き、合計所得金額が 48 万円以下の子に限る）を有する人
勤労学生	所得者本人が、次の①、②および③のいずれにも該当する人 ① 次に掲げる学校等の児童、生徒、学生または訓練生であること 　ア）学校教育法に規定する幼稚園、小学校、中学校、義務教育学校、高等学校、中等教育学校、特別支援学校、大学、高等専門学校 　イ）国、地方公共団体、学校法人、準学校法人、独立行政法人国立病院機構、独立行政法人労働者健康安全機構、日本赤十字社、商工会議所、健康保険組合、健康保険組合連合会、国民健康保険団体連合会、国家公務員共済組合連合会、社会福祉法人、宗教法人、一般社団法人、一般財団法人、医療事業を行う農業協同組合連合会、医療法人、文部科学大臣が定める基準を満たす専修学校または各種学校を設置する者の設置した専修学校等で、職業に必要な技術の教授をするなど一定の要件に該当する課程を履修させるもの 　ウ）認定職業訓練を行う職業訓練法人で、一定の要件に該当する課程を履修させるもの ② 合計所得金額が 75 万円以下であること ③ 合計所得金額のうち給与所得等以外の所得金額が 10 万円以下であること 〈注意事項〉 • 控除を受けるためには、扶養控除等申告書に在学証明書を添付してもらう必要があります

国外居住親族	非居住者である親族
	※ 「非居住者」とは、居住者以外の個人をいいます。また、「居住者」とは、国内に住所を有し、または現在まで引き続いて1年以上居所を有する個人をいいます
	〈注意事項〉
	・国外居住親族にかかる扶養控除、配偶者控除・配偶者特別控除または障害者控除の適用を受けるためには、扶養控除等申告書や配偶者等控除申告書に、次の証明書を添付または提示する必要があります
	① 親族関係書類
	② 送金関係書類

Check!

➡ 控除対象扶養親族に該当しない年齢16歳未満のいわゆる年少扶養親族であっても、その年少扶養親族が障害者、特別障害者、同居特別障害者にあたる場合は、該当する障害者控除の適用対象となります。

➡ その年の中途で控除対象扶養親族等が死亡した場合であっても、その年の年末調整においては扶養控除の対象となります。

➡ 本人が寡婦やひとり親に該当していることに気づいていない場合もありますので、給与計算担当者から自発的に確認するとよいでしょう。ただし、本人が知られたくないこともあるかもしれないので、配慮をもってあたりましょう。

Q1-26 各種申告書のチェックポイント（基礎控除・配偶者控除・配偶者特別控除・所得金額調整控除）

Q 従業員から回収した「基礎控除申告書 兼 配偶者控除等申告書 兼 所得金額調整控除申告書」のチェックポイントについて教えてください。

A 「基礎控除申告書」と「配偶者控除等申告書」と「所得金額調整控除申告書」は同一申告書面となっています。「基礎控除申告書」のチェックポイントは、所得者の合計所得金額に応じた控除額で申告されているかという点です。「配偶者控除等申告書」のチェックポイントは、①従業員本人の合計所得が適用上限を超えていないか、②配偶者の所得金額が適用範囲の金額になっているかの2点です。「所得金額調整控除申告書」のチェックポイントは、所得者の給与の収入金額と要件が該当しているかという点です。

解説

「基礎控除申告書 兼 配偶者控除等申告書 兼 所得金額調整控除申告書」の様式は、**図表1-61**のとおりです。

1 「基礎控除申告書」のチェックポイント

基礎控除とは、所得者の合計所得金額が2,500万円以下である場合に、その所得者本人の所得金額の合計額から48万円を限度として、所得者の合計所得金額に応じた金額の控除が受けられます。

通常、給与ソフトが自動で所得判定をしてくれますので、年末調整計算における間違いはないと思いますが、あくまでも本人の申告による控除なので、申告書への記載漏れがないかどうか必ず確認しましょう。

図表1-61 「基礎控除申告書 兼 配偶者控除等申告書 兼 所得金額調整控除申告書」の様式

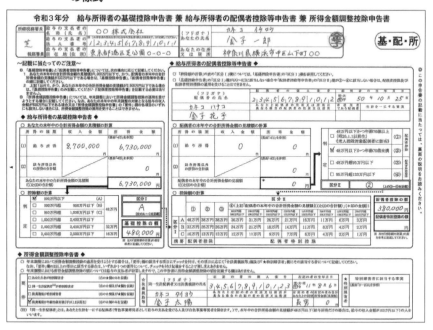

2 「配偶者控除等申告書」のチェックポイント

　配偶者控除は、配偶者の年間所得が48万円（給与収入だけの場合は年間103万円）以下の場合に、所得者の合計所得金額に応じた金額の控除が適用となりますので、ちょっとでも超えてしまうとその控除は受けられません。これでばっさりと切り落としてしまうのはかわいそうなので、その救済として配偶者特別控除が存在します。配偶者の所得が給与収入の場合だけでいえば、配偶者の給与収入が103万円超201万6千円未満に収まっていれば、その収入金額に応じた控除が38万円から1万円の範囲で受けられます。

　ただし、従業員（控除を受ける所得者）本人の年間合計所得金額が1,000万円を超える場合は、配偶者の所得金額にかかわらず、配偶者控除および配偶者特別控除のどちらも受けられませんので注意が必要です。

申告書の区分が細かく数字の流れを追うのが大変ですが、所得金額の計算などが正しく合っているか、申告書裏面の説明を参照しながら確認しましょう。

3 「所得金額調整控除申告書」のチェックポイント

　所得金額調整控除は、給与の収入金額が850万円を超える人に限り、以下①〜③のいずれかの要件に該当した場合に適用となり、給与の収入金額（その給与の収入金額が1,000万円を超える場合には1,000万円）から850万円を控除した金額の10％に相当する金額（15万円を限度）を、給与所得の金額から控除します。

① 本人が特別障害者
② 同一生計配偶者または扶養親族が特別障害者
③ 扶養親族が年齢23歳未満

なお、同一世帯に属する夫婦において、夫婦の両方が給与の収入金額が850万円を超え、年齢23歳未満の扶養親族に該当する子どもがいるような場合には、扶養控除とは異なり、その夫婦の両方が所得金額調整控除の適用を受けることができますので、従業員にも周知するとよいでしょう。

Check!

➡ 基礎控除は、所得者の合計所得金額が2,500万円を超えると適用を受けられませんが、年末調整対象者は全員が給与収入金額2,000万円以下の人なので、当社の給与以外に他の所得がない人の場合は全員が控除を受けられます。

➡ 配偶者控除と配偶者特別控除が同時に適用されることはありません。

➡ 所得金額調整控除は、扶養控除とは異なり、その夫婦の両方が所得金額調整控除の適用を受けることができます。

Q1-27 各種申告書のチェックポイント
（保険料控除）

Q 従業員から回収した「保険料控除申告書」のチェックポイントについて教えてください。

A 「保険料控除申告書」の重要なチェックポイントは、証明書の内容が申告書に正しく記載されているかという点です。

解 説

「保険料控除申告書」の様式は、**図表1-62**のとおりです。

図表1-62 「保険料控除申告書」の様式

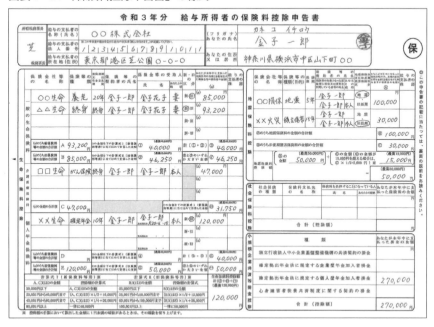

給与ソフトを利用している場合は、申告書に記入されている保険料を登録すれば、自動的に保険料控除の額を計算してくれる仕組みになっています。

担当者として大事なことは、申告内容に誤りがないか、必要な添付物に漏れがないかという確認作業になります。

図表1-63 を参考に、チェックしてみましょう。

図表1-63 「保険料控除申告書」のチェックポイント

☑	項 目
	押印漏れはないか
	保険料控除証明書や領収書などの証明書類が添付されているか
	証明書の年度はあっているか
	本人が支払った保険料であるか
	保険金や年金の受取人は一定範囲の人であるか
	証明書発行日までの額ではなく、本年支払予定の合計額で記載されているか
	月額表示の証明書の場合、対象月数倍（通年加入であれば12倍）しているか
	割戻金や返戻金などを際し引いた後の実質負担額を申告しているか
	一般の生命保険、介護保険、年金を混同していないか（保険等の種類が「年金」となっていても、区分が「一般」となっていれば一般の生命保険料に該当）
	新保険と旧保険の区分を混同していないか（新と旧では控除額の計算方法が異なる）
	地震保険と旧長期損害保険を混同していないか（証明書のタイトルが「地震保険料控除証明書」となっていても、備考や欄外に「旧長期損害保険に該当」と記載されている場合は、旧長期損害保険として扱う）
	国民年金、国民年金基金、個人型確定拠出年金加入者掛金を支払っている場合、その控除証明書は付いているか（国民健康保険、企業型確定拠出年金加入者掛金は添付不要）
	自動車保険などの控除対象外の保険を含めていないか
	海外転勤等の非居住者期間に支払った保険料が含まれていないか
	それぞれの控除額の計算は合っているか

➡ 保険料控除証明書のチェックを長時間行っていると集中力もなくなり相当疲れます。適度に休憩しながら行いましょう。

➡ 税務署の調査が入った場合、証明書の添付の有無は必ず見られますので、添付がない場合は必ず本人に提出するよう催促しましょう。

Q1-28　各種申告書のチェックポイント
（住宅借入金等特別控除）

Q 従業員から回収した「住宅借入金等特別控除申告書」のチェックポイントについて、教えてください。

A ローン残高証明書の金額が正しく記入されているか、また、その申告書に記載されている計算式どおり控除額計算がなされているかを確認することが重要です。

解　説

「住宅借入金等特別控除申告書」の様式は、**図表1-64**のとおりです。

「扶養控除等申告書」、「基礎控除申告書 兼 配偶者控除等申告書 兼 所得金額調整控除申告書」および「保険料控除申告書」から算出される控除は、その控除額を所得から差し引く、いわゆる所得控除ですが、この住宅借入金等特別控除は、その住宅ローンの年末残高に一定の控除率をかけた金額を、その年分の所得税そのものから差し引く、いわゆる税額控除の性質をもっています。

この控除を受ける最初の年度については、確定申告により控除を受けますが、その後の年分については、控除できる年数分の申告書が税務署からまとめて所得者に送付され、その所得者が、毎年、年末調整の時期に申告書を会社に提出することになります。

ローン残高に乗ずべき控除率や控除できる上限額などは、その住宅の購入年度や居住後の年数によって異なりますが、それら情報は税務署から送られてくる申告書にすでに印字されています。

1 住宅借入金等特別控除申告書のチェックポイント

図表1-65を参考に、チェックしてみましょう。

図表1-64 「住宅借入金等特別控除申告書」の様式

令和　年分　給与所得者の（特定増改築等）住宅借入金等特別控除申告書　給与の支払者受付印
　　　　　　兼（特定増改築等）住宅借入金等特別控除計算明細書

	給与の支払者の名称（氏名）		（フリガナ）あなたの氏名	世帯主の氏名及びあなたとの続柄（　　　） ㊞
税務署長	給与の支払者の法人番号			
	給与の支払者の所在地（住所）		あなたの住所又は居所	

年末調整の際に、次のとおり（特定増改築等）住宅借入金等特別控除を受けたいので、申告します。

項　目	新築又は購入に係る借入金等の計算			増改築等に係る借入金等の計算
	Ⓐ住宅のみ	Ⓑ土地等のみ	Ⓒ住宅及び土地等	Ⓓ
新築又は購入及び増改築等に係る住宅借入金等の年末残高（内、連帯債務による借入金の額）	①　　　円（　　　）	円（　　　）	円（　　　）	円（　　　）
住宅借入金等の年末残高（①のうち単独債務の額＋①のうち連帯債務の額×「連帯債務割合」）	②　　　％）円	％）円	％）円	％）円
②の証明事項の取得対価の額又は増改築等の費用の額のいずれか少ない方の金額	③②とⒶの少ない方　円	②とⒷの少ない方　円	②と（Ⓐ＋Ⓑ）又は（②と⑰）の少ない方	②と⑰の少ない方
③ ×「居住用割合」	④　　　％）円	％）円	％）（注1）円	％）円
住宅借入金等の年末残高（④の欄の合計額）	（最高　万円）⑤　　　円	年間の見積額（3,000万円を超える場合は控除の適用がありません。）	円	
特定増改築等の費用の額（注2）	円	（備考）		
増改築等の費用の額に係る住宅借入金等の年末残高（⑥と⑦の少ない方）（注2）	（最高　万円）⑥　　　円			
（特定増改築等）住宅借入金等特別控除額（⑤×1％）	（100円未満の端数切捨て）（最高　円）⑦	重複適用等（の特例）を受ける場合の（特定増改築等）住宅借入金等特別控除額（注3）	（100円未満の端数切捨て）（最高　円）	

令和　年分　年末調整のための（特定増改築等）住宅借入金等特別控除証明書

☐☐☐-☐☐☐☐

　　　　　　　　　　　　　　　　　　　様

左記の方が、令和　年分の所得税について次のとおり（特定増改築等）住宅借入金等特別控除の適用を受けていることを証明します。

令和　年　月　日

税務署長

（証明事項）（令和　年中居住者用）

⑦居住開始年月日	家屋に関する事項			土地等に関する事項		
	⑩取得対価の額	㉖居住用割合	㉝連帯債務割合	㉟取得対価の額	㉘居住用割合	㉝連帯債務割合
令和　年　月　日	円	％	％	円	％	％

⑦居住開始年月日	増改築等に関する事項				㉑特別期間（11年目から3年目）（※）における控除限度額
	⑰増改築等の費用の額	㉒特定増改築等の費用の額	㉓居住用割合	㉔連帯債務割合	（※）令和　年分〜令和　年分
年　月　日	円	円	％	％	円

（参考）適用初年分の控除額	円	各年分の控除額の計算の結果、この金額を上回ることはありません。※当年分の控除額ではありませんので注意ください。

図表1-65　住宅借入金等特別控除申告書のチェックポイント

☑	項　目
	押印漏れはないか
	扶養控除等申告書記載の住所と申告対象物件の住所が一致しているか
	ローン残高証明書が添付されているか
	残高証明書の償還期間（賦払期間）が10年以上であるか（10年未満は控除対象外）
	残高証明書の金額と申告書に転記されている金額があっているか
	計算式どおりに金額が流れているか
	ローン残高証明書の適用欄に連帯債務者名や連帯債務者ありと記載されていないかどうか
	連帯債務者がいる場合、申告書の備考欄に連帯債務者の署名が正しく載っているか、本人の負担割合で按分された残高が申告書の年末残高欄に記載されているか
	ローンの借換えをしていないか（借換えありの場合は按分計算が必要）

2　対象物件に居住していることが条件

　対象物件を住所地として本人が実際に居住していなければ控除をとることはできません。仮に海外転勤などの事情により居住しない場合はその期間は控除をとれませんが、転居前に税務署で手続きを行ったうえで帰任または帰国後に再居住すれば、その年から控除を受けることができます（控除再開の年は確定申告が必要）。

　なお、単身赴任などのやむを得ない事情があり、配偶者や扶養親族が引き続き居住している場合に限り、本人が居住しているとみなして控除を受けることができます。

3　連帯債務者

　「連帯債務者」というのは、たとえば、夫婦共同でローンを借りた場合のそ

の相手方を指します。この場合控除がとれるのは、その債務割合に応じた額であり、たとえば、債務割合50：50で、総額2,000万円のローン残高がある場合、その所得者が申告書に記載すべきローン残高は1,000万円となります。

4 ローンの借換え

ローンの借換えを行っている場合は、金融機関が発行した残高証明書の金額をそのまま用いるのではなく、**図表1-66**の計算式により、住宅借入金等の年末残高を算出しますので要注意です。

申告書提出者には必ずローンの借換えの有無を確認し、借換えを行っている場合は、借換え直前における当初の住宅ローン等の残高資料を別途提出してもらうよう促しましょう。

図表1-66　借換えを行った場合の住宅借入金等の年末残高の計算式

① 　Ａ≧Ｂの場合　対象額＝Ｃ
② 　Ａ＜Ｂの場合　対象額＝Ｃ×Ａ/Ｂ

Ａ＝借換え直前における当初の住宅ローン等の残高
Ｂ＝借換えによる新たな住宅ローン等の借入時の金額
Ｃ＝借換えによる新たな住宅ローン等の年末残高

Check!

➡ 控除額の計算を誤るとその額がダイレクトに税額に影響しますので慎重に計算チェックを行いましょう。

➡ 残高証明書などの必要添付物がない場合は税務署の調査で否認されてしまいますので、必ず提出するよう本人に強めに指導しましょう。

Q1-29 | 年末調整の計算例

Q 年末調整の計算の仕組みについて、具体的に教えてください。

A すべての申告書のチェックが済んだら、年間の給与支払額を集計し、各種控除額を加味して年税額を計算していきます。

解 説

支給額や徴収済み税額、各種控除額を手集計する場合は源泉徴収簿（**図表1 -67**参照）を用いますが、給与ソフトを使用する場合は、ソフトが源泉徴収簿を自動作成し、各種控除額のみ登録すれば年税額を計算してくれる仕組みになっています。

年末調整の計算の仕組みについて、具体的な事例で確認していきましょう（**図表1-68**参照）。

図表 1-67 「源泉徴収簿」の様式

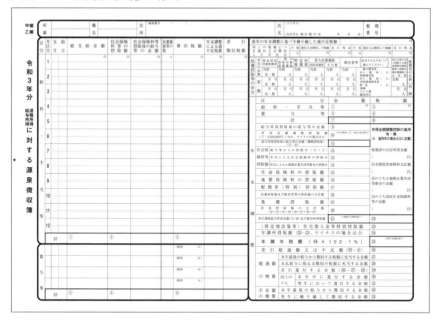

図表 1-68　年末調整の計算例

社員名	金子 一郎	(50歳　当社従業員　当社以外の収入なし)

以下、(扶) (基・配・所) より

扶養家族	金子 花子	(妻48歳　専業主婦　収入なし)
	金子 太陽	(子22歳　大学生　収入なし)
	金子 奈々子	(子18歳　高校生　収入なし)
	金子 優子	(子16歳　高校生　収入なし)

以下、年末調整前の給与データより

年間給与総額	8,700,000円	→ 1月から12月給与までの合計額
上記徴収税額	293,789円	→ 1月から12月給与までの合計額（12月給与含む（※））
社会保険料	1,281,924円	→ 1月から12月給与までの控除合計額

以下、(保) より

確定拠出年金	270,000円	
一般生命保険料	(新)93,200円	(旧)85,000円

介護医療保険料	(新)47,000円
個人年金保険料	(旧)120,000円
地震保険料	100,000円
旧長期損害保険料	30,000円

※　12月給与に対する所得税額を含めない方法もありますが、本設問では含める方法で説明していきます。

〈給与所得控除後の給与等の金額（調整控除後）の計算〉
年間給与総額である8,700,000円を、第6章**資料9**の「年末調整等のための給与所得控除後の給与等の金額の表」にあてはめて求めます。

→ 8,700,000円 － 1,950,000円 ＝ **6,750,000円**

〔所得金額調整控除額〕
本年分の給与の総額が850万円超で、年齢23歳未満の扶養親族を有するため、所得金額調整控除の適用があります（**Q1-26 3**参照）。このため、給与所得控除後の給与等の金額（調整控除後）は、給与所得控除後の金額6,750,000円から次により求めた所得金額調整控除額（上限額15万円）を控除した額となります。

本年分の給与総額（上限1,000万円）　固定値　固定割合

(8,700,000円－8,500,000円) × 10％＝20,000円（所得金額調整控除額）
∴　給与所得控除後の給与等の金額（調整控除後）＝
6,750,000円－20,000円＝ **6,730,000円**

逆に見れば、870万円と673万円の差額197万円が所得金額調整控除を含む給与所得控除の額となります。
なお、「給与所得控除」というのは、すべての給与所得者に与えられた、いわばサラリーマンの必要経費といえる控除で、最低でも年間55万円の控除が認められています。
パート収入のある配偶者が控除対象配偶者になれるかどうかの判定で、「所得48万円以下」という基準がありますが、これは、「収入103万円－給与所得控除55万円＝所得48万円」という計算に基づいています。つまり、収入でみれば103万円、所得でみれば48万円のラインが、扶養になるかどうかの境界線となるのです。

〈課税給与所得金額の計算〉
給与所得控除（調整控除を含む）後の給与等の金額から、社会保険料や生命保険料などの保険料控除と、配偶者控除や扶養控除などの人的控除を差し引いた

額が、税率を乗ずべき「課税給与所得金額」となります。

- 給与所得控除後の給与等の金額（調整控除後）　6,730,000円……①
- 各種所得控除金額
    社会保険料控除　　　　　　　　　　　　　1,551,924円
    生命保険料控除　　　　　　　　　　　　　　120,000円
    地震保険料控除　　　　　　　　　　　　　　 50,000円
    基礎，配偶者，扶養者等控除　　　　　　　2,250,000円
    所得控除の合計額　　　　　　　　　　　　3,971,924円……②

課税給与所得金額　[①－②]　　2,758,076円

【各種所得控除金額の計算内訳】

社会保険料控除
給与計算で徴収した社会保険料と、申告された確定拠出金額の合計額がそのまま
控除額となります　→　1,281,924円＋270,000円＝1,551,924円

生命保険料控除
生命保険料は、平成24年1月1日を境に契約日によって新保険料または旧保険料
の区分に分けられ、控除額の計算式が変わってきます。
一般の生命保険料、介護医療保険料または個人年金保険料の区分ごとに分けたう
えで、さらに新・旧の区分ごとにそれぞれ次の計算式で控除額を求めます。

	保険料の区分	支払った保険料の合計額	控除額
新保険料	一般の生命保険料 介護医療保険料 個人年金保険料 ごとに	20,000円以下	支払った保険料の合計額
		20,001円から40,000円まで	支払った保険料の合計額×1/2＋10,000円
		40,001円から80,000円まで	支払った保険料の合計額×1/4＋20,000円
		80,001円以上	40,000円
旧保険料	一般の生命保険料 または 個人年金保険料 ごとに	25,000円以下	支払った保険料の合計額
		25,001円から50,000円まで	支払った保険料の合計額×1/2＋12,500円
		50,001円から100,000円まで	支払った保険料の合計額×1/4＋25,000円
		100,001円以上	50,000円

※　一般の生命保険料の控除額、介護医療保険料の控除額および個人年金保険料の控除額の合計
　額が12万円を超える場合には、生命保険料の控除額は最高12万円が限度となります。それぞ
　れの控除額に円未満の端数が生じたときはこれを切り上げます。

新・旧区分ごとの控除額を算出したら、それを保険料区分ごとに合算します。さ
らに3区分を合算し、生命保険料控除額合計を算出します。

一般生命保険料（新）93,200円 ➡ 80,000円以上のため = 40,000円

（旧）85,000円× 1/4 + 25,000円 = 46,250円

（合計）86,250円、ただし（旧）の上限により ➡ 46,250円

介護医療保険料（新）47,000円× 1/4 + 20,000円 = 31,750円

個人年金保険料（旧）120,000円 ➡ 100,001円以上のため = 50,000円

保険料合計　128,000円

ただし、生命保険料控除の上限額12万円のため ➡ 120,000円

実務上は、各社員から回収した保険料控除申告書に記載されている控除額があっているかどうかを検証します。

[地震保険料控除]
地震保険料または旧長期損害保険料の区分ごとに、それぞれ次の計算式で控除額を求めます。

区 分	支払った保険料の合計額	控 除 額
地震保険料	－	支払った保険料の合計額（最高5万円）
旧長期損害保険料	10,000円以下	支払った保険料の合計額
	10,000円超 20,000円以下	支払った保険料の合計額× 1/2 + 5,000円
	20,000円超	15,000円

※ 地震保険料控除額と旧長期損害保険料控除額の合計が5万円を超えるときは、5万円が控除上限額となります。それぞれの控除額に円未満の端数が生じたときはこれを切り上げます。

地震保険料 ➡ 100,000円（最高5万円） = 50,000円

旧長期損害保険料 ➡ 30,000円 （2万円超） = 15,000円

合計　65,000円

ただし、地震保険料控除の上限額5万円のため ➡ 50,000円

[基礎、配偶者、扶養者等の控除]
控除額の合計は、給与所得者の合計所得金額、配偶者の合計所得金額と年齢および控除対象となる扶養親族等の数や扶養親族等の状況に応じ、下の①～④で求めた金額の合計額となります。

① 給与所得者本人の合計所得に応じた基礎控除額

所得者の合計所得金額	控除額
2,400万円以下	48万円
2,400万円超 2,450万円以下	32万円

	16万円
2,450万円超 2,500万円以下	16万円
2,500万円超	0円

② 給与所得者本人および配偶者の合計所得および年齢に応じた（老人）配偶者控除額または配偶者特別控除額

		所得者の合計所得金額（給与所得だけの場合の所得者の給与等の収入金額※）			（参考）配偶者の収入が給与所得だけの場合の配偶者の給与等の収入金額
		900万円以下（1,095万円以下）	900万円超 950万円以下（1,095万円超 1,145万円以下）	950万円超 1,000万円以下（1,145万円超 1,195万円以下）	
配偶者控除	配偶者の合計所得金額 48万円以下	38万円	26万円	13万円	1,030,000円以下
	老人控除対象配偶者	48万円	32万円	16万円	
配偶者特別控除	配偶者の合計所得金額 48万円超 95万円以下	38万円	26万円	13万円	1,030,000円超 1,500,000円以下
	95万円超 100万円以下	36万円	24万円	12万円	1,500,000円超 1,550,000円以下
	100万円超 105万円以下	31万円	21万円	11万円	1,550,000円超 1,600,000円以下
	105万円超 110万円以下	26万円	18万円	9万円	1,600,000円超 1,667,999円以下
	110万円超 115万円以下	21万円	14万円	7万円	1,667,999円超 1,751,999円以下
	115万円超 120万円以下	16万円	11万円	6万円	1,751,999円超 1,831,999円以下
	120万円超 125万円以下	11万円	8万円	4万円	1,831,999円超 1,903,999円以下
	125万円超 130万円以下	6万円	4万円	2万円	1,903,999円超 1,971,999円以下
	130万円超 133万円以下	3万円	2万円	1万円	1,971,999円超 2,015,999円以下
	133万円超	0円	0円	0円	2,015,999円超

※所得金額調整控除の適用があるときは、括弧内の各金額に15万円を加算します。

③ 控除対象扶養親族の数に応じた控除額

所得控除の種類	単位	控除額
控除対象扶養親族	1人につき	38万円

④ 給与所得者本人、配偶者、扶養親族の状況に応じた加算控除額

加算所得控除の種類	単位	控除額
同居特別障害者	1人につき	75万円
同居特別障害者以外の特別障害者	1人につき	40万円
一般の障害者、寡婦又は勤労学生	該当ごとに	27万円
ひとり親	―	35万円
同居老親等	1人につき	20万円
特定扶養親族	1人につき	25万円
同居老親等以外の老人扶養親族	1人につき	10万円

金子 一郎（本人） → 基礎控除 480,000円
金子 花子（妻） → 配偶者控除 380,000円
金子 太陽（子） → 特定扶養控除 630,000円（38万円＋25万円）
金子 奈々子（子） → 一般扶養控除 380,000円
金子 優子（子） → 一般扶養控除 380,000円
　　　　　　　　　　　　　　合計 2,250,000円

課税給与所得金額である2,758,076円の千円未満を切り捨てた額を、第6章**資料10**の「年末調整のための算出所得税額の速算表」にあてはめて年調所得税額を求めます。

→ 2,758,000円 × 10％ － 97,500円 ＝ 178,300円【年調所得税額】

本設問では、住宅借入金等特別控除の申告額がないため、これが年調所得税額となります。住宅借入金等特別控除の申告額がある場合は、その額を年調所得税額から直接控除した額が最終的な年調所得税額となります。

　仮に、本設問で20万円の住宅借入金等特別控除の申告額があった場合は、差し引きマイナス21,700円（178,300円－200,000円）となりますので、年調所得税額は0円となります。

このように年調所得税額計算で住宅借入金等特別控除額を控除しきれなかった場

合でも、その未控除残高（本例でいうマイナス21,700円）は、翌年1月以降に市区町村役所が計算する住民税の控除額として使われます。

最後のステップとして年調所得税額に102.1％をかけた金額が、復興特別所得税を含む最終的な年調年税額となります。

→ 178,300円 × 102.1％ ＝ 182,044.3円
　（百円未満切捨て）＝ 182,000円 【年調年税額】

復興特別所得税は、東日本大震災後の復興のために創設された税金の一種で、2013年1月から2037年12月までの25年間にわたり、基準所得税額（本設問では年調所得税額）の2.1％分の金額が課税されることになっています。

Check!

➡ 給与ソフトを使えば年税計算を自動で行ってくれますが、登録する控除情報などに誤りがあれば、当然に計算結果も間違った答えとなります。

➡ 情報を正確に登録することが年末調整計算のキモになることを理解しておきましょう。

Q1-30 | 源泉所得税の過不足額の精算

Q 年末調整計算の結果生じた所得税の過不足額の精算の方法について、教えてください。

A 本年最後の給与または賞与の明細書の年調過不足欄に過不足額を転記して、精算します。

解説

年調年税額が確定したら、年末調整前までの徴収済税額との差額を精算します。

1 給与明細書への転記

前問（**Q1-29**）の年末調整の計算例では、最終的な年調年税額が182,000円に対し、12月給与までの支払いに対する徴収済税額（本人の給与・賞与から控除してきた税額）が293,789円となりましたので、差額111,789円を給与所得者本人に戻してあげる必要があります。

この「還付」という行為によって、給与所得者が年間で182,000円の所得税を支払ったことになります（**図表1−69**参照）。

仮に年調年税額が徴収済額を上回った（＝徴収額が不足していた）場合には、その不足分を最終給与または賞与明細書の「年調過不足」欄で徴収することになります。

年末調整の過不足税額を表記する欄の名称は、給与ソフトによって「年調過不足」や「年調所得税」などさまざまです。使用する給与ソフトの、どの明細項目が年末調整で生じた過不足税額を精算する欄なのか、事前に確認したうえで事務を進めるようにしましょう。

図表1-69 12月給与明細書の例

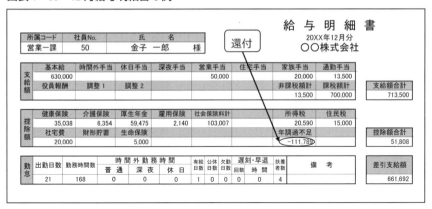

図表1-70 年末調整時の源泉所得税納付書の記載の仕方

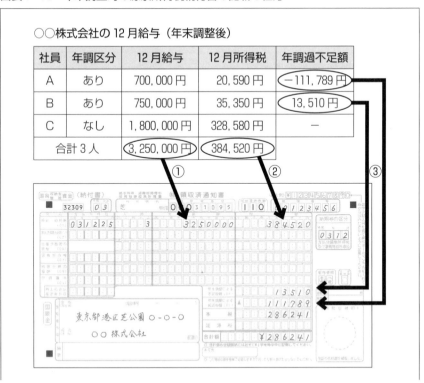

（解説）

① 年末調整対象者・除外者すべてを含んだ 12 月給与の支給総額を記入します。

② 年末調整対象者・除外者すべてを含んだ、12 月給与に対する所得税額を記載します。

③ Ａさんの年末調整による還付税額を超過税額の欄に、Ｂさんの年末調整による追加徴収税額を不足税額の欄にそれぞれ記載します。

2 源泉所得税納付書の記載の仕方

年末調整により生じた所得税の過不足額は、**図表 1 - 70** のように記載します。

Check!

➡ 所得税を追加徴収した場合は、通常月より手取額が減るので従業員からクレームを受ける場合があります。クレームが見込まれる従業員については追徴所得税が生じた原因をあらかじめ調べておくようにしましょう。

➡ 原因はいろいろ考えられますが、まずは該当社員の各月の給与や賞与の源泉徴収税率と最終の年税率の差異をチェックすれば自ずと原因が見えてきます。

Q1-31 | 年末調整後の処理
（税務署および市区町村への報告）

Q 年末調整計算が終わった後に行う作業について、教えてください。

A 源泉徴収票を作成し、本人に交付するとともに、税務署や市区町村役所にも結果を報告します。

解説

1 源泉徴収票の作成

年末調整計算が完了したら、その結果を表した源泉徴収票を作成して翌年の1月末までに受給者に交付します。

なお、年末調整が終わった後で控除証明書などを提出してきた場合には、翌年1月までに再年末調整を行い、前回計算した年税額との差額調整を1月給与計算にて行い、改めて源泉徴収票を作成します。

源泉徴収票は通常4枚綴りで、本人交付用、税務署提出用、市区町村提出用、会社控えの4種類を作成します（**図表1-71**参照）。

受給者交付用、税務署提出用、市区町村提出用の記載内容はほぼ同じですが、受給者交付用には個人番号（マイナンバー）を記載しない点が異なります。

2 税務署への報告

毎年秋になると、翌年の源泉徴収税額表や年末調整の手引きが入っている封書が税務署より送られてきます。

この中には「給与所得の源泉徴収票等の法定調書合計表」という報告書も同封されていますので、この書面に必要事項を記入して、一定の要件に該当する

図表1-71　受給者交付用の「源泉徴収票」の作成例

令 和 03 年分　給与所得の源泉徴収票

支払を受ける者	住所又は居所	神奈川県横浜市中区山下町○○		

		(受給者番号)	50
		(役職名)	
		氏名	(フリガナ) カネコ イチロウ　金子 一郎

種　別	支払金額	給与所得控除後の金額 (調整控除後)	所得控除の額の合計額	源泉徴収税額
給与・賞与	内　　　円 8,700,000	円 6,730,000	円 3,971,924	内　　　円 182,000

(源泉)控除対象配偶者 の有無等		配偶者(特別) 控除の額	控除対象扶養親族の数 (配偶者を除く。)				16歳未満 扶養親族 の数	障害者の数 (本人を除く。)		非居住者 である 親族の数
	老人		特定		老人		その他		特別	その他
有	従有		人	従人	内　人	従人	人 従人	人	内　人	人 人
○		円 380,000	1				2			

社会保険料等の金額	生命保険料の控除額	地震保険料の控除額	住宅借入金等特別控除の額
内　270,000 1,551,924	円 120,000	円 50,000	円

(摘要)

生命保険料 の金額の 内訳	新生命保険料の金額	旧生命保険料の金額	介護医療保険料の金額	新個人年金保険料の金額	旧個人年金保険料の金額
	93,200	85,000	47,000	円	120,000 円

住宅借入金 等特別控除 の額の内訳	住宅借入金等特別控除適用数	居住開始年月日(1回目)	住宅借入金等特別控除区分(1回目)	住宅借入金等年末残高(1回目)
				円
	住宅借入金等特別控除可能額 円	居住開始年月日(2回目)	住宅借入金等特別控除区分(2回目)	住宅借入金等年末残高(2回目) 円

(源泉・特別) 控除対象 配偶者	(フリガナ) カネコ ハナコ 氏名　金子 花子	区分	配偶者の合計所得	国民年金保険料等の金額 円	旧長期損害保険料の金額 30,000 円
			0 円	基礎控除の額 円	所得金額調整控除額 20,000 円

控除対象扶養親族	1	(フリガナ) カネコ タイヨウ 氏名　金子 太陽	区分	16歳未満の扶養親族	1	(フリガナ) 氏名	区分
	2	(フリガナ) カネコ ナナコ 氏名　金子 奈々子	区分		2	(フリガナ) 氏名	区分
	3	(フリガナ) カネコ ユウコ 氏名　金子 優子	区分		3	(フリガナ) 氏名	区分
	4	(フリガナ) 氏名	区分		4	(フリガナ) 氏名	区分

未成年者	外国人	死亡退職	災害者	乙欄	本人が障害者		寡婦	ひとり親	勤労学生	中途就・退職					受給者生年月日			
					特別	その他				就職	退職	年	月	日	元号	年	月	日
															昭和	48	04	15

支払者	住所(居所) 又は所在地	東京都港区芝公園○-○-○		
	氏名又は名称	○○株式会社	(電話)	03-1234-5678

(受給者交付用)

※上の様式はイメージ図です。

図表1-72　給与所得の源泉徴収票等の法定調書合計表

令和 ☐☐ 年分 給与所得の源泉徴収票等の法定調書合計表

（所得税法施行規則別表第5（8）、5（24）、5（25）、5（26）、6（1）及び6（2）関係）

署番号 ☐☐☐☐☐

税務署 受付印	令和　年　月　日提出 税務署長　殿	事業種目		整理番号 ☐☐☐☐☐☐☐

提出者

住所又は 所 在 地	電話（　－　－　）	調書の提出区分 新規=1 追加=2 訂正=3 無効=4	提出媒体	1 給与　2 退職　3 報酬　4 使用　5 譲受　6 斡旋
（フリガナ）		（フリガナ）		
氏名又は 名　　称		作成担当者		本店等 一括提出　翌年以降 送　付
個人番号 又は 法人番号	↓個人番号の記載に当たっては、左端を空欄にし、ここから記載してください。			有 ○　否 ○
（フリガナ）		作成税理士 署名押印　　　印 電話（　　－　　－　　）		税理士番号 ☐☐☐☐☐
代 表 者 氏 名 印	印			

1　給 与 所 得 の 源 泉 徴 収 票 合 計 表 （375）

区　分	人　員	左のうち、源泉徴収税額のない者	支 払 金 額	源 泉 徴 収 税 額
(A) 俸給、給与、賞与等 の　総　額				
(A)のうち、丙欄適用 の日雇労務者の賃金			円	
(B) 源 泉 徴 収 票 を提出するもの				
災害減免法に より徴収 猶予したもの	人　員	猶 予 税 額	（摘　要）	

2　退 職 所 得 の 源 泉 徴 収 票 合 計 表 （316）

区　分	人　員	支 払 金 額	源 泉 徴 収 税 額	（摘　要）
(A) 退 職 手 当 等 の　総　額				
(A)のうち、源泉徴収票 を提出するもの		円	円	

3　報 酬、料 金、契 約 金 及 び 賞 金 の 支 払 調 書 合 計 表 （309）

	区　分	個　人 人　員	個 人 以 外 人	支 払 金 額	源 泉 徴 収 税 額
所得税法第204条に規定する報酬又は料金等	原稿料、講演料等の 報酬又は料金（1号該当）			円	円
	弁護士、税理士等の 報酬又は料金（2号該当）				
	診 療 報 酬（3号該当）				
	職業野球選手、騎手、外交員等の 報酬又は料金（4号該当）				
	芸能等に係る出演、演出等の 報酬又は料金（5号該当）				
	ホ ス テ ス 等 の 報酬又は料金（6号該当）				
	契 約 金（7号該当）				
	賞 金（8号該当）				
(A)	計	貫	貫		
(B) (A)のうち、支払調書を提出するもの					

区　分	件　数	支 払 金 額	源 泉 徴 収 税 額	（摘　要）
(A)のうち、所得税法第174条第10号 に規定する内国法人に対する賞金			円	
災 害 減 免 法 に よ り 徴 収 猶 予 し た も の	人　員	猶 予 税 額		

4　不 動 産 の 使 用 料 等 の 支 払 調 書 合 計 表 （313）

区　分	人　員	支 払 金 額
(A) 使用料等の総額		円
(B) (A)のうち、支払調書 を提出するもの		円
（摘　要）		

5　不 動 産 等 の 譲 受 け の 対 価 の 支 払 調 書 合 計 表 （376）

区　分	人　員	支 払 金 額
(A) 譲受けの対価の総額		円
(B) (A)のうち、支払調書 を提出するもの		円
（摘　要）		

6　不動産等の売買又は貸付けのあっせん手数料の支払調書合計表 （314）

区　分	人　員	支 払 金 額
(A) あっせん手数料の総額		円
(B) (A)のうち、支払調書 を提出するもの		円
（摘　要）		

通信日付印	確 認 印	提 出 年 月 日	身元 確認
税務署 整理欄		☐☐☐☐☐☐☐	
		区　　分	
		A B C D E F G H	

図表1-73 給与支払報告書(総括表)

令和　年度(令和　年分)給与支払報告書(総括表)			1月31日までに提出してください。			
追 加 訂 正	令和　年　月　日 提出 　　　　　　　長 あて		特別徴収義務者指定番号			
給 与 支 払 者 (特 別 徴 収 義 務 者)	1 給与の 支払期間	年　　月分から　　月分まで	10 提出区分		年間分	退職者分
	2 個人番号 又は法人番号				11 給与支払の 方法及び期日	
	3 郵便番号	〒			12 事業種目 その他必要 な事項	
	(フリガナ)				13 提出先 市区町村数	人
	4 所在地 (住所)	電話(　　　)　－			14 受給者 総人員	人
	(フリガナ)				15 報告者 人員	人
	5 名称 (氏名)				16 うち退職 者人員	人
	6 代表者の 職氏名				17 所轄 税務署	税務署
	7 経理責任 者氏名					
	8 連絡者の 係及び氏 名並びに 電話番号	係　　氏名 電話(　　　)　－			前職給与を含ん でいますか	含む・ 含まない
	9 会計事務所等 の名称及び 電話番号	電話(　　　)　－			納入書	要・不要

源泉徴収票を添付して、翌年1月末までに税務署に提出します(**図表1-72**参照)。

報告書の要綱に沿った金額集計が必要となりますが、給与ソフトを使う場合は、法定調書合計表のための集計機能がついていますので利用すると便利です。

3 市区町村役所への報告

税務署同様に、毎年秋になると各市区町村役所から「**給与支払報告書(総括表)**」という書類が会社あてに送られてきます(**図表1-73**参照)。

各市区町村役所が、当年の給与支払報告書(源泉徴収票と同じ内容)にもとづいて各従業員の翌年6月以降の住民税を計算しますので、「給与支払報告書(総括表)」に給与支払報告書を添付して会社から各市区町村役所に送付しま

す。期限は1月末となっており、多少の遅れは実務に影響しませんが、大幅に遅れると翌年6月からの住民税改定に間に合わなくなる可能性もありますので、なるべく期限内に送付するようにしましょう。

住民税は、原則としてその従業員の住民票の登録地で課されますが、給与支払報告書に実際の居住地を記載した場合には、居住地を管轄する市区町村役所が優先して課税権を得ることになります。給与支払報告書を市区町村役所に提出する際には、扶養控除等申告書に記載された最新の住所または居所が正しく給与支払報告書に転載されているか再度確認しましょう。

4 電子申告

法定調書および給与支払報告書の提出は、紙による提出の他に、e-Tax（国税電子申告・納税システム）およびeLTAX（地方税ポータルシステム）による作成・提出も可能です。

一定規模の法人については、既にe-TaxおよびeLTAXによる電子申告が義務付けられていますが、令和3年1月以後に提出する法定調書および給与支払報告書については、前々年に税務署へ提出すべき「給与所得の源泉徴収票」の枚数が「100枚以上」であるものについては、eTax・eLTAXまたは光ディスク（CD・DVD等）による提出が義務化されています。この電子申告の基準は変更されていく可能性がありますので、毎年、税務署や市区町村役所から送られてくる通知書には必ず目を通すようにしましょう。

Check!

➡ 源泉徴収票が正しくないと税務署や市区町村役所への報告がすべて間違いとなってしまいますから、源泉徴収票の記載金額や氏名・住所などの従業員情報に誤りがないか厳重にチェックしましょう。

算定と月変の違いを理解しよう！

Q1-32 | 算定基礎届

Q Q1-7により、健康保険・介護保険・厚生年金保険の保険料（社会保険料）は、保険者に届け出た「標準報酬月額」で決定され、まずは社員が入社したときに行う資格取得時決定で標準報酬月額が決まることがわかりました。しかし、その後の「標準報酬月額」の見直しのタイミングや方法がよくわからないので、詳しく教えてください。

A 資格取得時決定後の「標準報酬月額」は、①定時決定、②随時改定、③産前産後休業終了時改定、④育児休業等終了時改定、の４つのタイミングで見直しが行われます。

解説

上記②は **Q1-33** で、③④は **Q2-12** で解説しますので、ここでは①定時決定（算定）について詳しく解説していきます。

1 定時決定（算定）の概要

毎年６月ごろに、年金事務所や健康保険組合から定時決定を行うための「算定基礎届」という用紙（または磁気媒体）が事業所あてに送られてきます（**図表1-74** 参照）。そこには各被保険者の氏名や生年月日の他に、現在適用となっている標準報酬月額が印字されています。用紙には４月・５月・６月の月額給与支給額（通勤手当含む月額報酬）などを記入する欄があり、そこに事業所が

図表1-74 「算定基礎届」の様式

※ ⑨支給月とは、給与の対象となった計算月ではなく実際に給与の支払いを行った月となります。

必要事項を記入をして、指定された期日まで（通常は7月1〜10日）に届け出
を行うことになっています。

　この定時決定における一連の作業は一般的に「**算定**」と呼ばれており、
Q1-33で解説する「**月変**」に該当しない被保険者は、算定によって少なくと
も年に1回は標準報酬月額の見直しが行われます。

2 算定の対象者

　算定基礎届は、7月1日現在、被保険者である人（休職者含む）が対象とな
りますが、**図表1-75**の人については対象外となります。

3 算定における標準報酬月額の決定と記載例

　標準報酬月額は、4月・5月・6月に受けた報酬の1か月あたりの平均額を
標準報酬月額保険料額表（第6章**資料1**参照）にあてはめて求めます。ただし、
4月・5月・6月に受けた報酬の支払基礎日数が17日未満の場合、および4
月・5月の月中途入社者で報酬が日割減額されている場合には、その月を除い
た平均額で決定します。なお、パートタイマー等の短時間就労者で支払基礎日
数が3か月とも17日未満の場合は、15日以上の月で計算します。

　報酬には、基本給や通勤手当など毎月固定的に支払っている報酬のほか、残
業手当などの変動する手当や現物で支給されるものも含みます。とりわけ、現
物支給のものは、その評価方法が都道府県によって異なりますので、不明な場
合は各年金事務所や健康保険組合に直接問い合わせて確認しましょう（**図表1
-76、図表1-77**参照）。

4 算定で決定した標準報酬の有効期間

　算定基礎届を提出すると、その後「標準報酬決定通知書」という書類が保険
者から送られてきます。算定で決定した新たな標準報酬月額の有効期間は、そ
の年の9月から翌年8月（その間に随時改定により標準報酬月額が改定となった場
合は、その変更の前月）まで有効となります。決定通知書が届いたら、速やか

図表1-75　算定の対象とならない人

- その年の6月1日以降に被保険者の資格を取得した人……標準報酬月額を決定したばかりなので、その年の算定は行いません

- その年の4月の固定的賃金の変動により7月月変（随時改定）となった人……算定より月変が優先されるので算定の対象者から外れます

- 5月、6月に固定的賃金の変動があり、8月月変、9月月変に該当する予定の人（※）……算定より月変が優先されるので算定の対象者から外れます

※　実際に支払いを受けた報酬を計算したところ、月変（随時改定）に該当しないことが判明した場合は、そのときに算定基礎届を提出します（東京都の場合）。なお、この取扱いは健保組合などの保険者によって異なりますので、各保険者の指示に従って下さい。

図表1-76　報酬となるもの・ならないもの

	報酬となるもの	報酬とならないもの
通貨で支給されるもの	・基本給（月給・週給・日給など） ・諸手当（残業手当、通勤手当、住宅手当、家族手当、役職手当など） ・年4回以上支給される賞与、など	・事業主が恩恵的に支給するもの（病気見舞金、災害見舞金、結婚祝金など） ・公的保険給付として受けるもの（傷病手当金、休業補償給付、年金など） ・臨時的、一時的に受けるもの（大入袋、解雇予告手当、退職金など） ・実費弁償的なもの（出張旅費、交際費など） ・年3回まで支給される賞与（※）
現物で支給されるもの	・通勤定期券、食事・食券、社宅・独身寮 ・制服以外の被服、など	・食事（本人からの徴収金額が現物給与価額の3分の2以上の場合） ・社宅（本人からの徴収金額が現物給与価額以上の場合） ・制服・作業衣などの勤務服、など

※　年3回まで支給される賞与は標準賞与の対象となり、別途、賞与計算時に、毎月の保険料と別に保険料の計算が必要です。

に給与ソフトなどで新しい標準報酬月額を登録しておくようにしましょう。

　なお、算定の結果、標準報酬月額が変更となった場合には、9月分の社会保険料から変更となりますので、10月給与計算（＝9月分保険料を控除する月）では保険料の改定が正しく行われているか必ずチェックしましょう。

図表 1 - 77　記載例

	<u>4月</u>	<u>5月</u>	<u>6月</u>
支払基礎日数	30 日	31 日	30 日
基本給	300,000 円	300,000 円	300,000 円
残業手当	35,000 円	15,000 円	25,000 円
通勤手当	15,000 円	15,000 円	15,000 円
合計	350,000 円	330,000 円	340,000 円

4 ～ 6 月の 3 か月単純平均＝（35 万円＋ 33 万円＋ 34 万円）÷ 3 か月＝ 340,000 円

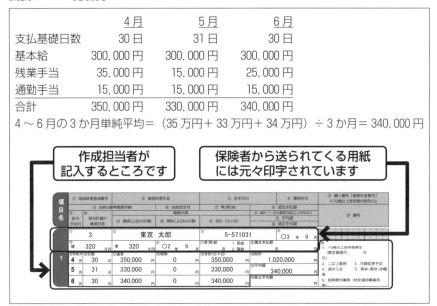

Check!

➡ 算定基礎届に記載する報酬は、4 月・5 月・6 月分です。

➡ 報酬には、残業手当など変動する手当や、現物支給のものも含めます。

➡ 算定で届け出た標準報酬月額の改定月は 9 月で統一ですから、10 月給与計算のときには、全員の保険料が算定で届け出たとおりに正しく反映されているか必ずチェックしましょう。

Q1-33 月額変更届

Q 随時改定(月変)について、詳しく教えてください。

A **Q1-32** のとおり、毎年4月・5月・6月の平均報酬によって、少なくとも年1回は標準報酬月額の見直しが行われますが、固定給の変動など一定の要件に該当した場合は、随時、標準報酬月額の見直しを行います。

解 説

1 随時改定(月変)の概要

標準報酬月額は、少なくとも年1回、算定により見直しが行われますが、

① 昇給や降給により固定的賃金の変動または賃金体系の変更があり、

② 変動月以降継続した3か月間の支払基礎日数がいずれも17日以上あり、

③ 3か月に受けた報酬の平均額が従前の標準報酬月額と比べて2等級以上の差があったとき

は、「随時改定」といって、変動月から起算して4か月目に「**月額変更届**」を保険者に提出し、標準報酬が改定されます（**図表1-78**参照）。

「**固定的賃金**」とは、基本給や家族手当、住宅手当、通勤手当など、月単位などで一定額が継続して支給される報酬のことをいいます。

また、賃金体系の変更とは、時給制のアルバイトが正社員になって月給制となったり、新たに固定的賃金の手当が新設されて支給されるようになった場合などをいいます。

なお、○月に月額変更届を提出することになった場合は、一般的に「○月月

図表 1-78 「被保険者報酬月額変更届」の様式

※ ⑨支給月とは、給与の対象となった計算月ではなく実際に給与の支払いを行った月となります。

変」と呼びます。たとえば、4月に昇給があり、7月に月額変更届を提出することになった場合は、それを「7月月変」と呼びます。

2 随時改定（月変）の流れ

　算定は、毎年6月ごろに保険者から用紙が送られてきますので、その届け出を忘れる危険性は少ないのですが、月変は給与改定などがあったときに事業所側で自発的に月変に該当するかどうか、つまり、「月額変更届」を作成して提出する必要があるかどうかを判定し、月変に該当することが判明した場合には、自ら届出用紙を準備して作成・提出を行わなければならないので注意が必要です（**図表1-79**参照）。

3 月変の判定と記載例

　具体的な給与事例を通じて確認してみましょう（**図表1-80**参照）。

4 月変で決定した標準報酬月額の有効期間確認

　月額変更届を提出すると、算定と同様に「標準報酬改定通知書」という書類が保険者から送られてきます。月変で決定した新たな標準報酬月額の有効期間は、月変に該当することとなった固定的賃金の変動等があった月から4か月目で、それ以降次の8月（その間に新たな月変により標準報酬月額が改定となった場合は、その変更の前月）まで有効となります。

　改定通知書が届いたら、速やかに給与ソフトなどで新しい標準報酬月額を登録しておくようにしましょう。

　繰り返しになりますが、給与の保険料控除は1か月遅れで行いますので、標準報酬月額が変更となった月の翌月の給与計算において保険料の改定が正しく行われているか必ずチェックしましょう。

5 月変ミスは要注意

　給与計算で最も多いミスは、月変の確認漏れによる社会保険料の控除間違い

図表1-79　随時改定（月変）の流れ

基本給、住宅手当、家族手当、通勤手当などの固定的賃金の変動が発生

その事実をワークペーパーなどに繰越事項としてメモしておく
（例：○○さんの基本給1月に変更した━━▶3月給与計算完了後に月変判定する）

固定的賃金変動から3か月目の給与計算が終わったところで月変に該当するかどうかを以下の条件で判定する
① 固定的賃金の変動または賃金体系の変更（※1）　かつ
② 変動月以降継続した3か月間の支払基礎日数がいずれも17日以上　かつ
③ 3か月に受けた報酬の平均額が従前の標準報酬月額と比べて2等級以上の差（※2）

条件に該当したら 月変該当 （※3）

月額変更届を保険者に提出 ＋ 給与ソフトに新標準報酬月額を登録

固定的賃金の変動月から起算して4か月目から新標準報酬月額適用

固定的賃金の変動月から起算して5か月目より保険料額変更
（翌月給与からの控除のため）

※1　固定的賃金が上がっても（↑）、残業手当などの非固定的賃金の減少の影響で平均額が2等級以上下がる（↓）ような場合や、固定的賃金が下がっても（↓）非固定的賃金が多かった影響で平均額が2等級以上上がる（↑）ような場合には、①の要件に該当しない扱いとなります。つまり矢印の方向が同じ向きで合っていることが条件となります。
※2　現在の等級が最高等級の1つ下、または最低等級の1つ上の場合は、金額によっては1等級差でも月変に該当することがあります。
※3　判定の結果、1等級の差しかなかったなどで月変に該当しなかった場合は、届け出不要となり、継続して従前の標準報酬月額を適用（つまり保険料変更せず）となります。

図表1-80　月変の判定と記載例

	9月	10月	11月	12月	1月	2月
基本給	300,000	300,000	300,000	300,000	300,000	300,000
残業手当	13,000	32,000	28,000	33,000	24,000	18,000
通勤手当	15,000	20,000	20,000	20,000	20,000	20,000
合計	328,000	352,000	348,000	353,000	344,000	338,000
標準報酬月額	320,000	320,000	320,000	320,000	360,000	360,000

① ② ③ ④

① 10月に固定的賃金である通勤手当が変更となりましたので、その旨をワークペーパーや作業メモにコメントしておきます（例：○○さんの通勤手当10月に変更 ➡ 12月給与計算完了後に月変判定する）。

② 12月給与計算完了後に3か月間（10月、11月、12月）に受けた報酬の1か月あたりの平均額を標準報酬月額保険料額表（第6章**資料1**参照）にあてはめて求めます。この例では無給欠勤などがなく、すべての月で支払基礎日数が17日以上であったとします。

- （10月352,000円＋11月348,000円＋12月353,000円）＝1,053,000円
- 1,053,000円÷3か月＝351,000円
- 351,000円を巻末の標準報酬月額保険料額表にあてはめると準報酬月額は360,000円
- 現在適用（従前）の標準報酬月額320,000円と360,000円を比べると2等級以上の上昇 ➡ 月変該当

③ 速やかに「月額変更届」を作成して保険者に提出し、固定的賃金変動から4か月目の月（この例では1月）の標準報酬月額を変更するよう給与ソフトなどに標準報酬月額360,000円の情報を登録します（「月額変更届」の用紙は、各保険者に送付依頼するかインターネットなどで書式をダウンロードして入手します）。

④ 改定後の標準報酬月額は１月から適用となりますが、保険料の控除は１か月遅れで行いますので、２月給与計算で控除する保険料から控除金額が変更となります。給与ソフトの場合は、改定後の標準報酬月額と適用開始月（この場合１月）および保険料の控除月（翌月控除）を正しく登録しておけば、自動的に２月給与から保険料が変更される仕組みになっていますので設定状況を確認しておきましょう。

です。毎年７月に算定基礎届を保険者に提出しますが、最近では数年に一度、保険者の調査を受ける傾向にあり、その調査の際に「月額変更届」の提出漏れを指摘されるケースが目立ちます。

　法律上は過去２年にさかのぼって標準報酬月額の訂正、つまり保険料の修正を求められる場合もありますので、場合によっては、誤りの対象となった社員から、数万円から数十万円の追加保険料を徴収しなければならないこともあります。そうならないように、固定的賃金の変動や給与体系の見直しなどがあった際には月変に該当するかどうかのチェックを欠かさないよう注意しましょう。

6 算定基礎届・月額変更届の手引き

　算定や月変は本書では紹介しきれないほどさまざまなルールや諸注意があります。毎年算定の時期が近づくと「算定基礎届・月額変更届の手引き」という冊子が年金事務所や健康保険組合で配られますので、ミスを犯さないためにも常に最新版を入手して目を通しておくようにしましょう。

➡ 固定給の変更があったら、必ずその旨をワークペーパーに記載して、以降3か月目の給与計算が終わった時点で月変に該当するかどうかのチェックをしましょう。

➡ 月変に該当することが判明したら、速やかに月額変更届を保険者に提出しましょう。届け出を忘れたり、提出が大幅に遅れたりすると、給与で控除した保険料と保険者からの請求が一致しなくなります。

➡ 月変で届け出た標準報酬月額は、固定的賃金変動のあった月から4か月目の月から適用となりますので、固定的賃金変動のあった月から5か月目の給与計算のときには該当者の保険料が月額変更届どおりに正しく反映されているか、必ずチェックしましょう。

労働保険の年度更新を理解しよう！

Q1-34 労働保険の年度更新

Q 労働保険の保険料の精算方法について、概要を教えてください。

A 労働保険料は１年分（労働保険年度４月１日から翌３月31日）の概算保険料を前払いしておき、１年経過後に前年支給実績に基づいた確定保険料の計算を行い過不足額の精算を行います。同時に次の１年分の概算保険料を計算し前払いします。

解説

　毎年５月の終わりから６月の初めに、都道府県労働局から「労働保険 概算・確定 保険料申告書」という書類が届きます（図表１−81参照）。

　申告書には前１年間の賃金の支払実績や保険料を記載して提出し、保険料の納付を行います。書き方については同封の説明書を参照すれば理解できると思いますので、ここでは保険料の精算について概要を解説していきます。

1 社会保険と労働保険の保険料精算方法の違い

　社会保険（健康保険・介護保険・厚生年金保険）では、あらかじめ標準報酬月額を保険者に届け出ておき、保険者から毎月保険料の請求がくる仕組みになっています。

　一方、労働保険（雇用保険・労災保険）では、個人の賃金を事前に届け出す

図表1－81 「労働保険 概算・確定 保険料申告書」の様式

様式第6号（第24条、第25条、第33条関係）（甲）（1）（表面）

標準字体 0 1 2 3 4 5 6 7 8 9

第3片「記入に当たっての注意事項」をよく読んでから記入して下さい。
OCR枠への記入は上記の「標準字体」でお願いします。

31759 労働保険 概算・増加概算・確定保険料 石綿健康被害救済法 一般拠出金 申告書

継続事業（一括有期事業を含む。）

下記のとおり申告します。

提出用

種別 32701　※修正項目番号　※入力徴定コード 項1

令和　年　月　日

あて先 〒

労働保険特別会計歳入徴収官殿

①労働保険番号	都道府県	所掌	管轄	基幹番号	枝番号

※各種区分			
管轄(2)	保険関係等	業種	産業分類

②増加年月日（元号：令和は9）項3　③事業廃止等年月日（元号：令和は9）項4　※事業廃止等理由 項5

④常時使用労働者数 項6　⑤雇用保険被保険者数 項7　⑥免除対象高年齢労働者数 項8　※保険関係 項9　※片保険理由コード 項10

（なるべく折り曲げないようにし、やむをえない場合には折り曲げマーク（▶）の所で折り曲げて下さい。）

確定保険料算定内訳　算定期間　令和3年4月1日　から　令和4年3月31日　まで

⑦区分	⑧保険料・一般拠出金算定基礎額	⑨保険料・一般拠出金率	⑩確定保険料・一般拠出金額（⑧×⑨）
労働保険料	(イ) 項11 千円	(イ) 1000分の	(イ) 項12 円
労災保険分	(ロ) 項13 千円	(ロ) 1000分の	(ロ) 項14 円
雇用保険分 雇用保険法適用者分	(ハ) 項15 千円		
雇用保険分 高年齢労働者分	(ニ) 項16 千円	(ニ) 1000分の	(ニ) 項17 円
雇用保険分 保険料算定対象者分	(ホ)((ハ)－(ニ)) 項18 千円	(ホ) 1000分の	(ホ) 項19 円
一般拠出金（注1）	(ヘ) 項35 千円	(ヘ) 1000分の	(ヘ) 項36 円

(注1)(注2) 石綿による健康被害の救済に関する法律第35条第1項に基づき、労災保険適用事業主から徴収する一般拠出金　一般拠出金は延納できません

概算・増加概算保険料算定内訳　算定期間　令和4年4月1日　から　令和5年3月31日　まで

⑪区分	⑫保険料算定基礎額の見込額	⑬保険料率	⑭概算・増加概算保険料額（⑫×⑬）
労働保険料	(イ) 項20 千円	(イ) 1000分の	(イ) 項21 円
労災保険分	(ロ) 項22 千円	(ロ) 1000分の	(ロ) 項23 円
雇用保険分 雇用保険法適用者分	(ハ) 項24 千円		
雇用保険分 高年齢労働者分	(ニ) 項25 千円		
雇用保険分 保険料算定対象者分	(ホ)((ハ)－(ニ)) 項26 千円	(ホ) 1000分の	(ホ) 項27 円

⑮事業主の郵便番号（変更のある場合記入）項28　⑯事業主の電話番号（変更のある場合記入）項29　⑰延納の申請 納付回数 項30

※検算有無区分 項31　※算額対象区分 項32　※データ指示コード 項33　※再入力区分 項34　※修正項目

⑧⑩⑫⑭⑳の（ロ）欄の金額の前に「￥」記号を付さないで下さい。

⑱申告済概算保険料額	円	⑲申告済概算保険料額	
⑳差引額 (イ)充当額 （⑱－⑩の(イ)）円 / (ハ)不足額 （⑩の(イ)－⑱）円 / ⑳充当意思 項37（1：労働保険料のみに充当 2：一般拠出金のみに充当 3：労働保険料及び一般拠出金に充当）		㉑増加概算保険料額（⑭の(イ)－⑲）	
(ロ)還付額 （⑲－⑩の(イ)）項38 円		※法人番号 項39	

㉒期別納付額	(イ)概算保険料額	(ロ)労働保険料充当額	(ハ)不足額	(ニ)今期労働保険料	(ホ)一般拠出金充当額	(ヘ)一般拠出金額	(ト)今期納付額
第1期（初期）全期又は	⑭の(イ)÷⑰＋次期以降の円未満端数 円	⑳の(イ)（労働保険料分のみ）円	⑳の(ハ) 円	((イ)－(ロ)又は(イ)＋(ハ)) 円	⑳の(イ)（一般拠出金分のみ）円	⑩の(ヘ)－㉒の(ホ)（注2）円	((ニ)＋(ヘ)) 円
第2期	(チ)概算保険料額 ⑭の(イ)÷⑰ 円	(リ)労働保険料充当額 ⑳の(イ)－㉒の(ロ) 円	(ヌ)第2期納付額 ((チ)－(リ)) 円				
第3期	(ル)概算保険料額 ⑭の(イ)÷⑰ 円	(ヲ)労働保険料充当額 ⑳の(ロ)－㉒の(リ) 円	(ワ)第3期納付額 ((ル)－(ヲ)) 円				

㉕事業又は作業の種類

㉓保険関係成立年月日

㉔事業廃止等理由　(1)廃止 (2)委託 (3)個別 (4)労働者なし (5)その他

郵便番号　電話番号（　）　－

㉖加入している労働保険	(イ)労災保険 (ロ)雇用保険	㉗特掲事業	(イ)該当する (ロ)該当しない
㉘事業 (イ)所在地			
㉘事業 (ロ)名称			

㉙事業主	
(イ)住所（法人のときは主たる事務所の所在地）	
(ロ)名称	
(ハ)氏名（法人のときは代表者の氏名）	記名押印又は署名 印

※上の様式はイメージ図です。年度によって若干異なりますのでご注意下さい。

図表 1 - 82　社会保険料と労働保険料の納付方法と時期の違い

区　分	納付保険料の算出方法	納付時期	納付方法
社会保険	被保険者ごとに事前に届け出た標準報酬により納付保険料が決定される	毎月翌月末日（4月分保険料は5月末日）	口座振替／振込み／納付書による金融機関窓口での納付
労働保険（※）	年間の事業所支給賃金合計に対して業種ごとに定められた保険料率を乗じて求める	年1回（7月10日）または3回分割（7月10日、10月31日、1月31日）（口座振替は9月6日、11月14日、2月14日）	納付書による金融機関・労働局・労働基準監督署窓口納付または口座振替／電子納付

※　労働保険事務組合に加入している場合、手続方法や納付期限が異なりますので、加入する組合に確認してみましょう。また、感染症対策などの事情により年によって納付期限が異なる場合もありますので注意しましょう。

ることなく、年間（4月～翌3月）の事業所全体の賃金合計（毎月の給与の合計額＋賞与の合計額）を申告し、事業所としてまとめて保険料を納める仕組みになっています。納付は年1回または要件によっては3回分割が選択できます（**図表1 - 82** 参照）。

2　概算保険料と確定保険料

　労働保険の年度は、4月1日から翌3月31日の1年間で、先に1年間の賃金総額の見込みに基づく保険料を計算し前払いで納付します。この見込みで払う保険料を「**概算保険料**」といいます。

　1年が経過したら、前年の賃金支払実績を確定し、確定した賃金をもとに保険料を再計算します。この確定賃金に基づく保険料を「**確定保険料**」といいます。

　確定保険料が1年前に納付した概算保険料よりも高ければ、保険料の納付が不足していることになりますので、その差額分を追加で納付します。逆に確定保険料が1年前に納付した概算保険料よりも低ければ、保険料を多く納め過ぎていたことになりますので、次年度分の概算保険料の納付に充当して精算します。

3 年度更新の仕組み

以下、X1年4月1日に労働保険に加入することとなった事業所（労災保険料率3/1000、雇用保険料率9/1000、合計12/1000）を例に、年度更新の流れをみていきましょう（**図表1-83**参照）。

図表1-83 労働保険年度更新の仕組み

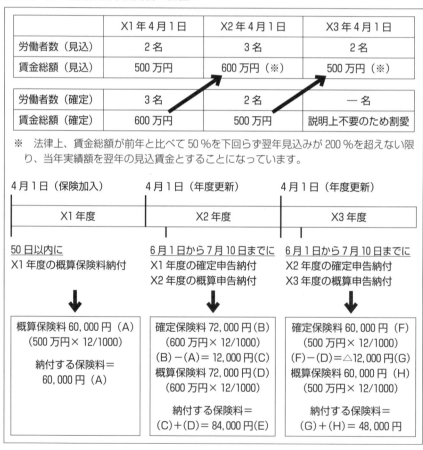

	X1年4月1日	X2年4月1日	X3年4月1日
労働者数（見込）	2名	3名	2名
賃金総額（見込）	500万円	600万円（※）	500万円（※）

労働者数（確定）	3名	2名	一名
賃金総額（確定）	600万円	500万円	説明上不要のため割愛

※ 法律上、賃金総額が前年と比べて50％を下回らず翌年見込みが200％を超えない限り、当年実績額を翌年の見込賃金とすることになっています。

4月1日（保険加入）　　4月1日（年度更新）　　4月1日（年度更新）

| X1年度 | X2年度 | X3年度 |

50日以内に
X1年度の概算保険料納付

6月1日から7月10日までに
X1年度の確定申告納付
X2年度の概算申告納付

6月1日から7月10日までに
X2年度の確定申告納付
X3年度の概算申告納付

概算保険料 60,000円（A）
（500万円×12/1000）

納付する保険料＝
60,000円（A）

確定保険料 72,000円（B）
（600万円×12/1000）
（B）-（A）＝12,000円（C）
概算保険料 72,000円（D）
（600万円×12/1000）

納付する保険料＝
（C）+（D）＝84,000円（E）

確定保険料 60,000円（F）
（500万円×12/1000）
（F）-（D）＝△12,000円（G）
概算保険料 60,000円（H）
（500万円×12/1000）

納付する保険料＝
（G）+（H）＝48,000円

4 一般拠出金

平成19年に「石綿による健康被害の救済に関する法律」の創設に伴い、労災保険適用事業主に対して一般拠出金の納付が義務化されました。

全額事業主負担なので従業員から控除する保険料はありませんが、年度更新時に概算・確定保険料と合わせて納付します。

5 申告書の提出と納付

申告書の下のほうに納付書が付いていますので、記入が終わったら申告書と切り離さずに銀行や郵便局などの金融機関、または都道府県労働局に持ち込み、保険料を納付します。口座振替を希望する場合は、労働局または労働基準監督署に口座振替依頼書を提出します。

労働保険事務組合に加入していない事業所の場合、概算保険料の納付額が40万円以上の場合に3回分割が可能ですので、申告書の記入欄で選択します。

なお、雇用保険については毎月の給与計算で従業員負担分の保険料を控除していますので、経理帳簿上は預かり金として計上されています。この預かり金は、年度更新時の保険料納付で相殺されることになります。

6 雇用保険被保険者のチェック

社会保険では、従業員の加入手続きを忘れていても、本人から健康保険証の催促があったり、毎月の保険料の預かりと支払いの不一致があったりすることにより、早い段階でその手続き漏れに気づきます。

一方、在職中の従業員が普段の生活で雇用保険を利用するケースは稀であり、また、保険料の支払いにおいても誰の分でいくらという計算はしないので、加入手続き漏れがあってもなかなかそれに気づきません。

何十年も働いていた従業員の退職時に加入手続きをしていなかったことに気づいて大騒ぎになることもありえます。

ハローワークに請求すれば被保険者リストを発行してくれますので、毎年の

年度更新のときには給与から雇用保険料を控除している人が正しくハローワークに登録されているか確認するとよいでしょう。

　なお、労災保険は個人単位で被保険者の届け出は行いませんのでチェック不要です。

Check!

➡ 労働保険の年度更新手続きは、給与計算と直接の関係はありませんが、給与計算担当者としては、労働保険の保険料精算がどのように行われるのか全体像を理解しておきましょう。

第**7**節

法令改正について
知っておこう!

Q1-35 ｜ 改正情報の入手方法

> **Q** 各種社会保険料率などが法改正により変更されることがありますが、どのようにその情報を知ることができますか。

> **A** それぞれの制度を主管する役所から、郵送などで改正内容の通知が行われます。

解説

1 改正の時期

制度ごとに例年どの時期に改正が行われるかの傾向があります。なお、必ずこの時期に改正が行われるということではなく、他の時期に行われることもありますので注意しましょう（**図表1-84**参照）。

2 改正内容の通知

それぞれの制度を主管する役所から、郵送などで改正内容の通知が行われますので、各役所からの郵便物には注意が必要です。忙しいときなどは、役所からの郵便物を開けずについ放置してしまうことがありますが、保険料率の改正など重要な案内が含まれていることもありますので、必ず開封して目を通すようにしましょう（**図表1-85**参照）。

図表1-84　制度ごとの改正の時期

	時　期	備　考
所得税	1月	毎年変更があるわけではない
健康保険料・介護保険料	3月	ほぼ毎年変更がある
厚生年金保険料	9月	毎年変更があるわけではない
雇用保険料	4月	変更がある年とない年がある
労災保険料	4月	3年に一度見直しが行われる

図表1-85　制度ごとの改正の通知方法

	通知方法
所得税	10月から11月にかけて送られてくる年末調整についての冊子に、その年の年末調整にまつわる改正項目と翌年1月からの改正項目が記載されている
健康保険料・介護保険料	2月頃に送られてくる保険料納入告知書の送付封筒に同封される（健保組合の場合、事前の保険料改定のお知らせが送られてくる場合もある）
厚生年金保険料	8月頃に送られてくる保険料納入告知書の送付封筒に同封される
雇用保険料	3月から4月にかけて保険料改定をお知らせするハガキが送られてくる
労災保険料	6月頃に送られてくるその年の労働保険料申告書の送付封筒に同封される

　また、最近は各行政機関のホームページにも情報が掲載されるとともに、メールマガジンなどの登録をしておけば、最新の情報がメールにて届きます。給与計算システムを利用している場合は、システムベンダーより、システムの料率設定の変更のお知らせを郵便やメールなどで知らせてくれる場合もありますので、面倒でも必ず目を通すようにしましょう。

➡ 雇用保険料は例年4月から変更されますが、3月末ぎりぎりに決まることも
ありますので、注意が必要です。

➡ 給与計算に直接関係ありませんが、子ども・子育て拠出金の拠出金率が、通
知なく変更になる場合がありますので、こちらも注意しましょう。

書類の保存期間について知っておこう！

Q1-36 | 書類の保存期間

Q 給与計算や社会保険関係の書類の保存期間について教えてください。

A 労働基準法関係、源泉所得税関係、社会保険関係でそれぞれの法律上の書類の保存期間が定められています。

解 説

1 労働基準法関係の書類の保存（令和2年4月1日改正）

使用者（会社）は、労働者名簿、賃金台帳および雇入、解雇、災害補償、賃金その他労働関係に関する重要な書類（**図表1-86**）を**5年間**保存しなければならないことになっています（労働基準法第107 ～ 109条）。ただし、改正後の経過措置として、**当面の間は保存期間3年**でもよいとされています。

なお、労働安全衛生法による健康診断個人票の保存期間は3年ではなく5年なので注意しましょう。

2 源泉所得税関係の書類の保存

源泉徴収義務者（会社）は、給与計算や年末調整を行うために給与所得者（従業員）から提出を受けた各種申告書（扶養控除等申告書／基礎控除申告書兼配偶者控除等申告書兼所得金額調整控除申告書／保険料控除申告書／住宅借

図表 1-86　労働基準法関係の書類の保存

書類名	内容・具体例	保存期間の起算日
労働者名簿	労働者の氏名、生年月日、性別、住所、業務内容、雇入・退職・死亡の年月日など	労働者の死亡、退職または解雇の日
賃金台帳	賃金計算期間、労働日数、労働時間数、基本賃金額、割増賃金額、諸手当、賞与、控除額など	最後の記入をした日
雇入、退職、解雇に関する書類	労働条件通知書、履歴書、誓約書、身元引受書、退職願、解雇制限・解雇予告除外認定書、解雇予告・退職手当の領収書など	労働者の退職または死亡の日
災害補償に関する書類	診断書、補償金領収書など	災害補償が終わった日
賃金に関する書類	賃金控除に関する協定書、昇給、減給辞令など	その完結の日
上記以外の労働関係に関する重要書類	出勤簿、各種労使協定、懲戒処分告知書、転籍承諾書など	その完結の日

入金等特別控除申告書など）を、その申告書の提出期限の属する年の翌年1月10日の翌日から**7年間**保存しなければならないことになっています（所得税法施行規則第76条の3）。

3　社会保険関係の書類の保存

　事業主（会社）は、各保険法の定めに従い、**図表1-87**のとおり、それぞれの完結の日から2年〜4年間その書類の保存をしなければならないことになっています。

図表1-87　社会保険関係の書類の保存

書類の種類	保存期間	関係条文
健康保険・厚生年金保険に関する書類（資格取得確認通知書、標準報酬決定通知書など）	2年	健康保険法施行規則第34条 厚生年金保険法施行規則第28条
労働者災害補償保険に関する書類（請求書類など）	3年	労働者災害補償保険法施行規則第51条
雇用保険に関する書類 （被保険者に関する書類を除く）	2年	雇用保険法施行規則第143条
雇用保険法に関するもののうち被保険者に関する書類（資格取得確認通知書など）	4年	雇用保険法施行規則第143条
労働保険料徴収納付に関する書類（保険料申告書など）	3年	労働保険の保険料の徴収等に関する法律施行規則第72条

Check!

➡ 書類の種類によって法定の保存期間が異なることを理解しましょう。

➡ 心配で廃棄できない場合は磁気媒体で保管するなどして、なるべく紙を持たない工夫をしましょう。

第2章

事例別手続き編

──困ったときの虎の巻

社員が入社するとき

Q2-1 | 入社時の全般的な手続き

Q 社員が入社するときには、どのような手続きが必要ですか。

A 必要な書類や情報を入手し、給与計算や税、社会保険の手続きを行っていきます。

解 説

1 必要書類の入手

ここでは、各企業で共通に必要な書類を主として挙げています。企業によって独自の提出書類がある場合がありますので、マニュアル化するなど整理しておきましょう（**図表2-1参照**）。

2 給与計算の準備（マスターデータと支給項目）

(1) マスターデータ

入社者の氏名や生年月日、性別などの基本となる情報をマスターデータに入力します。

(2) 支給項目

基本給や各種手当の額、通勤手当の額を把握し、入力します。

図表2-1　社員の入社時に必要な書類

	必要書類	備考
全般	• マイナンバー届出書	本人確認書類の添付または提示が必要
	• 通勤手当申請書	交通費の支給がある場合
給与計算	• 扶養控除等（異動）申告書	扶養親族がいない人も提出が必要
	• 給与所得の源泉徴収票	当年中に前勤務先がある場合
	• 特別徴収にかかる給与所得者異動届出書	前勤務先がある場合で特別徴収継続を希望する場合のみ
	• 給与振込口座申請書	銀行番号、支店番号も記載してもらうと便利
社会保険	• 年金手帳	原本を預かる必要はなく、基礎年金番号がわかればよい
	• 雇用保険被保険者証	原本を預かる必要はなく、雇用保険被保険者番号がわかればよい
	• 健康保険被扶養者（異動）届	被扶養者がいる場合のみ
	• 国民年金第3号被保険者届	被扶養者配偶者がいる場合のみ

3　給与計算の準備（控除項目）

（1）所得税

　入社者から提出してもらう「扶養控除等（異動）申告書」を元に、扶養家族の情報などを登録しておきます。

（2）住民税

　中途採用者の場合、前勤務先が作成した「特別徴収にかかる給与所得者異動届出書」が提出されることがあります。届出書が提出されたら、必要事項を記入のうえ、該当の市区町村役所に郵送などにより提出します（**Q1-9** ■（1）参照）。合わせて記載されている税額を給与から控除していく必要がありますので、その金額を登録します。また、普通徴収から特別徴収へ切り替える場合に

ついては、市区町村より通知された金額を登録します。

　「特別徴収にかかる給与所得者異動届出書」が提出されず、かつ普通徴収から特別徴収への切替えの希望もない場合は、住民税を給与から控除する必要はありません。

（3）健康保険料・介護保険料・厚生年金保険料

　入社時に決定される標準報酬月額をベースに保険料額が決定されますので、その方の標準報酬月額を登録しておく必要があります。標準報酬月額の決定方法については、**Q1-7** をご参照ください。

（4）雇用保険料

　雇用保険料は、毎月の実際に支払われる給与支給額に一定の保険料率をかけて計算されますので、特に登録などしておくものはありません。

Check!

➡ 図表 2-1 には法律上最低限必要な書類を掲げてあります。これ以外にも、企業によって定められた書類がある場合がありますので、業務マニュアル等に沿って手続きを進めていきましょう。

➡ 法改正などによって実務の流れが変わることがありますので、マニュアル類は常に最新の内容に更新しておきましょう。

Q2-2 | 入社時の社会保険関連の手続き

Q 社員が入社したときの社会保険の手続きは、どのようなものですか。

A 「健康保険・厚生年金保険」と「雇用保険」とに分けて、入社者の被保険者としての資格を取得するための手続きをそれぞれ行っていきます。

解説

1 健康保険・厚生年金保険に関する手続き

　従業員が入社したら、パートのため労働時間が短いなどの理由で適用除外要件に該当しない限り、各種社会保険の被保険者としての資格を取得するための手続きをしなければなりません。各管轄の役所に届け出を行うことにより、資格取得の決定通知書や健康保険証などが交付されます（**図表2-2**参照）。

　協会けんぽ加入の企業は、年金事務所に対して「健康保険・厚生年金保険被保険者資格取得届」を出すことにより手続きが完了し、後日保険証が発行され、郵送されてきます。一方、健康保険組合加入の企業は、健康保険組合と年金事務所それぞれに対して資格取得届を提出するのが原則です。

　「健康保険・厚生年金保険　被保険者資格取得届」を作成するにあたって、キモとなるのが「報酬月額」の決定ですが、詳しくは **Q1-7** をご参照ください。

　なお、被扶養者がいる場合は、合わせて「健康保険被扶養者（異動）届」、被扶養配偶者がいる場合は「国民年金第3号届」も提出します。家族の続柄や収入状況によっては、添付書類が必要な場合がありますので、年金事務所（または健康保険組合）に確認をしながら、入社者に案内をしましょう。

図表 2 - 2　入社時の社会保険の手続き

制　度	提出先	届け出後、役所から発行されて本人に渡すもの
健康保険	健康保険組合（協会けんぽ加入事業所の場合、年金事務所へ資格取得届を出すことで完了し、別途協会けんぽへ提出する必要はない）	保険証（健康保険被保険者証）
厚生年金保険	年金事務所	特になし（初めて年金に加入する人には年金手帳）
雇用保険	ハローワーク	雇用保険被保険者証
労災保険	（手続きは必要なし）	

※　年金手帳や雇用保険被保険者証を会社で保管しているところもあるようですが、本人に渡して、本人が保管するのが原則です。

2　雇用保険に関する手続き

「雇用保険 被保険者資格取得届」を作成し、ハローワークへ届け出します。
届出書には雇用保険被保険者番号を記入しますが、番号がまったくわからない場合は過去に勤務していた会社名や期間を届出書の備考欄に記入しておき、ハローワークにて照会することも可能です。

なお、雇用保険には標準報酬月額という概念はなく、毎月の給与支給額に雇用保険料率をかけて雇用保険料を決定していきます。

3　労災保険に関する手続き

労災保険については、加入手続きというものはなく、従業員は入社と同時に当然に労災保険の対象労働者となります。

4　届出書への押印不要

令和2年12月25日より、健康保険・厚生年金保険・雇用保険の被保険者資格取得届については、届出書への押印が不要となりました。この他にも、一部

の届出書を除き、ほとんどの届出書について押印が原則不要となっています。ただし、同じ届出書であっても条件によって押印不要の可否が異なりますので、判断に迷うときは健保組合や年金事務所、ハローワークなど管轄する保険者に直接確認するようにしましょう。

5 電子申請の活用

電子申請とは、インターネットを通じて各行政機関に対し各種申請を行うことで、会社や自宅のパソコンからいつでも申請を行うことができます。電子申請のメリットには次のようなことが挙げられます。

・申請や申請書郵送のために、行政機関や郵便局に行く必要がない
・移動時間の節約や交通費、郵送費などの削減ができる
・24時間365日、いつでも申請ができる
・紙や電子媒体による申請よりも早く処理が行われる
・データで管理ができるため、ペーパーレス化につながる
・流行性ウィルス感染症などの感染防止になる

なお、従来は電子申請を行う際に必要な電子証明書の取得が必要でしたが、現在では電子証明書がなくても無料で取得可能なID・パスワード（Gビズ ID）で電子申請できるようになりました。

6 電子申請の義務化

大企業については、2020年4月1日から電子申請が義務化され、現時点では以下の手続きについては電子申請により各行政機関へ申請をしなければなりません。

〈健康保険・厚生年金保険〉
・被保険者賞与支払届
・被保険者報酬月額算定基礎届
・被保険者月額変更届
・70歳以上被用者算定基礎・月額変更・賞与支払届

〈雇用保険〉

・被保険者資格取得届

・被保険者資格喪失届

・被保険者転勤届

・高年齢雇用継続給付支給申請書

・育児休業給付支給申請書

〈労働保険〉

・年度更新に関する申告書（概算保険料申告書・確定保険料申告書・一般拠出金申告書）

・増加概算保険料申告書

　なお、大企業とは、資本金の額または出資金の額が1億円を超える法人並びに相互会社、投資法人および特定目的会社に係る適用事業所とされています。

Check!

➡ 健康保険・厚生年金保険・雇用保険それぞれについて手続きが必要ですが、労災保険には加入手続きというものがありません。

➡ 事務を効率よく進めるために、また、感染予防対策のためにも電子申請を上手に利用しましょう。

Q 電子申請には、e-Govを使用して行う方法とマイナポータルを使用して行う方法があると聞きますが、どのような違いがあるのか教えてください。

A e-Gov やマイナポータルを利用して行うことができる申請は各々異なります。

社会保険手続事務の観点から判断すると、現時点では e-Gov のほうが申請できる書類が多く利便性が高いといえます。しかし、今後はマイナポータルを利用して行うことができる書類の数も増えていきますので、それぞれの特徴を理解して使用してくのがよいでしょう。

解説

1 e-Govとマイナポータルの違い

電子申請は、電子政府の総合窓口いわゆる「e-Gov（イーガブ）」または「マイナポータル」を通じて行うことになります。いずれのルートであっても、最終的な届出情報は各行政官庁に届くという点では同じです。

e-Gov は社会保険や労働保険関連を中心とした会社が行う行政官庁などへの届出業務に適しており、届け出できる種類も多くなっています。

一方、マイナポータルはマイナンバーを基軸として設計されており、企業が行う社会保険や労働保険関連の各種届出の他にも、さまざまな行政・民間サービスを国民全体がオンラインで受けられるような仕組みになっています。

2 準備すること

　e-Gov では、電子証明書または G ビズ ID の準備が必要となり、マイナポータルでは、G ビズ ID の準備が必要となります。

　電子証明書の取得は有料で、政府の認可を受けた民間の認証局に各種証明書類を添付のうえ電子証明書を発行してもらいます。G ビズ ID は経済産業省のホームページから無料で取得可能ですが、各種証明書を準備するという点で手間は同じぐらいかかります。

3 e-Govやマイナポータルを通じて電子申請ができる主な書類

　2021 年 1 月時点で、e-Gov やマイナポータルを通じて電子申請が可能な社会保険・労働保険関連の主な書類を比較すると次表のようになります。

図表 2-3　e-Gov とマイナポータルにおける主な申請可能書類

保険の種類	e-Gov	マイナポータル
社会保険	・被保険者資格取得届 ・被保険者資格喪失届 ・健康保険被扶養者異動届 ・国民年金第 3 号被保険者関係届 ・被保険者報酬月額算定基礎届 ・被保険者月額変更届 ・被保険者賞与支払届 ・70 歳以上被用者算定基礎・月額変更・賞与支払届 など、15 種類以上	・被保険者資格取得届 ・被保険者資格喪失届 ・健康保険被扶養者異動届 ・国民年金第 3 号被保険者関係届 ・被保険者報酬月額算定基礎届 ・被保険者月額変更届 ・被保険者賞与支払届 ・70 歳以上被用者算定基礎・月額変更・賞与支払届 など、15 種類以上
雇用保険	・被保険者資格取得届 ・被保険者資格喪失届 ・被保険者転勤届 ・個人番号登録届 ・高年齢雇用継続給付金支給申請書	・被保険者資格取得届 ・被保険者資格喪失届 ・被保険者転勤届 ・個人番号登録届

	・育児休業給付金支給申請書 など、10 種類以上	
労働保険	・年度更新に関する申告書 （概算保険料申告書・確定保険 料申告書・一般拠出金申告書） ・増加概算保険料申告書 など、15 種類以上	対応なし

上記のほか、e-Gov では就業規則や 36 協定などの届け出も可能です。

Check!

➡ 人事担当者の事務手続に絞って判断すると、現時点では、e-Gov のほうが申請できる書類が圧倒的に多いので利便性が高いですが、今後はマイナポータルを通じて申請できる書類やサービスも増えていきますので、このあたりの状況を見極めながら準備を進めていきましょう。

Q2-4 | パートタイマーが入社するとき

Q パートタイマーが入社するときに注意すべきことはありますか。

A 労働時間や収入額などの要件によって、加入する社会保険の種類が異なります。

解 説

1 社会保険の適用

　パートタイマーやアルバイト社員が入社した際、その労働時間の長さなどによって、社会保険に加入するかどうかが異なります。パート・アルバイト社員だから社会保険に加入しなくてよいというわけではありませんので、注意しましょう（**図表2-4**参照）。

図表2-4　社会保険の加入要件

制 度	加入要件	
	労働時間要件	適用除外要件
健康保険	週労働時間が正社員の3/4以上（従業員数が501人以上の企業は**2**を参照）	・日々雇い入れられる人 ・2か月以内の期間を定めて使用される人 ・季節的業務（4か月以内）に使用される人 ・臨時的事業の事業所（6か月以内）に使用される人　など
厚生年金保険		
雇用保険	週20時間以上	契約期間が31日未満
労災保険	労働時間にかかわらず、すべての労働者	（なし）

図表2-5　被保険者数501人以上の企業における短時間労働者の健康保険・厚生年金保険の加入要件

①	週所定労働時間が20時間以上であること
②	勤務期間が1年以上見込まれること
③	賃金月額が88,000円以上であること
④	学生でないこと

2　短時間労働者の社会保険の適用拡大

　被保険者数が501人以上の企業に勤務する短時間労働者については、平成28年10月1日から適用が拡大され、週労働時間が正社員の4分の3未満であっても、**図表2-5**の4つの要件すべてに該当する方は加入の対象となりました。

　また、平成29年4月からは、従業員数が500人以下の企業に勤務する場合であっても、社会保険に加入することについて労使で合意がなされていれば、加入対象となりました。

　なお、令和2年の改正により、適用の範囲を段階的に拡大し、令和4年10月には従業員数が101人以上、令和6年10月には51人以上に拡大していく予定です。

3　有給休暇の付与についての特例（比例付与）

　パートタイマーやアルバイト社員であっても、有給休暇の付与が義務づけられています。週所定労働時間が30時間以上の者は一般の労働者と同じ付与ルールとなりますが、週所定労働時間が30時間未満の者は、その勤務日数に応じて、付与日数が比例付与されることとなっています（**図表2-6**参照）。

図表2-6　パートタイマーの有給休暇比例付与表

週所定労働日数	年間所定労働日数	勤続年数						
		6か月	1年6か月	2年6か月	3年6か月	4年6か月	5年6か月	6年6か月以上
一般の労働者		10日	11日	12日	14日	16日	18日	20日
週所定労働時間が30時間未満の労働者								
4日	169日～216日	7日	8日	9日	10日	12日	13日	15日
3日	121日～168日	5日	6日	6日	8日	9日	10日	11日
2日	73日～120日	3日	4日	4日	5日	6日	6日	7日
1日	48日～72日	1日	2日	2日	2日	3日	3日	3日

Check!

➡ パートタイマーは、その労働時間やさまざまな条件によって、社会保険に加入するかどうかが決まります。

➡ 従業員数が501人以上の企業については、加入条件が異なり、より大きな適用範囲となっていますので、注意が必要です。

Q2-5 | マイナンバーが必要なとき

Q 社員が入社するときには必ずマイナンバーを収集するように先輩から教わりましたが、給与計算関連の事務を進めるうえでマイナンバーはどのようなときに必要になるのか教えてください。

A マイナンバーは社会保障、税、災害対策の分野で共通の番号を使用することにより行政の効率化、国民の利便性向上などを目的として導入された制度です。給与計算事務そのものに直接関係するわけではありませんが、会社が従業員の税や社会保障にかかわる手続きを各行政機関に対して行う際に必要となります。

解説

1 マイナンバー制度と会社の実務

会社は従業員の税や社会保険にかかわる手続きを行っています。これらの手続きを行う中で、各行政機関に提出する書類のうち一定の帳票には、従業員のマイナンバーを記載して届け出なければなりません。

したがって、会社は各従業員やその扶養家族のマイナンバーを収集し、保管しなければなりません。

2 マイナンバーと給与計算

勤怠集計を行い、各種手当の変動項目の金額を確定し、各種控除項目を確認するなど、一連の給与支給額を確定していく通常の給与計算事務の過程においては、個々の従業員のマイナンバーを参照する必要はありません。

しかし、給与計算に付随して、または前後して行われる税や社会保険の手続

きを各行政機関に対して行うときに、各従業員やその家族のマイナンバーが必要となります。

　もちろん実務的には、給与計算に必要な各種情報を給与計算システムに入力する際に、同時に社会保険の手続きを進めていくこともありますが、マイナンバーが必要なのは、給与計算そのもののためではなく、あくまでも各行政機関への手続きに必要な帳票の作成のためであるということを認識しておきましょう。

　また、給与計算に密接に関係するものとして年末調整事務がありますが、年末調整にかかわる各種帳票のうち、マイナンバーを記載すべき帳票と記載しなくてもよい帳票があることも押さえておきましょう。

3　税務分野でマイナンバーの記載が必要な書類

　税務分野でかかわりがある書類は、年末調整に関する各種申告書や税務署等へ提出する書類が挙げられますが、このうちマイナンバーの記載が必要な書類は、税務署等へ提出する書類です。

　年末調整に関する各種申告書は、従業員本人が記入し会社へ提出する書類ですが、従業員から提出を受けた後は、会社から税務署へ提出をするのではなく、会社で保管しなければならない書類が多くあります。これらの書類にマイナンバーの記載があると「特定個人情報」に該当するため、多くの書類を長期間にわたって保管することになると、会社の事務負担が膨大になるという問題があります。

　このため、いくつかの税務関係書類については、マイナンバーの記載が不要とされていたり、従業員等のマイナンバー等を記載した一定の帳簿を備えている場合にはマイナンバーの記載を不要としています。

【税務分野においてマイナンバーの記載が必要な主な書類】
・給与所得の源泉徴収票・給与支払報告書（税務署提出用／市区町村提出用）
・退職所得の源泉徴収票・特別徴収票（税務署提出用／市区町村提出用）

・報酬、料金、契約金および賞金の支払調書

【税務分野においてマイナンバーの記載が不要な主な書類】
・給与所得者の保険料控除申告書
・給与所得者の（特定増改築等）住宅借入金等特別控除申告書
・給与所得の源泉徴収票（本人交付用）
・退職所得の源泉徴収票（本人交付用）

【従業員等のマイナンバー等を記載した一定の帳簿を備えている場合にはマイナンバーの記載を不要とすることができる主な書類】
・給与所得者の扶養控除等（異動）申告書
・給与所得者の基礎控除申告書 兼 給与所得者の配偶者控除等申告書 兼 所得金額調整控除申告書
・退職所得の受給に関する申告書

4 社会保険分野でマイナンバーの記載が必要な書類

　社会保険分野における書類は、税務分野の書類と異なり、マイナンバーを記載した後、各行政機関に提出するものがほとんどです。また、各行政機関からの控えや決定通知書についてはマイナンバーの記載はありませんので、マイナンバーが記載された書類を保管するという問題は、基本的に生じません。社会保険分野の中でも、健康保険、厚生年金保険、雇用保険それぞれの分野においてマイナンバーの記載が必要となる書類は異なります。

【健康保険分野においてマイナンバーの記載が必要な主な書類】
・健康保険被保険者資格取得届
・健康保険被保険者資格喪失届
・健康保険被扶養者（異動）届

【厚生年金保険分野においてマイナンバーの記載が必要な主な書類】
・厚生年金保険被保険者資格取得届 / 厚生年金保険 70 歳以上被用者該当届
・厚生年金保険被保険者資格喪失届 / 厚生年金保険 70 歳以上被用者不該当届
・健康保険被扶養者（異動）届（国民年金第 3 号被保険者関係届）
・国民年金第 3 号被保険者関係届

※　上記すべての書類において、マイナンバーに代えて基礎年金番号で届け出することも可能です。

【雇用保険分野においてマイナンバーの記載が必要な主な書類】
・雇用保険被保険者資格取得届
・雇用保険被保険者資格喪失届
・高年齢雇用継続給付受給資格確認票・（初回）高年齢雇用継続給付支給申請書
・育児休業給付受給資格確認票・（初回）育児休業給付金支給申請書
・介護休業給付金支給申請書

Check!

➡ マイナンバーを使う場面は限られています。それぞれの分野で必要な時だけ利用するように、普段は施錠できる場所などで厳重に管理しましょう。

Q2-6 | 外国人社員が入社するとき

Q 当社では、このたび初めて外国人社員を採用することとなりました。社会保険の手続きはどのようなものですか。

A 日本で採用した場合と、海外の本社や拠点で採用した人が日本に派遣されてくる場合（いわゆるエクスパットなど）によって手続きが異なります。

解説

1 日本で採用した場合

日本人を採用する場合と基本的に同じです。ただし、手続き時に**図表2-7**の点にご注意ください。

図表2-7 外国人社員特有の届け出

厚生年金保険	「資格取得届」に「ローマ字氏名届」をあわせて提出することとされています
雇用保険	資格取得（喪失）届の「備考欄」に以下を記載します ローマ字／在留カード番号／在留資格／在留期間／国籍・地域／資格外活動許可の有無／派遣請負就労区分

2 海外の本社や拠点で採用した人が日本に派遣されてくる場合（いわゆる「エクスパット」）

それぞれの制度により、加入にあたっての考え方が異なりますので注意が必要です。

図表 2 - 8　社会保障協定の機能

保険料の二重負担防止	加入するべき制度について二国間で調整を行います。派遣期間が原則 5 年を超えない場合には、日本の年金制度等への加入義務はなく、派遣元国での加入となります
年金加入期間の通算（保険料の掛け捨て防止）	日本の年金加入期間がある場合にその期間だけで受給資格を満たさない場合、派遣元国の期間を日本の年金制度の加入期間に算入します

（1）健康保険・厚生年金保険

　日本において、給与が払われていない場合については加入義務はなく、給与が払われている場合は加入義務があるというのが原則的な考え方です。また、その外国人の方が勤めていた国によっては、**社会保障協定**の適用を受ける可能性があります。

（2）雇用保険

　原則として、外国の失業補償制度の適用を受けていることが立証された者については、被保険者とならないとされています。

（3）労災保険

　日本における使用従属関係（労働者性があるか否か）により判断されます。

3　社会保障協定

　海外から派遣される外国人について、日本の社会保険への加入義務が生じる場合、派遣元国と日本の社会保険料を二重に負担しなければならない場合があります。また、本国と日本の年金を受けるためには、一定の期間それぞれの国の年金に加入しなければならない場合があるため、保険料の掛け捨てになってしまうこともあります。

　こういった状況を回避するため、特定の国と社会保障協定が締結されています。その機能は**図表 2 - 8**のとおりです。

　2021 年 1 月現在、社会保障協定の発効状況は、**図表 2 - 9**のとおりです。

　社会保障協定の適用を受けるためには、各国ごとに定められた様式「適用証

図表 2 - 9　社会保障協定の発効状況（2021 年 1 月現在）

協定発効済の国	ドイツ／イギリス／韓国／アメリカ／ベルギー／フランス／カナダ／オーストラリア／オランダ／チェコ／スペイン／アイルランド／ブラジル／スイス／ハンガリー／インド／ルクセンブルク／フィリピン／スロバキア／中国

※　イギリス、韓国および中国については「保険料の二重負担防止」のみです。

明書交付申請書」を年金事務所に提出し、適用証明書の交付を受ける必要があります。

　また、対象となる社会保障制度は公的年金制度が中心ですが、医療保険や雇用保険、労災保険までをも対象としている国もあります。実際に対象者が出たときは、よく確認しながら手続きを行いましょう。

Check!

➡ 日本で採用する外国人と、海外から派遣されてくる外国人とでは、社会保険の適用が異なる部分があります。

➡ 社会保障協定が締結されている国から派遣されてくる外国人については、日本の年金制度等に加入しなくてよい場合があります。

➡ 海外から派遣されてくる外国人については、その取扱いのルールが不明確な部分があります。それぞれの保険ごとに管轄の役所によく確認を行いながら手続きを進めましょう。

社員が退職するとき

Q2-7 | 退職時の全般的な手続き

Q 社員が退職するときには、どのような手続きが必要ですか。

A 本人へ必要な事項を確認するなどして、給与計算や税、社会保険の手続きを行います。なお、退職金を支払う場合は、第３章 **Q3-1** 🔟 (5)～(9)を参照してください。

解説

1 本人への確認事項など

本人から退職願が提出され、退職日や最終出社日が確定した後、本人に確認すべき項目としては、**図表 2-10** のような事項があります。

図表 2-10 退職者に確認する事項

項 目	確認事項
住民税	住民税の徴収について、一括徴収、特別徴収継続、普通徴収への切替えのいずれを希望するか
雇用保険	離職票の交付を希望するか
健康保険	保険証を退職日以後速やかに返却してもらうことを伝える

図表 2 - 11　退職時の住民税の処理方法

退職後の選択肢	処理の方法
一括徴収	未徴収税額を最終給与（または賞与、退職金）から一括して控除します。1月から4月に退職する方については、原則として一括徴収を行うこととなっています
特別徴収継続	前月と同額を控除します（ただし、6月および7月を除く）
普通徴収切替	

2　最後の給与計算における注意事項

　給与計算期間の途中で退職する場合は、退職日までの日数に応じて、給与規程などで定められた方法により日割計算を行い支給する必要があります。

（1）所得税

　扶養家族に変更がない限り、毎月の給与計算と同様に所得税計算を行います。給与計算がすべて終了した後、その年に支給した給与・賞与、控除した社会保険料や源泉所得税の累計額などを記載した源泉徴収票を退職者に発行します。ただし、死亡退職の場合や、海外へ出国する際は、年末調整を行ったうえで、源泉徴収票を発行します。

（2）住民税

　本人の申し出によって、最終給与で控除する住民税額が変わってきます（**図表 2 - 11** 参照）。

（3）健康保険料・介護保険料・厚生年金保険料

　退職日が月末の場合とそれ以外の日の場合とで異なりますので、注意が必要です。月末以外の月の中途日での退職の場合、その退職日の属する月の保険料は発生しませんので、前月分までの保険料徴収で終了となります。給与計算における保険料徴収のタイミングを、翌月控除（＝前月分の保険料を当月給与から控除）としているのか、当月控除（＝当月分の保険料を当月給与から控除）としているのかによって、最終給与で控除すべき保険料の額が変わってきますので注意しましょう（**図表 2 - 12** 参照）。

（4）雇用保険料

　毎月の給与計算と同様に、実際に支払われる給与支給額に一定の保険料率をかけて計算します。

図表2-12　退職時の社会保険料の徴収方法

退職日	「翌月控除」の場合の控除すべき健保・介護・厚生年金保険料
月末以外（＝月の中途日）での退職	前月分の1か月分保険料のみ控除
月末日での退職	前月分と当月分の2か月分保険料を控除
退職日	「当月控除」の場合の控除すべき健保・介護・厚生年金保険料
月末以外（＝月の中途日）での退職	控除なし
月末日での退職	当月分の1か月分保険料のみ控除

Check!

➡ 退職者本人の希望によって手続きが異なる部分がありますので、最終出社日までにその意向を漏れなく確認するようにしましょう。

➡ 社会保険料の徴収不足があると、退職した従業員との間でお金のやりとりなど面倒な事務が発生してしまいますので、慎重に確認しましょう。

Q2-8 | 退職時の社会保険関連の手続き

Q 社員が退職したときの社会保険の手続きは、どのようなものですか。

A 「健康保険・厚生年金保険」と「雇用保険」とで、それぞれ被保険者の資格を喪失する手続きを行います。雇用保険については、本人が離職票の交付を希望するかどうかによって、手続きが異なります。

解説

1 健康保険・厚生年金保険に関する手続き

「健康保険・厚生年金保険　被保険者資格喪失届」を作成します。

協会けんぽ加入の企業は、年金事務所に対して「健康保険・厚生年金保険　被保険者資格喪失届」を出すことにより手続きが完了します。

一方、健康保険組合加入の企業は、健康保険組合と年金事務所それぞれに対して資格喪失届を提出するのが原則です。

いずれの場合も本人から回収した保険証を添付して手続きを行います。

2 雇用保険に関する手続き

「雇用保険　被保険者資格喪失届」を作成し、ハローワークへ届け出します。

その際に確認が必要なのが、退職者本人が離職票の交付を希望するか否かです。転職先が決まっていない場合は、失業給付を受けるために離職票の交付が必要ですが、転職先が決まっている場合は、交付を希望しない場合もあります。確認のうえ、交付希望がある場合は、資格喪失届と合わせてハローワークに提出することになります（**図表2-13**参照）。

図表2-13　離職票交付の希望の有無による手続きの違い

離職票 交付希望	ハローワークへ届け出る申請書類	ハローワークから交付され 退職者へ送付する書類
あり	・雇用保険被保険者資格喪失届 ・雇用保険被保険者離職証明書	・離職票1 ・離職票2
なし	・雇用保険被保険者資格喪失届	・雇用保険被保険者資格喪失確認 通知書

※　上記申請書類のほか、ケースによって確認書類の添付が必要な場合があります。

図表2-14　退職後の健康保険の選択肢

任意継続被保険者	現在加入している健康保険に引き続き加入するものです。保険料は事業主負担分も負担しなければならないため、2倍となりますが、上限額があり、協会けんぽの場合、標準報酬月額が30万円を超えていた場合は、標準報酬月額は30万円として計算されます（令和3年3月現在）
国民健康保険	居住地の市町村にて手続きを行います。保険料の計算方法や水準は市町村ごとに異なりますので確認が必要です
健康保険の被扶養者	配偶者や親など家族に扶養される要件を満たす場合は、被扶養者となることができます。その家族の勤務先を通して手続きを行います

3　労災保険に関する手続き

　労災保険については、喪失手続きというものはなく、従業員は退職と同時に当然に対象労働者から除外となります。

4　退職後の健康保険について

　退職後の健康保険について、会社は直接関係なくなりますが、退職者からどうしたらいいのか聞かれることがありますので、主な制度を**図表2-14**にまとめました。

➡退職後の健康保険の手続きはいずれも本人が行うものですが、任意継続手続きは当社の資格喪失後 20 日以内に行わなければならないので注意しましょう。

社員が産休・育休・介護休業を取るとき

Q2-9 | 産休・育休のときの全体の流れ

Q 社員が出産することになり、産休・育休の取得を希望しています。どのような手続きが必要ですか。

A さまざまな手続きが必要です。まずは全体の流れを確認しましょう。

解 説

1 給与計算の処理

　産休・育休期間ともに無給とする企業がほとんどですが、中には産休期間だけは有給とするようなケース、育休の期間のうち一部を有給とするようなケースもありえますので、給与規程や育児・介護休業規程の該当個所を確認して、必要な計算処理を行います。

　また、控除項目についての取扱いは、**図表2-15**のとおりとなります。

2 給与が支給されないことに対する社会保険からの給付金

　産休・育休期間について給与が支給されない場合、これに対する補填のための給付金を受けることができます。

　産休期間については健康保険から**出産手当金**、育児休業期間については雇用保険から**育児休業給付金**がそれぞれ支給されます。申請先がそれぞれ異なりま

図表2-15 産休・育休期間中の控除項目

	産休期間	育休期間
所得税	給与支給が0円であれば0円	
住民税	休業期間中の住民税の控除・徴収について、取決めをしておく必要がある（※）	
社会保険料	免除（下記**3**参照）	
雇用保険料	給与が0円であれば0円	

※ 普通徴収に切り替えて、本人から市町村に直接納付することも可能。

図表2-16 産休・育休期間中に対する社会保険の給付金制度

	産休期間	育休期間
名称	出産手当金	育児休業給付金
保険種類	健康保険	雇用保険
申請先	協会けんぽ（または健康保険組合）	ハローワーク

すので、注意しましょう（**図表2-16**参照）。

3 社会保険料の免除

　給与が支給されないと、普段給与から天引きされている社会保険料の負担も重く感じます。そこで、産休・育休期間については、申請することにより社会保険料を免除するという制度があります。それぞれの期間について届け出を行う必要がありますので、注意しましょう。

　産休期間について保険料の徴収が免除される期間は、産前産後休業開始月から終了予定日の翌日の月の前月（産前産後休業終了日が月の末日の場合は産前産後休業終了月）までです。

　育休期間について保険料の徴収が免除される期間は、育児休業開始月から終

了予定日の翌日の月の前月（育児休業終了日が月の末日の場合は育児休業終了月）までとなります。

<table>
<tr><td>**Check!**</td></tr>
</table>

➡ 産休期間については健康保険から出産手当金が、育休期間については雇用保険から育児休業給付金がそれぞれ支給されます。

➡ 社会保険料の免除手続きも忘れずに行いましょう。

Q2-10 | 社員が産休を取るときの手続き

Q 社員が産前産後休業を取得する際の手続きは、どのようなものですか。

A 出産手当金の申請や社会保険料免除の手続きが必要です。

解説

労働基準法では、6週間以内に出産予定の女性労働者が休業を請求した場合には、その者を就業させてはならず、産後8週間を経過しない女性を就業させてはならない（ただし、産後6週間を経過した女性が請求した場合において、医師が支障がないと認めた業務に就かせることは、差し支えない）とされています。

1 出産手当金の申請

（1）出産手当金とは

産休期間について給与が支給されない場合、これに対する補填のための給付金として**出産手当金**が支給されます。健康保険の被保険者であれば、出産日（実際の出産が予定日後のときは出産の予定日）以前42日目から出産日の翌日以後56日目までの会社を休んだ期間について支給されます。

1日当たりの支給金額は、下記の計算式のとおりです。

$$支給開始日の以前12か月間の各標準報酬月額を平均した額 \div 30日 \times (2/3)$$

※ 支給開始月以前の期間が12か月に満たない場合は計算方法が異なります。

なお、休んだ期間についての給与の支払いがあっても、その給与の日額が出産手当金の日額より少ない場合は、出産手当金と給与の差額が支給されます。

図表2-17　社会保険料免除のための手続き

	提出する届書等	届出先
健康保険	産前産後休業取得者申出書	健康保険組合（協会けんぽの場合は、年金事務所へ届け出ることにより完了）
厚生年金保険	産前産後休業取得者申出書	年金事務所

（2）申請手続き

　申請手続きは、出産後に医師の証明をもらったうえで、事業主が給与の支払状況などの証明を行った後、協会けんぽ（または健康保険組合）に対して行います。複数回に分けて申請を行うことも可能ですが、産休期間が終了した後、すべての産休期間を1回で申請するのが通例です。

2　社会保険料の免除

　産休期間について、申し出を行うことにより、被保険者負担分および事業主負担分ともに社会保険料が免除されます。

　手続きは、産前産後休業取得者申出書を提出することによって行います（**図表2-17**参照）。

　なお、当初出産予定日をベースに申し出を行うと、実出産日によって産前産後休業期間が変更になります。この場合、「産前産後休業取得者変更（終了）届」を提出する必要があります。

3　子の出産に関する申請

（1）出産育児一時金

　健康保険の被保険者およびその被扶養者が出産した場合、出産費用の補塡として、1児につき42万円（産科医療補償制度の対象外となる出産の場合は40.4万円）が支給されます。手続きは、直接支払制度を利用する場合には、本人が出産を予定している医療機関等へ被保険者証を提示することなどにより行います。

（2）扶養の申請

詳しくは、**Q2-15** をご参照ください。

4 出産予定日・実出産日と出産手当金

出産日は実際には出産予定日と前後するため、出産手当金の支給日数がケースにより異なります。

（1）出産予定日と実出産日が一致した場合

法定どおり休んでいれば、14週間（＝産前6週間＋産後8週間）×7日＝98日分が出産手当金として支給されます。

（2）出産予定日よりも遅れて出産した場合

遅れた分、産前休業期間が延びて、産後休業期間が後ろにずれることとなります。5日遅れて出産した場合で、法定どおり休むとすれば、98日＋5日＝103日分が出産手当金として支給されます。

（3）出産予定日よりも早く出産した場合

早まった分、産前休業期間が短くなり、産後休業期間が前にずれることとなります。8日早く出産した場合で、法定どおり休むとすれば、98日－8日＝90日分が出産手当金として支給されます。

なお、このケースで、法定の産前開始日よりも前から欠勤しているような場合は、その欠勤期間分をプラスした日数（90日＋欠勤日数／最大98日）が支給されます。

5 産休期間の手続きの流れ

産休期間の手続きのタイミングは、**図表2-18** のとおりです。

図表 2 - 18　産休期間の手続きのタイミング

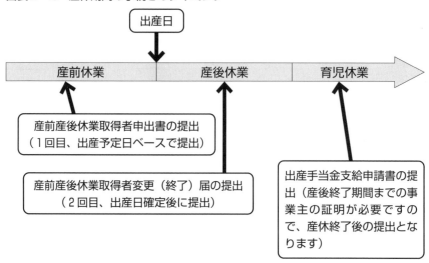

➡ 産前休業に入る際、出産後、産後休業が終了したとき、それぞれの段階で手
　続きが必要ですので、流れを確認し、漏れなく手続きを行っていきましょ
　う。

Q2-11 | 社員が育休を取るときの手続き

Q 社員が育児休業を取得する際の手続きは、どのようなものですか。

A 育児休業給付金の申請や、社会保険料免除の手続きが必要です。また、休業者が住んでいる自治体の状況にもよりますが、1歳の時点で復帰できるか、または延長が必要かの確認を必要に応じて行い、延長する場合は、別途手続きが必要になります。

解説

育児・介護休業法では、1歳（保育所に入れない等の理由がある場合1歳6か月まで）に満たない子を養育する労働者が申し出たときは、育児休業を取得することができ、法律で定める一定の事由に該当しない限り、事業主はこれを拒むことはできないとされています。

1 育児休業給付金の申請

（1）育児休業給付金とは

育休期間について給与が支給されない場合、これに対する補填のための給付金として「育児休業給付金」が支給されます。育児休業給付金の支給額は、支給対象期間（1か月）当たり、原則として休業開始時賃金日額×支給日数の67％（育児休業の開始から6か月経過後は50％）相当額となっています。

（2）申請手続き

申請は、対象者について受給資格があるかなどの手続きをまず行い、その後2か月に1回ごとに、給付金の申請手続きを行っていきます（**図表2-19**参照）。

図表2-19 育児休業給付金の手続き

	提出する届書等	届出先
最初の申請	• 育児休業給付受給資格確認票・(初回)育児休業給付金支給申請書 • 休業開始時賃金月額証明書	ハローワーク
2か月に1回の申請	• 育児休業給付金支給申請書	

※ 下記①②いずれの方法も可能です。
　① 育児休業開始後、ただちに受給資格の確認のみを行う
　② 育児休業開始後、2か月を経過した際に、受給資格の確認と第1回の支給申請を同時に行う

図表2-20 社会保険料免除のための手続き

	提出する届書等	届出先
健康保険	育児休業等取得者申出書	健康保険組合(協会けんぽの場合は、年金事務所へ届け出ることにより完了)
厚生年金保険	育児休業等取得者申出書	年金事務所

2 社会保険料の免除

　産休期間中と同様、社会保険料が免除となりますが、育児休業に入った時点で、別途免除申請が必要です。手続きは、育児休業等取得者申出書を提出することにより行います(**図表2-20**参照)。

3 育児休業の延長手続き

(1)育児休業の延長ができる場合

　保育園に入れないなどの理由により、1歳の時点で職場復帰できないケースは、1歳6か月までの延長を申し出ることができ、また、1歳6か月時点でも職場復帰できないときは、さらに2歳まで延長を申し出ることができます。な

お、事業主は、これら延長の申し出を拒むことはできません。

（2）育児休業給付金の延長手続き

　育児休業給付金については、保育園に入れないなど一定の事由があれば、最長で2歳までの延長給付を受けることができます。ハローワークに延長給付の申請をする際に、保育園に入れない事実を証明する書類（入所不承諾通知書など）を確認書類として提出する必要があります。

（3）保険料免除の延長手続き

　育児休業期間中の保険料免除についても、申し出を行うことにより、引き続き免除を受けることができます。保険料免除については、特に一定事由がなくても、最長3歳まで申し出を行うことにより免除を受けることができます。

Check!

➡ 育児休業給付は2か月ごとに行っていきますので、スケジューラーなどのアラーム機能を活用するなどして忘れないようにしましょう。

➡ 育児休業についての社会保険料免除は、産休についての手続きとは別途手続きが必要です。こちらも忘れないように行いましょう。

Q2-12 | 社員が育休から復帰するときの手続き

Q 社員が育児休業から復帰するときの手続きは、どのようなものですか。

A 育児休業終了時改定に該当するか否かの確認が必要です。

解 説

1 給与計算の処理

　月の途中から復帰する場合は、復帰日に応じて、給与支給額の日割計算処理を行います。保険料の免除については、育児休業終了予定日の翌日の月の前月（育児休業終了日が月の末日の場合は育児休業終了月）までとなりますので、終了日に応じて保険料の徴収を開始します。

2 保険料免除の手続き

　当初申し出たとおりの育児休業終了年月日に育児休業が終了した場合は、特に手続きは必要ありませんが、予定より早く終了した場合には、育児休業等取得者終了届の提出が必要です（**図表2-21**参照）。

図表2-21　育児休業終了予定日よりも早く復帰した場合の手続き

	提出する届書等	届出先
健康保険	育児休業等取得者終了届	健康保険組合（協会けんぽ加入事務所の場合は、年金事務所へ届け出ることにより完了）
厚生年金保険	育児休業等取得者終了届	年金事務所

図表 2 - 22　育児休業終了時改定と随時改定の違い

	育児休業終了時改定 （産前産後休業終了時改定）	随時改定
基礎期間	育児休業終了日（または産前産後休業終了日）の翌日が属する月以降の3か月	固定的賃金に変動があった月以降の3か月
支払基礎日数	17日未満の月があっても対象外とはならないが、17日未満の月は除いて計算（3か月のうち1か月だけでも17日以上の月があればよい）	3か月のうち1か月だけでも17日未満の月があるときは対象外
等級差	1等級差でも対象となる	原則として2等級以上の差
届け出	被保険者の申し出に基づいて届け出	該当すれば届け出

3　育児休業終了時改定について

　育児休業終了後は、短時間勤務で働き始めるケースが多くあります。この場合、給与の支給額が減ったにもかかわらず、控除される社会保険料が高いままであるため、手取り額がかなり少なくなってしまうという問題がありました。この状況を改善するため、固定的賃金に変動があるなど随時改定に該当することがない場合でも、育児休業終了日の翌日の属する月以後3か月間に受けた報酬の平均額に基づき、4か月目の標準報酬月額から改定を行うことができる場合があります。

① これまでの標準報酬月額と改定後の標準報酬月額との間に1等級以上の差が生じること

② 育児休業終了日の翌日が属する月以後3か月のうち、少なくとも1か月における支払基礎日数が原則17日以上であること

上記2つの要件に該当した場合、改定の対象となります（**図表2 - 22** 参照）。

手続きは、**図表2 - 23** のとおりです。

図表2-23　育児休業終了時改定に該当したときの手続き

	提出する届書等	届出先
健康保険	育児休業等終了時報酬月額変更届	健康保険組合（協会けんぽ加入事業所の場合は、年金事務所へ届け出ることにより完了）
厚生年金保険	育児休業等終了時報酬月額変更届	年金事務所

4　産前産後休業終了時改定について

　産休終了後、育児休業を取得せずに復帰する場合についても、同様の制度があります。

5　養育期間特例の手続き

　育児休業終了時改定の届け出を提出すると、対象者の標準報酬月額が下がることとなります。標準報酬月額が下がるということは、保険料が下がるだけでなく、標準報酬月額をベースに支給額が計算される給付金の額も下がるということです（**図表2-24** 参照）。

図表2-24　標準報酬月額が低下すると支給額が低下する給付

	給　付	保険料
健康保険	・傷病手当金 ・出産手当金　など	・健康保険料 ・介護保険料
厚生年金保険	・老齢厚生年金　など	・厚生年金保険料

　そこで厚生年金保険については、申し出により低下後の標準報酬月額ではなく従前の高いほうの標準報酬月額に基づいて、将来の年金額を計算するという特例があります。手続きは、**図表2-25** のとおりです。

　なお、この制度は厚生年金保険のみに適用される特例のため、健康保険には適用されません。傷病手当金や出産手当金の計算に際しては、低下した標準報酬月額に基づいて計算される点に注意が必要です。

図表2-25　養育期間特例を受けるための手続き

	提出する届書等	届出先
厚生年金保険	養育期間標準報酬月額特例申出書	年金事務所

Check!

➡ 育児休業から復職後は、短時間勤務制度を利用する場合が多く見られます。社会保険料が高いままだと、手取りが大きく減ることになりますので、本人の意向を確認しつつ、育児休業終了時改定の手続きを怠ることのないように行いましょう。

Q2-13 | 社員が介護休業を取るときの手続き

Q 社員が介護休業の取得を希望しています。どのような手続きが必要でしょうか。

A 社会保険料や住民税の徴収方法について確認するとともに、介護休業給付金についての手続きが必要です。

解 説

　育児・介護休業法では、要介護状態にある家族を介護する必要のある労働者が申し出たときは、対象家族1人につき通算93日、3回までを限度として、介護休業を取得することができ、法律で定める一定の事由に該当しない限り、事業主はこれを拒むことはできないとされています。

1 給与計算について

（1）支給項目

　一部の企業で介護休業期間を有給とする例もあるようですが、ほとんどの企業は無給としているでしょう。休業期間に応じて、支給額をゼロとする処理が必要です。

（2）控除項目

　育児休業と違って、介護休業については、社会保険料は免除されません。給与から控除ができないため、その都度振り込んでもらう、会社が立て替えておき復帰後に徴収するなど、取決めをしておく必要があります。住民税についても同様です。

2 健康保険・厚生年金保険に関する手続き

社会保険料は免除とならないため、特に手続きはありません。

3 雇用保険に関する手続き

給与が支給されないこととなる補填として、雇用保険から**介護休業給付金**が支給されます。支給額は、支給対象期間（1か月）当たり、原則として休業開始時賃金日額×支給日数の 67 ％相当額となっています。

手続きは、**図表 2 - 26** のとおりとなります。

図表 2 - 26　介護休業給付金の手続き

	提出する届書等	届出先
雇用保険	・介護休業給付金支給申請書 ・休業開始時賃金月額証明書	ハローワーク

Check!

➡ 介護休業期間については、産休・育休期間と違って社会保険料は免除になりません。

扶養家族の変更

Q2-14 | 扶養家族に異動があったとき

Q 社員の扶養家族に変更がありました。どのような手続きが必要ですか。

A 家族手当や慶弔見舞金の対象か否かの確認と、所得税、健康保険、国民年金第3号の手続きが必要な場合があります。

解 説

　ひと言で「扶養家族」といっても、税法上の基準と健康保険上の基準が異なっていることもあり、実務では迷う場面も見られます。

　まずは手続きの流れを確認し、次問以降で基準の詳細についてお伝えします。

1 給与計算について

（1）支給項目

　家族手当の支給がある会社でその変更要件に該当する場合は、その内容に応じて、手当額を変更します。また、出産祝い金や結婚祝い金などの慶弔見舞金を支給する要件に該当する場合は、社内規程によりその手配をします。

（2）控除項目

　扶養親族の人数によって所得税額が変わってきます。訂正記入された「扶養控除等（異動）申告書」に基づき、マスターの変更登録を行いましょう。

一方、健康保険の被扶養者については、人数が増えても減っても健康保険料に変更はありませんし、厚生年金保険の被扶養配偶者（＝第3号被保険者）について変更があっても、厚生年金保険料に変更はありません。

2 所得税に関する手続き

所得税法上の扶養親族に変更がある場合は、「扶養控除等（異動）申告書」に訂正をしてもらいます。

3 健康保険・厚生年金保険に関する手続き

健康保険の被扶養者、厚生年金保険の被扶養配偶者に該当する場合は、**図表2-27**の手続きが必要です。対象家族の続柄や収入状況に応じて、確認書類を添付する必要がありますので、確認をしてから手続きを行ってください。

図表2-27　扶養家族に異動があったときの手続き

	提出する届書等	届出先
健康保険	健康保険被扶養者（異動）届	健康保険組合（協会けんぽの場合は、年金事務所へ届け出ることにより完了）
厚生年金保険	国民年金第3号被保険者届	年金事務所

Check!

➡ 扶養家族に変更があると、さまざまな手続きが必要です。制度によって要件が異なり、ケースによって必要書類も異なりますので、注意して手続きを進めていきましょう。

Q2-15 | 扶養家族となる基準（基準の違い）

Q 税法上の扶養と健康保険上の扶養の基準は異なると聞きました。どのような違いがあるのでしょうか。

A さまざまな違いがあります。従業員から問合せや確認があった場合は、どちらの扶養のことを指しているのかをまず把握する必要があります。

解 説

それぞれの基準の違いをまとめると、**図表2-28**のようになります。

図表2-28　扶養家族となる基準の違い

	所得税・住民税	健康保険・厚生年金保険
名称	・控除対象配偶者 ・扶養親族	・被扶養者 ・国民年金第3号被保険者
対象	所得（収入から給与所得控除等を差し引いた額）	収入
基準額	年間の合計所得金額が38万円以下（給与収入だけの場合は103万円以下）	年間収入が130万円未満（60歳以上または障害者の場合は180万円未満）
基準となる期間	その年の1～12月までの所得	原則は年単位だが、実務的には月単位で見る場合が多い
含めるもの・含めないもの	所得に含めなくてよいもの ・失業給付 ・遺族年金 ・通勤手当 ・出産手当金 ・傷病手当金 ・育児休業給付金　など	収入に含めるもの ・失業給付 ・遺族年金 ・通勤手当 ・出産手当金 ・傷病手当金 ・育児休業給付金　など

図表 2 - 29　配偶者が退職して無収入となるケース

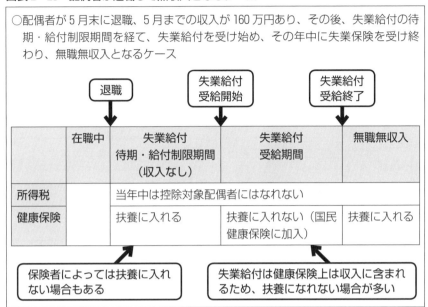

○配偶者が 5 月末に退職、5 月までの収入が 160 万円あり、その後、失業給付の待
　期・給付制限期間を経て、失業給付を受け始め、その年中に失業保険を受け終
　わり、無職無収入となるケース

	在職中	失業給付 待期・給付制限期間 （収入なし）	失業給付 受給期間	無職無収入
所得税		当年中は控除対象配偶者にはなれない		
健康保険		扶養に入れる	扶養に入れない（国民 健康保険に加入）	扶養に入れる

退職 → 失業給付受給開始 → 失業給付受給終了

保険者によっては扶養に入れ
ない場合もある

失業給付は健康保険上は収入に含まれ
るため、扶養になれない場合が多い

※　典型的なケースを示しています。失業給付の金額や保険者ごとの規約によって
　は取扱いが異なる部分がありますので、確認のうえ手続きを進めてください。

　このような違いがありますので、健康保険上は扶養になるが、税法上の扶養
にはならない、またその逆になるケースもあります（**図表 2 - 29** 参照）。

Check!

➡ **従業員は、税法上の扶養と健康保険上の扶養の基準は異なるということを正
確に知らないまま問い合わせてくることが多いため、今の状況や今後の見込
みをよく確認して手続きを進めていきましょう。**

➡ **一般的な傾向としては、従業員は年末調整の時期には税法上の扶養につい
て、それ以外の時期については健康保険上の扶養について尋ねてくることが
多いようです。**

Q2-16 | 税法上の扶養基準

Q 税法上の扶養基準とは、どのようなものでしょうか。

A 控除対象配偶者と、配偶者以外の家族である控除対象扶養親族とに、それぞれいくつかの要件があります。

解 説

1 控除対象配偶者

（1）控除対象配偶者とは

　控除対象配偶者は、合計所得金額が1,000万円以下である所得者（社員）の配偶者であり、かつ、その年の12月31日において、**図表2-30**の要件のすべてに当てはまる人のことをいいます。

図表2-30 控除対象配偶者の要件

① 民法の規定による配偶者であること（※1）
② 納税者と生計を一にしていること
③ 年間の合計所得金額が48万円以下（※2）であること
④ 青色申告者の事業専従者としてその年を通じて一度も給与の支払を受けていないことまたは白色申告者の事業専従者でないこと

※1　内縁関係の人は該当しません。
※2　給与のみの場合は給与収入が103万円以下。

（2）源泉控除対象配偶者とは

　源泉控除対象配偶者は、合計所得金額が900万円以下である給与所得者（社

員）と生計を一にする配偶者（青色申告者の事業専従者としてその年を通じて一度も給与の支払を受けていないことまたは白色申告者の事業専従者でない人に限ります）であり、かつ、その年の合計所得金額が48万円超95万円以下（給与のみの場合は給与収入103万円超150万円以下）の人をいいます。

分かりやすくいうと、「控除対象配偶者として38万円の所得控除（配偶者控除）は受けられないが、満額38万円の配偶者特別控除を受けられる人」となります。

図表2-31　控除対象配偶者と源泉控除対象配偶者の違い

種類	配偶者の所得要件	社員の所得要件	適用控除額
控除対象配偶者	合計所得金額 48万円（給与収入103万円）以下	合計所得金額 1,000万円（給与収入1,195万円※）以下	配偶者控除 38万円
源泉控除対象配偶者	合計所得金額 48万円超95万円（給与収入103万円超150万円）以下	合計所得金額 900万円（給与収入1,095万円※）以下	配偶者特別控除 38万円

※　所得金額調整控除の適用がある場合は、15万円加算となります。

2　控除対象扶養親族

（1）控除対象扶養親族とは

その年の12月31日において、**図表2-32**の要件のすべてに当てはまる人です。

図表2-32　控除対象扶養親族の要件

①	配偶者以外の親族（6親等内の血族および3親等内の姻族をいいます）であること（※1）
②	納税者と生計を一にしていること
③	年間の合計所得金額が48万円以下であること（※2）
④	その年12月31日現在の年齢が16歳以上であること

┌───┐
│ ⑤ 青色申告者の事業専従者としてその年を通じて一度も給与の支払を受けてい │
│   ないことまたは白色申告者の事業専従者でないこと │
└───┘

※1 都道府県知事から養育を委託された児童（いわゆる里子）や、市町村長から養護を委託された老人も含まれます。

※2 給与のみの場合は給与収入が 103 万円以下。

（2）扶養親族とは

　控除対象扶養親族の要件のうち、「その年 12 月 31 日現在の年齢が 16 歳以上であること」の要件から外れた人をいいます。つまり、15 歳以下（中学生以下）の年少者も、年少扶養親族として扶養親族に含まれることになります。年少扶養親族は、所得税の税額計算における扶養親族の数に応じた所得控除の対象には含まれませんが、障害者控除など、その扶養親族の状況に応じた所得控除の適用を受けることができます。

　なお、年少扶養親族は、住民税の税額計算における「住民税非課税限度額」の対象に含まれますので、扶養控除等申告書で申告された年少扶養親族を源泉徴収票に反映させる必要があります。

▮ Check!

➡ 所得税法上の扶養は、その年の 1 ～ 12 月までの所得がいくらかという見方をします。たとえば退職するなどして収入がなくなる場合でも、その年の給与収入がすでに 103 万円を超えていれば、その年は扶養に入ることができません。

➡ 年齢 16 歳未満の扶養親族（年少扶養親族）については、控除対象扶養親族にはなりません。

Q2-17 健康保険上の扶養基準

Q 健康保険上の扶養基準は、どのようなものでしょうか。

A 一定の範囲の家族であることと、収入条件があります。

解 説

被保険者の収入により生計を維持されている75歳未満の方は、下記の基準を満たして被扶養者と認定されれば、被保険者に準じた各種健康保険の給付を受けることができることになります。

1 被扶養者の範囲

対象となる家族の範囲は、**図表2-33**のとおりです。

図表2-33 被扶養者の範囲

被保険者と同居している必要がない者	・配偶者 ・子、孫および兄弟姉妹 ・父母、祖父母などの直系尊属
被保険者と同居していることが必要な者	・上欄以外の3親等内の親族（伯叔父母、甥姪とその配偶者など） ・内縁関係の配偶者の父母および子（当該配偶者の死後、引き続き同居する場合を含む）

2 収入基準

　年間収入130万円未満（60歳以上または障害者の場合は、年間収入180万円未満）であって、同居・別居の場合に応じてそれぞれ**図表2-34**の条件を満たす必要があります。

図表2-34　収入要件

同居の場合	収入が被保険者の収入の2分の1未満であること
別居の場合	収入が被保険者からの仕送り額未満であること

3 国民年金第3号被保険者について

　厚生年金保険の扶養制度として、国民年金第3号被保険者制度があります。収入基準は上記 2 と同様ですが、対象となるのは配偶者のみです。認定を受けると、保険料を負担することなく国民年金の給付を受けられる期間となります。それぞれのおおまかな違いをまとめると、**図表2-35**のようになります。

図表2-35　被扶養者と国民年金第3号被保険者の違い

	名　称	制　度
健康保険	被扶養者	被保険者の収入により生計を維持されている75歳未満の方
厚生年金保険	国民年金第3号被保険者	65歳未満の厚生年金保険被保険者の被扶養配偶者で、20歳以上60歳未満の方

Check!

➡ 健康保険の扶養になるためには、保険者の認定を受ける必要があります。保険者によって、ケースによって、収入状況についての確認書類が異なりますので、確認して手続きを行いましょう。

第**5**節

一定年齢到達時の手続き

Q2-18 | 社員が一定年齢に達したときの注意点と手続き

Q 社員が一定年齢に達したときに、それぞれ手続きが必要と聞きました。これらの手続きはどのようなものですか。

A 40歳、60歳、65歳、70歳、75歳などの年齢に達するごとに、必要な手続きがあります。

解 説

　一定年齢に到達した際の必要な手続きをまとめると、**図表2-36**のとおりとなります。

　各保険制度によって、被保険者となる年齢や被保険者として資格喪失となる年齢が微妙に異なっていますので、よく確認のうえ手続きを行っていく必要があります。

図表2-36　一定年齢に到達した際の必要な手続き

40歳（介護保険料の控除開始）	給与計算	介護保険料の控除を開始（誕生日の前日が属する月の翌月から）
	介護保険	介護保険の第2号被保険者となるが、届け出は不要
60歳（定年再雇用で給与が下がるケース）	給与計算	基本給等の変更の確認 同日得喪（**Q2-19 1**参照）に該当する場合は、翌月から社会保険料の変更

	社会保険	同日得喪手続き
	雇用保険	高年齢雇用継続給付の受給申請手続き
65歳（介護保険料の控除終了）	給与計算	介護保険料の控除を終了する（誕生日の前日が属する月にて控除終了）
	介護保険	介護保険の第2号被保険者から第1号被保険者となるが、届け出は不要
70歳（厚生年金保険の資格喪失）	給与計算	厚生年金保険料の控除を終了する
	厚生年金	厚生年金保険　資格喪失届 70歳以上　被用者該当届
75歳（健康保険の資格喪失）	給与計算	健康保険料の控除を終了する
	健康保険	健康保険　被保険者資格喪失届

　なお、社員が60歳に達したときの手続きについては、次問（**Q2-19**）で詳しく解説します。

Check!

➡ 年齢ごとにさまざまな手続きがありますが、給与計算システムなどが生年月日に基づき自動に判別してくれるものもあります。給与計算システムの機能も合わせて確認しておきましょう。

➡ 給与計算システムが自動判別してくれると言っても、生年月日の登録が誤っていると誤った処理となってしまいます。生年月日を間違いなく登録することも、給与計算業務において重要な作業です。

Q2-19 | 社員が60歳に達したときの手続き

Q 社員が60歳に達したときの手続きは、どのようなものですか。

A 社会保険の「同日得喪」と雇用保険の高年齢雇用継続給付についての手続きが必要となる場合があります。

解 説

定年再雇用されると給与額が下がるケースが多いですが、このときに健康保険・厚生年金保険の同日得喪と雇用保険の高年齢雇用継続給付の対象となる場合があります。

なお、労働時間が減少するなどして、社会保険を資格喪失する場合もありますが（どのような場合に資格喪失となるかについては **Q2-4** 参照）、引き続きすべての社会保険に加入する場合という前提で、以下解説していきます。

1 健康保険・厚生年金保険の同日得喪

（1）同日得喪とは

定年再雇用されて給与が下がる場合、固定的賃金の変更となりますが、3か月待って、随時改定に該当するかどうかを判断するまでは、標準報酬月額は従前の高いままの状態が続きます。

給与が下がるにもかかわらず、控除される社会保険料が高いままとなってしまうことを解消するため、被保険者資格を一旦喪失、同日付にて再取得することにより、定年再雇用後の低下した給与額に応じた標準報酬に変更する手続きを行うことができます。

この手続きのことを「同日得喪」といいます。

図表2-37　同日得喪の手続き

	提出する届書等	届出先
健康保険	• 被保険者資格喪失届 • 被保険者資格取得届 • 保険証	健康保険組合（協会けんぽの場合は、年金事務所へ届け出ることにより完了）
厚生年金保険	• 被保険者資格喪失届 • 被保険者資格取得届	年金事務所

（2）申請手続き

資格喪失届と資格取得届を同時に提出します（**図表2-37**参照）。

なお、被扶養者がいる場合は、「被扶養者（異動）届」の提出も必要です。

2　高年齢雇用継続基本給付金の申請

（1）高年齢雇用継続基本給付金とは

60歳以降の給与が60歳時点に比べて、75％未満に低下した状態で働き続ける場合に支給されます。支給額は、60歳以上65歳未満の各月の賃金が60歳時点の賃金の61％以下に低下した場合は、各月の賃金の15％相当額となり、60歳時点の賃金の61％超75％未満に低下した場合は、その低下率に応じて、各月の賃金の15％相当額未満の額となります。

（2）申請手続き

申請は、対象者について受給資格があるかなどの手続きをまず行い、その後2か月に1回ごとに、給付金の申請手続きを行っていきます（**図表2-38**参照）。

図表 2 - 38　高年齢雇用継続給付の手続き

	提出する届書等	届出先
雇用保険（最初の申請）	• 高年齢雇用継続給付受給資格確認票・（初回）育児休業給付金支給申請書 • 60 歳到達時賃金月額証明書	ハローワーク
雇用保険（2 か月に 1 回の申請）	• 高年齢雇用継続基本給付金支給申請書	ハローワーク

※　下記①②いずれの方法も可能です。
　　①　60 歳に達した後、ただちに受給資格の確認のみを行う
　　②　60 歳に達した後、2 か月を経過した際に、受給資格の確認と第 1 回の支給申請
　　　を同時に行う

Check!

➡ 同日得喪は、義務ではなく任意です（申請してもしなくてもよい）。中には
社会保険料が下がらなくても、標準報酬が高いままのほうがいいという場合
もありますので、本人の意向を確認するようにしましょう。

➡ 過去に定年再雇用者がいなかったため、同日得喪や高年齢雇用継続給付の手
続きの存在を知らず、手続きを怠ってしまっているケースがたまに見られま
す。本人にとっては不利益となる場合がありますので、漏れなく手続きを行
いましょう。

第6節

その他のケース

Q2-20 | 社員が役員に昇格するとき

Q 社員が役員に昇格するときの手続きは、どのようなものがありますか。

A 純粋に取締役となる場合と、取締役兼営業部長など兼務役員といった立場で労働者としての働き方が残る場合についてでは、手続きが異なりますので、よく確認をしたうえで慎重に手続きを行いましょう。

解説

1 給与計算について

給与支給額が変更になるとともに、支給項目が「役員報酬」に変更となる場合が多いでしょうから、誤りのないように入力処理を行いましょう。

控除項目の中では、雇用保険を資格喪失する場合は、雇用保険料の徴収をゼロとする処理が必要です。

2 各種手続きについて

（1）健康保険・厚生年金保険に関する手続き

特に手続きはありません。健康保険・厚生年金保険については、労働者か役員か否かにかかわらず加入義務がありますので、引き続き加入となります。

（2）雇用保険に関する手続き

雇用保険は労働者のみが加入できる制度ですので、資格喪失の手続きを行う必要があります。

（3）労災保険に関する手続き

労災保険も労働者のみが加入できる制度ですので、非加入者となります。ただし、労災保険には元々資格取得・資格喪失の手続きはありませんので、特に手続きは必要ありません。

この他、労災保険は本人負担分がありませんので、給与計算には直接関係はありませんが、会計上、事業主負担分を計上している場合は、計上しないように処理する必要があります。

3 兼務役員の場合など労働者として業務を行う実態がある場合

（1）健康保険・厚生年金について

健康保険・厚生年金保険については、労働者・役員・兼務役員などにかかわらず加入義務があり、引き続き加入となるため、手続きはありません。

（2）雇用保険について

取締役兼営業部長など、役員だけでなく、労働者部分を兼務している場合は、雇用保険を資格喪失せずに加入し続けることも可能な場合があります。

「兼務役員実態証明」という手続きをハローワークに対して行うほか、給与計算上は、役員報酬を除いて労働者として支払われる賃金額の部分に雇用保険料率をかけて雇用保険料を算出する必要があります。

（3）労災保険について

中小零細企業では、工場の現場などで従業員と同様に働く役員もいます。このようなケースで労働災害が起きた場合に補償が受けられるようにするため、労災保険の特別加入制度があります。

労働保険事務組合に加入して事務処理を委託するなどさまざまな要件がありますので、確認してみましょう。

➡ 健康保険・厚生年金保険については役員になっても引き続き加入ですが、雇用保険・労災保険は労働者であることが加入要件ですので、資格喪失となります。

➡ 役員であっても、労働者部分が残り、兼務役員となるようなケースについては、引き続き雇用保険・労災保険に加入できる場合があります。

Q2-21 社員の氏名や住所が変わったとき

Q 社員の氏名や住所が変わったときの手続きは、どのようなものがありますか。

A 氏名の変更、住所の変更、それぞれ必要な手続きがあります。

解説

1 氏名が変更になったとき

（1）給与計算について

給与計算そのものには影響ありません。マスターデータの氏名を間違いなく変更しておきましょう。なお、振込先口座の名義変更もあわせて確認し、変更時期に合わせてマスターデータを変更します。

（2）各種手続きについて

図表2-39のとおりとなります。

図表で示すとおり、協会けんぽの場合は、被保険者の氏名変更があっても原則として届け出不要です。婚姻などの事情により氏名が変わる場合、最初に本人は市区町村役所に届け出を行いますが、その情報はマイナンバーを通じて地方公共団体システム機構から日本年金機構および協会けんぽに情報提供がなされます。これにより協会けんぽの場合は会社からの届け出は不要となっています。通常は、本人の市区町村役所への届け出後2～3週間ぐらいで氏名変更後の健康保険証が会社に届きますが、もし急ぎの場合は、自主的に届け出をしたほうがいいでしょう。

被扶養者については、協会けんぽであっても氏名変更の届け出省略は行われ

ないため、被扶養者異動届により変更の届け出を日本年金機構へ行う必要があります。

2 住所が変更になったとき

(1) 給与計算について

給与計算そのものには影響ありません。マスターデータの住所を間違いなく変更しておきましょう。通勤手当等に変更があれば、合わせて届け出を提出してもらい、新たな金額を入力します。

(2) 各種手続きについて

図表2-40のとおりとなります。

氏名変更と同様、協会けんぽの場合は、住所変更にかかる届け出は原則不要となりました。ただし、例外として、次に該当する場合は日本年金機構への届け出が必要になります。

・マイナンバーと基礎年金番号が結びついていない被保険者（マイナンバー未収集者）

・マイナンバーを有していない海外居住者

・短期在留外国人

図表2-39　氏名変更時の手続き

	手続き	備考
健康保険	被保険者氏名変更届	**協会けんぽの場合**…手続きは原則不要 **健康保険組合の場合**…本人から健康保険証を回収し、氏名変更届とともに提出することにより、新たな保険証が発行されます
厚生年金保険	なし	年金手帳の氏名表記は、原則として事業主において行うこととされていますが、本人が記入しても差し支えありません
雇用保険	なし	資格喪失時や雇用継続給付（育児休業給付金等）の申請のときに変更後の氏名で届け出をします

図表2-40 住所変更時の手続き

	手続き	備考
健康保険	被保険者住所変更届	**協会けんぽの場合**…手続きは原則不要 **健康保険組合の場合**…住所変更届が必要な場合と必要でない場合があります。各健康保険組合のルールに従ってください
厚生年金保険	なし	—
雇用保険	なし	—

Check!

➡ 給与計算そのものに直接関係がない場合がありますが、社会保険についての各種変更手続きを忘れずに行いましょう。

Q2-22 | 社員が私傷病などで欠勤・休職するとき

Q 社員が病気で欠勤、休職する見込みとなりました。必要な手続きはどのようなものですか。

A 健康保険から傷病手当金が支給される場合がありますので、手続きを行います。

解 説

私傷病（労働者のケガや病気のうち、業務に起因しないもの）による欠勤、休職で無給となる場合、健康保険から傷病手当金が支給されます。

1 給与計算について

（1）支給項目

私傷病での欠勤・休職期間の一部を有給とする例もあるようですが、ほとんどの企業は無給としているでしょう。この場合は、休業期間に応じて、支給額をゼロとする処理が必要です。

（2）控除項目

私傷病による欠勤・休職期間について、社会保険料は免除されません。給与から控除ができないため、その都度振り込んでもらう、会社が立て替えておき復帰後に徴収するなど、取決めをしておく必要があります。

住民税についても同様です。

2 傷病手当金の申請

（1）傷病手当金とは

私傷病による欠勤・休職期間について給与が支給されない場合、これに対す

る補塡のための給付金として**傷病手当金**が支給されます。連続して３日間（待期期間）休んだ後、４日目以降の仕事に就けなかった日に対して支給され、支給開始した日から最長１年６か月支給されます。

　１日当たりの支給金額は、下記計算式のとおりです。

支給開始日の以前 12 か月間の 各標準報酬月額を平均した額	$\div$ 30 日 $\times$ （2／3）

※　支給開始月以前の期間が 12 か月に満たない場合は計算方法が異なります。

　なお、休んだ期間についての給与の支払いがあっても、その給与の日額が傷病手当金の日額より少ない場合は、傷病手当金と給与の差額が支給されます。

（2）申請手続き

　申請手続きは、主治医の証明をもらったうえで、事業主が給与の支払状況などの証明を行った後、協会けんぽ（または健康保険組合）に対して行います。何か月かまとめて申請をすることも可能ですが、給与計算の締め日に合わせて１か月に１回申請するのが通例です。

Check!

➡ 私傷病による欠勤・休職期間については、産休・育休期間と違って社会保険料は免除になりません。

Q2-23 | 社員が業務上の傷病で欠勤・休職するとき

Q 社員が業務上の傷病で休業する見込みとなりました。必要な手続きはどのようなものですか。

A 労災保険から休業補償給付が支給される場合がありますので、手続きを行います。

解説

業務上の傷病による欠勤・休業で無給となる場合、労災保険から**休業補償給付**が支給されます。

なお、たとえば社有車で移動中に交通事故に遭ったというような第三者がからむ負傷の場合は、相手方の自動車保険等から補償がなされるケースもあります。この場合は、労災保険からの休業補償給付は受けられないため、手続きを行う必要ありません。状況をよく確認したうえで、手続きを行いましょう。

1 給与計算について

(1) 支給項目

業務上の傷病による休業期間を有給とする例もあるようですが、ほとんどの企業は無給としているでしょう。この場合は、休業期間に応じて、支給額を0円とする処理が必要です。

なお、下記 **2** のとおり、休業補償給付は4日目以降が支給対象となりますので、最初の3日分については、会社が休業補償（平均賃金の60％以上）を行う必要があります。

(2) 控除項目

業務上の傷病による休業期間について、社会保険料は免除されません。給与

から控除ができないため、その都度振り込んでもらう、あるいは会社が立て替えておいて復帰後に徴収するなど、取決めをしておく必要があります。住民税についても同様です。

2 休業補償給付の申請

(1) 休業補償給付とは

業務上の傷病による休業期間について給与が支給されない場合、これに対する補填のための給付金として「休業補償給付」が支給されます。3日間（待期期間）休んだ後、4日目以降の仕事に就けなかった日に対して、下記計算式のとおり支給されます。

> 休業（補償）給付＝（給付基礎日額の60％）×休業日数
> 休業特別支給金＝（給付基礎日額の20％）×休業日数

(2) 申請手続

申請手続は、主治医の証明を受領したうえで、事業主が給与の支払状況などの証明を行った後、労働基準監督署に対して行います。何か月かまとめて申請をすることも可能ですが、休業が長期にわたる場合、給与計算の締め日に合わせて1か月に1回申請するのが通例です。

3 その他の手続き

給与計算に直接関係してくるわけではありませんが、労災事故で休業が発生するケースはさまざまな手続きが必要です。

(1) 治療費についての手続き

業務上の傷病については、原則自己負担なしで治療を受けることができます。療養補償給付たる療養の給付請求書を病院に提出するなどの手続きが必要です。

(2) 労災事故が発生したことの報告

労働者死傷病報告を労働基準監督署に提出する必要があります。この手続き

を怠ると、いわゆる「労災隠し」として事業主責任が問われることがありますので注意が必要です。

Check!

➡ 第三者によって負傷した場合は、業務上であっても休業補償給付の手続きを行う必要がないケースもあります。

Q2-24 | 社員やその家族が死亡したとき

Q 社員やその家族が死亡したときの手続きは、どのようなものですか。

A 社員が死亡したときは、通常の退職手続きのほかに行う手続きがあります。社員の家族が死亡したときは、その扶養の状況などにより、いくつかの手続きがあります。

解 説

1 社員が死亡したとき

(1) 給与計算について

社員が死亡により退職することとなった場合、通常の退職時の処理のほか、年末調整を行わなければなりません。

(2) 健康保険・厚生年金保険に関する手続き

通常の退職時と同様、資格喪失の手続きを行うほか、健康保険から埋葬料が支給されますので手続きが必要です。また、一定の遺族には遺族年金が支給される場合がありますが、この手続きは、原則として事業主が行うものではなく、家族が直接年金事務所にて手続きを行うものです。

なお、業務災害が原因で死亡された場合は、労災保険から遺族補償年金などの給付を受けられる場合がありますので、この手続きを行います。

(3) 雇用保険に関する手続き

離職票の発行は必要ありませんので、資格喪失手続きだけ忘れずに行いましょう。

2 社員の家族が死亡したとき

（1）給与計算について

　死亡した家族が家族手当の支給の対象となっていたか否かを確認し、該当する場合は、手当額変更の処理を行います。また、扶養家族でなくても慶弔見舞金を支給する要件に該当する場合は、社内規程によりその手配をします。

　また、死亡した家族が控除対象配偶者や控除対象扶養親族であった場合、年の途中の死亡であっても、その年については、配偶者控除や扶養控除などの控除を受けることができます。

（2）健康保険・厚生年金保険に関する手続き

　死亡した家族が健康保険の被扶養者であった場合は、被扶養者から削除する手続きが必要ですので、該当の方の保険証を添付して、「健康保険被扶養者（異動）届」の手続きを行います。また、健康保険から、家族埋葬料が支給されますので、こちらの手続きも必要です。

　なお、被扶養配偶者（国民年金第3号被保険者）が死亡した場合は、国民年金第3号被保険者死亡届の提出が必要です。

Check!

➡ ご遺族にとっては、会社に関係する以外にもさまざまな手続きがあります。漏れなどのないよう慎重に手続きを行いましょう。

第3章

1年間の手続き編

——ある社員の入社から退職まで

Q3-1 | 月ごとの手続きは

Q 給与計算に関して、毎月どのような手続きが必要なのか、わかりやすく説明していただけますか。

A 以下では、1人の社員の身に起きる出来事を、4月（入社月）から翌年3月（退職月）までの1年間に凝縮して、説明することとします。

解 説

4月1日付けで正社員として入社した横浜次郎さんを例に、その入社から退職（翌年3月31日）までの給与計算と、それに関連する手続きについて、具体的に確認していきましょう。

【設例】

横浜次郎（年齢35歳）	
扶養家族	配偶者：花子（専業主婦） 子：一郎（5歳）
入社時の給与	基本給300,000円　家族手当15,000円　通勤手当4,800円
給与改定月	10月
賞　与	支給日（12月10日）時点の基本給1か月分を支給（対象期間1〜12月）
退職金	あり（退職時基本給×勤続年数）
有給休暇	入社後6か月経過時に10日付与

1　4月（入社月）の給与計算で行うこと

（1）社会保険の標準報酬月額の決定と届け出

基本給 300,000 円、家族手当 15,000 円、通勤手当 4,800 円の合計額は 319,800 円です。これを「標準報酬月額保険料額表」にあてはめて、標準報酬月額を求めます（わからないときは **Q1-7 1** 参照）。

社会保険（健康保険・介護保険・厚生年金保険）の標準報酬月額は 320,000 円となりますので、「被保険者資格取得届」に必要事項を記入して年金事務所や健康保険組合に届け出します。配偶者と子どもを健康保険の被扶養者とする場合には、「被扶養者異動届」も合わせて提出します。同時に配偶者について「国民年金第 3 号被保険者資格取得届」も提出します。

また、ハローワークに雇用保険の「被保険者資格取得届」も提出します。

上記届け出と並行して、給与ソフトに個人情報・給与情報や社会保険の標準報酬月額を登録していきます。

（2）住民税の確認

横浜次郎さんの現在の住民税の納付状況について本人に確認します（わからないときは **Q1-9 1** 参照）。

確認の結果、次のことがわかりました。

- 前職の会社で一括徴収済み
- 住民税新年度である 6 月以降の住民税から給与控除（特別徴収）希望

以上のことから、4 月、5 月で給与から控除すべき住民税は 0 円であり、また、6 月以降の給与控除のために「特別徴収切替届」を市区町村役所に提出しなければならないことがわかります。

（3）所得税の確認

本人に「給与所得者の扶養控除等（異動）申告書」を提出してもらいます（わからないときは **Q1-8** 参照）。

本人の年間所得は 900 万円以下で、かつ、花子さんは収入がないので「控除対象配偶者」となります（わからないときは **Q2-16 1** 参照）。子どもの一郎さ

んは16歳未満のため控除対象ではない「扶養親族」となります（わからないときは**Q2-16** **2**参照）。それぞれ給与ソフトの扶養家族欄に情報を登録します。

（4）給与計算結果の確認

横浜次郎さんの4月給与明細は、**図表3-1**のようになります。

図表3-1　横浜次郎さんの入社月の給与明細

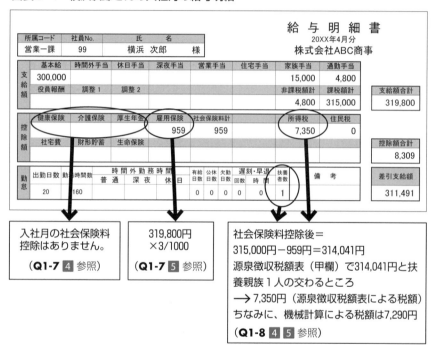

2　5月（入社翌月）の給与計算で行うこと

（1）社会保険料の確認

社会保険加入日の翌月から保険料控除が始まりますので、今回の例では5月給与計算から控除開始となります。

第6章**資料1**の協会けんぽ（東京都）の「標準報酬月額保険料額表」を例にすると、標準報酬月額320,000円のときの本人負担の保険料は、以下のように

なります。

- 健康保険料：15,744円
- 介護保険料：0円（40歳未満のため対象外）
- 厚生年金保険料：29,280円

（2）給与計算結果の確認

横浜次郎さんの5月給与明細は、**図表3-2**のようになります。

図表3-2　横浜次郎さんの入社翌月の給与明細

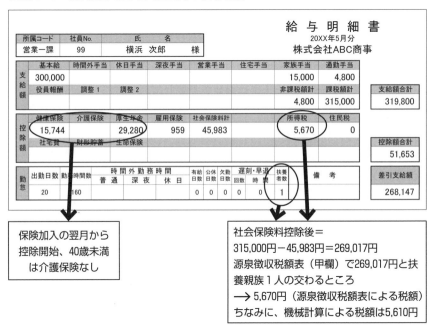

（3）住民税通知書の配付とマスター登録

横浜次郎さんを含め、住民税を特別徴収している社員全員分の新年度の住民税通知書が5月ごろに会社宛に届きます。給与計算担当者は、税額通知に従って各人の住民税情報を給与ソフトに登録します。税額の12等分の端数が6月に寄せられていますので、多くの場合、6月と7月以降で控除する住民税の額

が異なります。それぞれ正しく登録しておきましょう。

なお、通知書は会社控えと本人控えがありますので、本人控え部分を切り取って各自に配付することも忘れないようにしましょう。

3 6〜7月の給与計算で行うこと

（1）新年度住民税の控除（6月）

横浜次郎さんを含め、住民税を特別徴収している社員全員分の新年度の住民税が6月分の給与計算に正しく反映されているか確認します。

（2）住民税の控除額変更（7月）

多くの人の7月以降の住民税の額が変わっているはずですので、全員の住民税控除額が7月分の給与計算に正しく反映されているか確認しましょう。8月以降は、税額が変更になった人だけ通知書が送られてきますので、随時、控除する税額を変更していきます。

（3）算定基礎届の作成と提出（原則7月10日まで）

6月ごろに年金事務所や健康保険組合から定時決定を行うための「算定基礎届」という用紙（または磁気媒体）が届きますので、該当者全員の4月、5月、6月の給与情報を記入して保険者に提出します（わからないときは **Q1-32** 参照）。

（4）労働保険の年度更新（原則7月10日まで）

6月ごろに都道府県労働局から労働保険 概算・確定保険料申告書という書類が事業所あてに届いているはずですので、労働保険の対象者全員の前年4月から当年3月までの賃金を集計し申告書を作成、保険料を納付します（わからないときは **Q1-34** 参照）。

（5）源泉所得税の納付（納期の特例を選択している場合7月10日まで）

源泉所得税は原則として給与支払月の翌月10日までに納めますが、小規模事業所で納期の特例を選択している場合は、半年分をまとめて7月10日、1月10日（または1月20日）までに納めます。選択事業所の場合は、1月から6月で控除した源泉所得税を集計して7月10日までに納付することを忘れないようにしましょう（わからないときは **Q1-15 2** 参照）。

4 8〜9月の給与計算で行うこと

（1）標準報酬の変更確認

　算定基礎届を期限どおりに提出していれば、8月から9月ごろに年金事務所や健康保険組合から「被保険者標準報酬決定通知書」という書類が事業所あてに届いているはずですので、横浜次郎さんを含め、該当者全員分の新しい標準報酬が届け出どおりに反映されているか確認します。

　届け出と同じであることが確認できたら、9月以降に適用すべき新たな標準報酬月額を給与ソフトに登録しておきます。

（2）給与改定情報の入手

　横浜次郎さんは10月が給与改定となっていますので、10月給与処理を始める前に改定額の情報を入手して、給与ソフトに新しい情報を登録しておくようにしましょう。

5 10月の給与計算で行うこと

（1）社会保険料（健康保険・介護保険・厚生年金保険）の変更確認

　算定で決定した新標準報酬月額は9月から適用ですので、10月分給与で控除する保険料から金額が変更となります（わからないときは**Q1-7** 4 参照）。

　横浜次郎さんを含め、該当者全員分の新しい保険料が正しく反映されているか確認しましょう。

（2）保険料率変更の確認

　健康保険・介護保険・厚生年金保険の料率は、突然改定されることがあり、多くは3月、9月あたりで、とりわけ厚生年金保険は9月から改定されるケースが多いです。料率改定があった場合は、標準報酬月額の変更がなくとも、全員の保険料が変更となりますので、もし、9月に料率改定があった場合には、10月分の給与計算で控除する保険料の変更が正しく反映されているか確認しましょう。

　なお、料率改定は、毎月、保険者から送られてくる便りの中に書いてありま

すので、きちんと内容に目を通しておくようにしましょう。

（3）給与改定

　横浜次郎さんの10月給与が、改定内容どおりに変更されているか、給与計算書をチェックしましょう（**図表3-3**参照）。

図表3-3　横浜次郎さんの10月以降の給与条件

横浜次郎さんの10月以降の給与条件
・基本給：320,000円（20,000円アップ） ・家族手当：15,000円 ・通勤手当：4,800円

　固定給である基本給が10月に変更となりましたので、12月の給与計算が終わったら、1月給与計算を行う前に社会保険の月額変更に該当するかどうかの判定をしなければならないことをワークペーパーなどに繰り越し事項としてメモします（わからないときは**Q1-33**参照）。

6　11月の給与計算で行うこと

　年末調整関連の申告書を甲欄適用の全員に配付します（わからないときは**Q1-8 1**、**Q1-22**および**Q1-23**参照）。

　中途入社である横浜次郎さんは、前職の源泉徴収票も提出してもらう必要があります。

7　12月の給与計算で行うこと

（1）賞与計算

　入社時の情報によれば、横浜次郎さんは賞与支給日時点の基本給1か月分を賞与として受けることになっています。

　ただし、基本給1か月分の支給対象期間は1月から12月ですので、中途入社の横浜次郎さんの支給金額を期間按分する必要があります。按分の仕方は、対象期間の日数ベースや月ベースなど、会社の決めたルールに従いますが、仮

に月ベースで按分する場合の計算は、**図表3-4**のようになります。

図表3-4　賞与支給金額を月ベースで按分するときの計算例

> 賞与支給額 ＝ 320,000円 × 勤務期間9か月（4～12月 ）÷ 対象期間12か月
> （1～12月）＝ 240,000円

　現在の被保険者負担の健康保険料率が4.92％、厚生年金保険料率が9.15％。雇用保険料率が0.3％で、前月（11月）給与の社会保険料控除後の金額が311,965円と仮定した場合の賞与支給明細書は、**図表3-5**のようになります。

図表3-5　横浜次郎さんの賞与明細

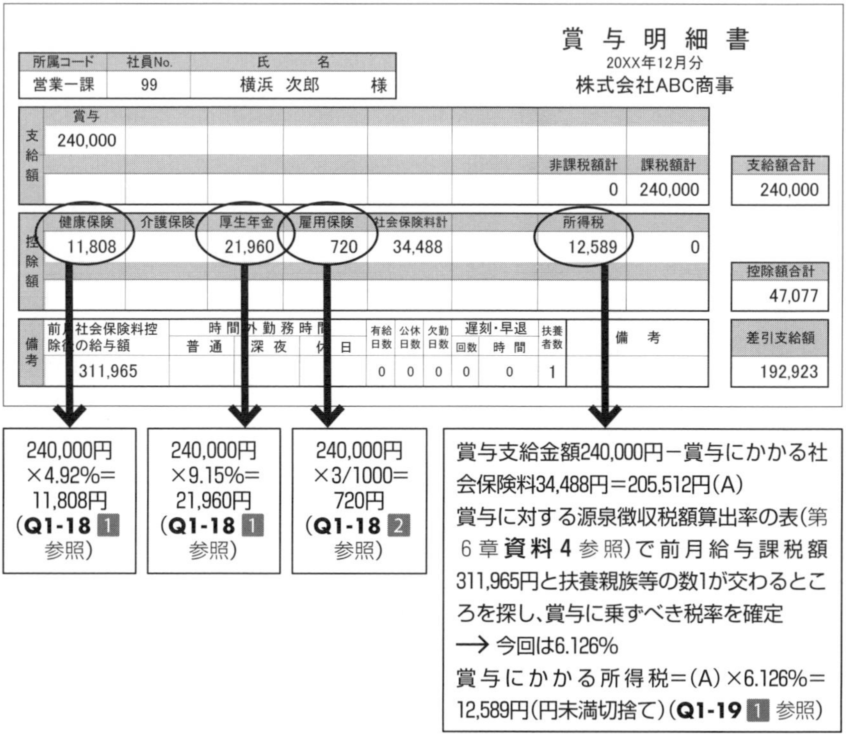

各種控除額が合っているか自分で確認できるようにしましょう。

（2）年末調整

　年末調整関連の申告書を回収し、内容のチェックを行います（わからないときは **Q1-25 ～ Q1-28** 参照）。また、横浜次郎さんの場合は、前職の源泉徴収票も回収します。

年末調整の計算の仕方は、**Q1-29** を参照しながら行ってください。

　今回の例では、前職の給与・賞与、徴収済み所得税、社会保険料もありますので、これらを当社の金額にそれぞれ合算して計算を進めます。通常の給与ソフトには前職分の情報を登録する欄がありますので、入手した源泉徴収票の情報を入力していきます。

　また、生命保険料、介護保険料、年金保険料、住宅借入金等特別控除、国民健康保険、国民年金、小規模共済掛金なども給与ソフトの指定された欄に入力してきます。通常の給与ソフトでは、金額入力さえ合っていれば、正しい控除額を自動計上してくれるはずですので、入力した保険料などの金額が合っているか全件チェックするようにしましょう。

　年末調整の計算（年税額の計算および徴収済み所得税との差額計算）が終わったら、当年の最終給与に源泉所得税の過不足額を転記して完了となります（**Q1-30** 参照）。

（3）源泉徴収票の作成

　通常の給与ソフトでは源泉徴収票の作成機能が付いていますので、年末調整が終わったら、12月給与明細と一緒に源泉徴収票を作成し、各人に配付します（**Q1-31** 参照）。

8　1月の給与計算で行うこと

（1）標準報酬月額変更の処理

　横浜次郎さんは10月に基本給の改定がありましたので、10月から12月までの3か月間の平均給与を計算して、社会保険（健康保険・介護保険・厚生年金保険）の標準報酬の随時改定（月変）に該当するかどうかの判定を行わなければなりません（**図表3－6**参照、わからないときは **Q1-33** 参照）。

図表3-6　横浜次郎さんの10月から12月までの給与支給状況

(円)

	10月	11月	12月	合計
基本給	320,000	320,000	320,000	960,000
家族手当	15,000	15,000	15,000	45,000
残業手当	18,000	23,000	31,000	72,000
通勤手当	4,800	4,800	4,800	14,400
合計	357,800	362,800	370,800	1,091,400
標準報酬月額	320,000	320,000	320,000	—

3か月平均 ＝ 1,091,400円 ÷ 3 ＝ 363,800円 ⟶ 標準報酬月額360,000円

標準報酬月額360,000円は、従前の標準報酬月額320,000円と比べて2等級以上アップしている ⟶ 月変該当

　上記の結果を月額変更届に記載し保険者に届け出るとともに、給与ソフトの標準報酬月額の金額を1月から360,000円に変更登録します。実際に給与から控除する保険料は1か月遅れで行いますので、2月給与計算から保険料の変更となります。

（2）法定調書・給与支払報告書の作成

　年末調整後に作成した源泉徴収票を会社所在地の管轄税務署に提出します。また、従業員が住んでいる各市区町村の役所に給与支払報告書を送付します（**Q1-31** 参照）。

9　2月の給与計算で行うこと

（1）社会保険料の確認

　1月に標準報酬月額の変更があったので2月給与計算の保険料から控除額が変更となります。

　第6章**資料1**の協会けんぽ（東京都）の「標準報酬月額保険料額表」を例にすると、標準報酬月額360,000円のときの本人負担の保険料は、**図表3-7**のようになります。

図表3-7　月変による標準報酬月額改定後の本人負担の保険料の額

健康保険料：	17,712円
介護保険料：	0円（40歳未満のため対象外）
厚生年金保険料：	32,940円

（2）給与計算結果の確認

横浜次郎さんの2月給与明細は、**図表3-8**のようになります。

図表3-8　横浜次郎さんの2月給与明細（月変反映後）

保険料変更

10　3月（退職月）の給与計算で行うこと

（1）退職に伴う社会保険料の確認

横浜次郎さんが3月31日付けで退職することになりました。社会保険料は1か月遅れで控除していますので、本来、3月給与で控除する保険料は2月分だけですが、最終給与から3月分の保険料も控除しなければ徴収不足となってしまいますので、2～3月の2か月分の保険料を控除します（**Q1-7 4** および **Q2-7 2** 参照）。

ただし、3月から保険料率の改定があった場合は、2月分は旧保険料率、3月分は新保険料率による保険料となりますので、必ずしもそれまで控除してきた保険料の2倍とは限らないことにも注意しましょう。

　なお、月の中途で退職の場合は、その月の末日に保険加入していませんので最終月の保険料は発生しません。仮に本ケースで横浜次郎さんが3月30日退職であれば、3月給与で控除する保険料は2月分のみとなりますので注意しましょう。

（2）住民税の確認

　退職後の住民税について、一括徴収、特別徴収継続、普通徴収のいずれを選択するか横浜次郎さんに確認します。今回の例では、1月から4月における退職ですので、原則どおり一括徴収（5月までの控除予定額を一括で徴収する方法）を選択したこととします（**Q1-9 2** 参照）。

　仮に住民税月額が8,500円の場合、3月給与から控除する住民税は、**図表3-9** のようになります。

図表3-9　横浜次郎さんの3月給与から控除する住民税

3月給与から一括控除する住民税 ＝ 8,500円 × 3か月（3〜5月分） ＝ 25,500円

　上記内容を記入した「給与所得者異動届出書」を作成して、該当の市区町村役所へ送付します。

（3）給与計算結果の確認

　横浜次郎さんの3月給与明細は、**図表3-10** のようになります。

図表3-10　横浜次郎さんの3月給与明細（退職月）

給　与　明　細　書
20XX年3月分
株式会社ABC商事

所属コード	社員No.	氏　　　　名
営業一課	99	横浜　次郎　　　様

支給額	基本給	時間外手当	休日手当	深夜手当	営業手当	住宅手当	家族手当	通勤手当
	320,000						15,000	4,800
	役員報酬	調整1	調整2				非課税額計	課税額計
							4,800	335,000

支給額合計　339,800

控除額	健康保険	介護保険	厚生年金	雇用保険	社会保険料計		所得税	住民税
	35,424		65,880	1,019	102,323		4,280	25,500
	社宅費	財形貯蓄	生命保険					

控除額合計　132,103

勤怠	出勤日数	勤務時間数	時間外勤務時間			有給日数	公休日数	欠勤日数	遅刻・早退		扶養者数	備　考
			普通	深夜	休日				回数	時間		
	20	160				0	0	0	0	0	1	

差引支給額　207,697

保険料2か月分（2月分＋3月分）控除　　　住民税3か月分（3～5月分）控除

（4）源泉徴収票の発行

　年の中途で退職した人には、その年に支給した給与・賞与、控除した社会保険料や源泉所得税の累計額などを記載した源泉徴収票を発行します。

　退職した人が同年中に他社へ就職し、年末までその転職先に在籍している場合は、本人がその転職先に源泉徴収票を提出し年末調整を受けます。退職した人が同年中に他社へ就職しなかった場合は、翌年3月に確定申告を行い最終的な所得税の精算を本人自身で行います。

（5）退職金の金額算定

　横浜次郎さんの入社時の雇用条件に従って、退職金の計算を行います。勤続年数は、前年4月1日から当年3月31日までの1年となりますので、本ケースでの退職金基本支給額は、図表3-11のようになります。

図表3-11　横浜次郎さんの退職金基本支給額

退職金基本支給額＝退職時基本給×勤続年数＝320,000円×1＝320,000円

なお、会社のルールや退職時の個別条件によっては、退職時の有給休暇未消化分を買い上げるケースもあり得ます。

　今回は横浜次郎さんの有給休暇が10日分未消化となっており、それを買い上げることを想定してみましょう。

　退職時の未消化有給休暇を買い上げる場合の1日分の金額評価について、法律での定めはありませんが、一般的には、「基本給÷月平均所定労働日数×未消化有給休暇日数」で算定します。

　本ケースにおいて、月平均所定労働日数が20日であったとして、未消化有給休暇買上げ金額を算定すると、**図表3-12**のようになります。

図表3-12　横浜次郎さんの未消化有給休暇買上げ金額

> 未消化有給休暇買上げ金額＝基本給 320,000 円÷月平均所定労働日数 20 日
> ×未消化有給休暇日数 10 日
> ＝ 160,000 円

　また、退職にあたり、これまでの功労として退職金を加算する場合や、解雇されるケースで解雇手当などが支払われる場合があります。これらは、いずれも退職に起因して支払われる手当であり、所得税法において「退職所得」に該当します。

　退職金にかかる所得税、住民税を計算する際には、未消化有給休暇買上や各種功労金、解雇手当など「退職所得」にあたるすべての手当を合算して退職金とします。

　本ケースでは、横浜次郎さんに退職特別功労金として 500,000 円の支給があったとすると、退職金の支給額は、**図表3-13**のように確定します。

図表3-13　横浜次郎さんの退職金支給額（総額）

退職金支給額＝退職金基本額320,000円＋未消化有給休暇160,000円
　　　　　　＋特別功労金500,000円
　　　　　　＝980,000円

（6）退職金から控除する税金の種類

　退職金から控除する税金は所得税と住民税のみで、社会保険料や雇用保険料は控除しません。

　また、毎月の給与から控除する住民税は市区町村役所で計算されますが（**Q1-9**参照）、退職金に関する住民税は会社が計算することになっています。

（7）退職金から控除する所得税・住民税の計算方法

　退職金の所得税を計算する際には、「退職所得の受給に関する申告書」という書類を本人から提出してもらいます。申告書は国税庁ホームページからダウンロードできますので必ず本人に記載・提出してもらうようにしましょう（**図表3-14**参照）。

　退職所得にかかる所得税および住民税は、退職手当等の金額から、その退職手当等を受けとることとなった勤続年数に応じた控除額を差し引いた額（課税退職所得金額）に基づいて税率を決定し、それぞれの税額を計算します。退職所得の受給に関する申告書の提出がないと、勤続年数に応じた控除を受けられないばかりか、退職所得支給金額に一律20.42％の税率で所得税の計算をしなければならないので、申告書の提出がある場合と比べて著しく本人に不利な結果となってしまいます。この重要性を理解して、必ず申告書の提出をしてもらうよう本人に促しましょう。

　退職所得の受給に関する申告書の提出がある場合の税金の計算式は、**図表3-15**のようになります。

図表3-14 「退職所得の受給に関する申告書」の様式

年 月 日 税務署長 市町村長 殿	年分	退職所得の受給に関する申告書 退 職 所 得 申 告 書	退職手当等受付印

退職手当の支払者の	所 在 地 （住所）	〒		あなたの	現住所	〒
	名 称 （氏名）				氏 名	㊞
	法人番号 （個人番号）	※提出を受けた退職手当の支払者が記載してください。			個人番号	
					その年1月1 日現在の住所	

	このA欄には、全ての人が、記載してください。（あなたが、前に退職手当等の支払を受けたことがない場合には、下のB以下の各欄には記載する必要がありません。）					
A	① 退職手当等の支払を受けることとなった年月日		年 月 日	③ この申告書の提出先から受ける退職手当等についての勤続期間	自 年 月 日 至 年 月 日	年
	② 退職の区分等	一般・障害 〔	生活扶助 の 有・無	うち 特定役員等勤続期間	有 無	自 年 月 日 至 年 月 日	年
				うち 重複勤続期間	自 年 月 日 至 年 月 日	年

	あなたが本年中に他にも退職手当等の支払を受けたことがある場合には、このB欄に記載してください。					
B	④ 本年中に支払を受けた他の退職手当等についての勤続期間	自 年 月 日 至 年 月 日	⑤ ③と④の通算勤続期間	自 年 月 日 至 年 月 日	年
	うち特定役員等勤続期間	有 無	自 年 月 日 年	うち 重複勤続期間	有 無	自 年 月 日 至 年 月 日	年

	あなたが前年以前4年内（その年に確定拠出年金法に基づく老齢給付金として支給される一時金の支払を受ける場合には、14年内）に退職手当等の支払を受けたことがある場合には、このC欄に記載してください。					
C	⑥ 前年以前4年内（その年に確定拠出年金法に基づく老齢給付金として支給される一時金の支払を受ける場合には、14年内）の退職手当等についての勤続期間	自 年 月 日 至 年 月 日	⑦ ③、⑥の勤続期間のうち重複している期間	自 年 月 日 至 年 月 日	年
			㋺ うち特定役員等勤続期間との重複勤続期間	有 無	自 年 月 日 至 年 月 日	年

	A又はBの退職手当等についての勤続期間のうちに、前に支払を受けた退職手当等についての勤続期間の全部又は一部が通算されている場合には、その通算された勤続期間等について、このD欄に記載してください。					
D	⑧ Aの退職手当等についての勤続期間（③）に通算された前の退職手当等についての勤続期間	自 年 月 日 至 年 月 日	⑩ ③又は⑤の勤続期間のうち、⑧又は⑨の勤続期間だけからなる部分の期間	自 年 月 日 至 年 月 日	年
	うち 特定役員等勤続期間	有 無	自 年 月 日 至 年 月 日 年	㋺ うち 特定役員等勤続期間	有 無	自 年 月 日 至 年 月 日	年
	⑨ Bの退職手当等についての勤続期間（④）に通算された前の退職手当等についての勤続期間	自 年 月 日 至 年 月 日	⑪ ⑦と⑩の通算期間	自 年 月 日 至 年 月 日	年
	うち 特定役員等勤続期間	有 無	自 年 月 日 至 年 月 日 年	㋺ ⑦と⑩の通算期間	自 年 月 日 至 年 月 日	年

	B又はCの退職手当等がある場合には、このE欄にも記載してください。								
E	区分	退職手当等の支払を受けることとなった年月日	収入金額 （円）	源泉徴収税額 （円）	特別徴収税額 市町村民税 （円）	特別徴収税額 道府県民税 （円）	支払を受けた年月日	退職の区分	支払者の所在地（住所）・名称（氏名）
	B 一般	・ ・					・ ・	一般・障害	
	B 特定役員	・ ・					・ ・	一般・障害	
	C	・ ・					・ ・	一般・障害	

（注意）1 この申告書は、退職手当等の支払を受ける際に支払者に提出してください。提出しない場合は、所得税及び復興特別所得税の源泉徴収税額は、支払を受ける金額の20.42%に相当する金額となります。また、市町村民税及び道府県民税については、延滞金を徴収されることがあります。
2 Bの退職手当等がある人は、その退職手当等についての退職所得の源泉徴収票（特別徴収票）又はその写しをこの申告書に添付してください。
3 支払を受けた退職手当等の金額の計算の基礎となった勤続期間に特定役員等勤続期間が含まれる場合には、その旨並びに特定役員等勤続期間、年数及び収入金額等を所定の欄に記載してください。

（規格A4）

図表 3−15　退職所得における所得税・住民税の計算方法

〈所得税〉

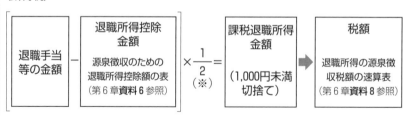

〈住民税〉

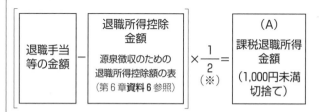

〔市町村民税・特別区民税〕＝（A）×6％（100円未満切捨て）
〔道府県民税・都民税〕　　＝（A）×4％（100円未満切捨て）
※　役員で、役員としての勤務期間が5年以下の人（特定役員）の場合は、「×1/2」は削除となります。

〈横浜次郎さんの場合〉
勤続2年以下なので、退職所得控除金額は、第6章**資料6**の「源泉徴収のための退職所得控除額の表」より800,000円となります。

〈課税退職所得金額〉

退職手当等の金額	980,000 円
退職所得控除額	800,000 円
（差引）	180,000 円
× 1／2	90,000 円（課税退職所得金額）

〈所得税〉
第6章**資料8**の「退職所得の源泉徴収税額の速算表」に課税退職所得金額の90,000円をあてはめると、税率は、5％×102.1％であることがわかります。

> 所得税＝ 90,000円× 5％× 102.1％＝ 4,594円（円未満切捨て）

〈住民税〉

> 市町村民税・特別区民税＝90,000円×6％＝5,400円（100円未満切捨て）
> 道府県民税・都民税　　＝90,000円×4％＝3,600円（100円未満切捨て）

（8）退職金にかかる源泉徴収票の発行

　給与・賞与にかかる源泉徴収票とは別に、「退職所得の源泉徴収票」を作成し、本人に交付します（**図表3-16**参照）。

図表3-16　「退職所得の源泉徴収票」の様式

令和　　年分		退職所得の源泉徴収票・特別徴収票				
支払を受ける者	住所又は居所　　　年1月1日の住所					
	氏　名	(役職名)				
区　　　　　　分		支払金額	源泉徴収税額	特別徴収税額		
				市町村民税	道府県民税	
所得税法第201条第1項第1号並びに地方税法第50条の6第1項第1号及び第328条の6第1項第2号適用分		円	円	円	円	
所得税法第201条第1項第2号並びに地方税法第50条の6第1項第2号及び第328条の6第1項第2号適用分						
所得税法第201条第3項並びに地方税法第50条の6第2項及び第328条の6第2項適用分						
退職所得控除額		勤続年数		就職年月日		退職年月日
万円		年				
(摘要)						
支払者	住所(居住)又は所在地					
	氏名又は名称		(電話)			

（受給者交付用）

　通常の給与ソフトでは退職金に関する計算機能や、源泉徴収票の作成機能が付いていないことがあります。そのときには国税庁ホームページから書式をダウンロードして作成しましょう。

（9）退職金から控除した所得税と住民税の納付

　退職金から控除した所得税と住民税は、毎月の給与と同じで、支払日の属する月の翌月10日までに納付書やインターネットバンクを利用して納付します（**Q1-15**参照）。

納付書を利用する場合、所得税については給与と同じ納付書の「退職手当等」の欄に、住民税については納付書の裏面にある退職手当に関する記載欄にそれぞれ必要事項を記入して納付します。

Check!

➡ 自社のルールに合わせた入社時・退職時チェックリストを作成して、それぞれの場面で確認すべき事項や入手書類に漏れがないようにしましょう。

➡ 給与計算や社会保険事務でミスを犯さないためには、きちんとワークペーパーを作成し、当月に行うべきこと、次月に行うべきことを整理しておくことが重要です。

➡ 給与と賞与は同じ「給与所得」に該当しますので、合算して年末調整の対象としますが、退職金は「退職所得」に該当しますので、年末調整には含めないことを理解しましょう。

第4章

今どきの労務事情編

——働き方改革・感染症対策における 給与計算・労務管理の留意点

働き方改革における
給与計算・労務管理の留意点

Q4-1 │ 働き方改革の概要

Q ここ数年、「働き方改革」という言葉をよく耳にするのですが、その概要と給与計算担当者として注意すべき点について教えてください。

> **A** 働き方改革は、少子高齢化による労働人口の減少や長時間労働が長らく問題視されてきた日本の労働環境を改善し、働く人々が個々の事情に応じた多様で柔軟な働き方を、自分で「選択」できるようにすることを目指した改革です。

解 説

　「働き方改革関連法」は、戦後の労働基準法制定以来70年ぶりの大改革と言われており、2019年4月から2024年4月にかけて順次施行されることになっています。

　概要を整理すると**図表4-1**のとおりとなりますが、解説の都合上、給与計算担当者として特に注意すべき項目を大きく2つに分けてみました。

　1つ目は「労働時間の管理」に関する改革であり、この中には、「時間外労働の上限規制」、「労働時間の状況の把握の実効性確保」、「月60時間超の時間外労働の割増率引上げ」の3つが含まれます。

　2つ目は、「多様な働き方」に関する改革であり、この中には、「高度プロフェッショナル制度の創設」、「フレックスタイム制の見直し」の2つが含まれます。いずれの項目も給与担当者として非常に関係の深い内容が盛り込まれて

図表 4 - 1　働き方改革関連法の主な項目と概要

種類	項目	概要	施行日	
			大企業	中小企業
労働時間の管理	時間外労働の上限規制（行政指導から法律への格上げ）	従来、行政指導とされてきた時間外労働の上限月 45 時間、年 360 時間を法律として定める。 特別条項は年 720 時間、単月 100 時間未満（休日労働含む）、複数月平均 80 時間（休日労働含む）を限度とする。	2019. 4	2020. 4
	労働時間の状況把握の実効性確保	現認や客観的な方法による労働時間の把握を義務とする。 把握義務の対象には管理監督者含むすべての労働者が含まれる。	2019. 4	2019. 4
	月 60 時間超の時間外労働の割増率引上げ	月 60 時間を超える時間外労働に係る割増賃金率を 50 ％以上とする。	2010. 4	2023. 4
多様な働き方	高度プロフェッショナル制度の創設	年収 1,075 万円以上の特定高度専門業務従事者に対する労働時間、休日、深夜の割増賃金等の規定を適用除外とする。	2019. 4	2019. 4
	フレックスタイム制の見直し	フレックスタイム制の清算期間の上限を 1 か月から 3 か月に延長する。	2019. 4	2019. 4
その他	勤務間インターバル（努力義務）	前日の終業時刻と翌日の始業時刻の間に一定時間の休息の確保を行う。	2019. 4	2019. 4
	同一労働同一賃金（雇用形態にかかわらない公正な待遇の確保）	短時間・有期雇用労働者・派遣労働者と正規雇用労働者との不合理な待遇差を解消する。	2020. 4	2021. 4
	限度基準適用除外見直し	自動車運転の業務、建設事業、医師等、時間外労働の限度基準適用除外を見直す。	2024. 4	2024. 4
	年次有給休暇の年 5 日時季指定義務	年 10 日以上の年休付与者に対して、毎年、時季を指定して年 5 日以上の取得をさせることを義務とする（ただし、労働者の自発的取得日および労使協定による計画的取得日は、指定義務 5 日から差し引くことができる）。	2019. 4	2019. 4
	長時間労働者の医師面接指導の見直し	長時間労働者の医師面接指導の時間外労働を月 100 時間から月 80 時間に引下げる。	2019. 4	2019. 4

図表 4-2　中小企業の範囲（①または②の条件を満たす企業）

産業分類	①資本金の額・出資の総額	②常時雇用する労働者の数
小売業 （飲食店を含む）	5,000 万円以下	50 人以下
サービス業	5,000 万円以下	100 人以下
卸売業	1 億円以下	100 人以下
その他の業種	3 億円以下	300 人以下

いますので、ここでしっかりと学習していきましょう。

　なお、各項目の施行日は、大企業と中小企業でそれぞれ異なりますが、中小企業の範囲については**図表4-2**を参照してください。

Check!

➡ **働き方改革は、給与計算担当者の行う事務にも大きな影響がありますので、ひとつひとつ確実に理解しておきましょう。**

Q4-2 | 働き方改革（労働時間の管理）

Q 「働き方改革」により、労働時間の管理が一層厳しくなったと聞きました。どのような管理を求められているのか具体的に教えてください。

A 働き方改革の重要課題のひとつとして、「長時間労働の是正」が掲げられています。従来の「時間外・休日労働に関する協定（36協定）」では、特別条項を使うことで実質的に上限なく時間外労働をさせることが可能でした。この曖昧さを解消するために、本改革では、法律上の時間外労働の上限時間を明確に示し、各企業はより正確な労働時間管理が求められることになりました。

解説

「労働時間の管理」に関する改革の中には、「時間外労働の上限規制」、「労働時間の状況の把握の実効性確保」、「月60時間超の時間外労働の割増率引上げ」があります。

1 時間外労働の上限規制

以前から、「厚生労働大臣の告示」による「行政指導」としての時間外労働の上限規制ルールは存在しましたが、これが、2020年4月以降、すべての企業に対して「法律」として明文化されました。

時間外労働の上限は、原則として月45時間・年360時間として固定化され、臨時的な特別な事情がなければ絶対にこれを超えることはできません。

新ルールでは、臨時的な特別な事情があって、原則を超える労働について労使が合意する場合であっても、①月100時間未満（休日労働を含む）、②年720時間未満、③複数月平均80時間以内（休日労働を含む）、④45時間を超える時

間外労働が可能な月は年6か月まで、の条件を満たす必要があります。会社は
これらの要件に沿った内容を労使協定（36協定）届に記載し、毎年、労働基準
監督署に届け出なければなりません。

　労働基準監督署による調査で、実際に上限を超える労働をさせた事実が発覚
した場合は、たとえその分の割増賃金を払っていたとしても、事業主は上限を
超える労働をさせたことについて罰則を受けるおそれがあります。給与計算担
当者としては、上限を超える時間外労働が発生しないよう毎月の勤怠状況を正
確に確認するようにしましょう。

2　労働時間の状況の把握の実効性確保

　労働者の健康管理の観点から、従来対象外となっていた管理監督者やみなし
労働時間制が適用される労働者についても、2019年4月以降、すべての企業
において労働時間の状況を把握することが義務付けられました。

　労働時間とは、使用者の指揮命令下に置かれている時間のことをいい、労働
者が働く時間だけではなく、それに付随する仕事の準備や片付けなどの時間、
待機時間や仮眠時間といった手待ち時間も使用者の監督・指揮命令下にあれば
労働時間となりえます。

　労働者の労働時間は、「客観的な方法」によって把握・記録し、5年間（た
だし、当面の間は3年間）保存する必要があり、これに一番有効な方法は勤怠
システムの活用です。最近では無料で使えるクラウド勤怠システムも多く出
回っていますが、導入時の設定段階で挫折し、実際に運用に至っていないケー
スも見受けられるようです。勤怠システムの導入や変更にあたっては、**図表4
-3**を参考に選定を行うとよいでしょう。

3　月60時間以上の時間外労働の割増賃金率の引上げ

　月の時間外労働が60時間を超えたときは、その超過部分の割増賃金の割増
率は50％以上となります（大企業は2010年4月施行済、中小企業は2023年4月
1日以降適用）。時間外手当の支払不足にならないように給与システムの設定状

図表4-3 勤怠システム選定の留意点

項目	留意点	ポイント
事前準備	勤怠管理の業務課題は明確になっているか？	勤怠システムは、勤怠管理の課題を解決するものです。課題が曖昧だと、システム化の効果が出にくくなります。勤怠システムの導入を検討する場合、自社で解決したい課題を明確にしておく必要があります。
	勤怠管理の運用ルールは明確になっているか？	勤怠システムの初期設定では、就業規則より詳細な運用ルールが必要となります。運用ルールが曖昧な点は設定の不備として残ります。システム稼働後にも手作業が必要となり、業務が効率化されません。
	会社の理解は得られているか？	勤怠システムは企業の業績に直接関係するものではない為、会社の理解を得づらい傾向にあります。早いタイミングで社内の調整を行い、プロジェクト化してから具体的な検討を進めることで、スムーズに導入が進むと考えられます。
製品機能	自社の働き方に合ったものか？	フレックスタイム、変形労働、シフト勤務、時短勤務など、自社の働き方に対応した労働時間が適正に集計できるかどうかの確認は必須です。休日の振替、休日出勤と代休取得、有給休暇（時間単位取得等）等の運用方法も確認が必要です。
	自社に必要な機能があるか？	打刻方法、申請承認、休暇管理、勤怠データ出力など、勤怠システムを自社で運用する場合に必要となる機能が実装されている必要があります。機能がある場合でも、その操作（運用）方法まで確認しておくと安心です。
	働き方改革への対応は可能か？	働き方改革では実績管理に加え予測管理がポイントとなります。残業超過の可能性がある場合には、月途中で注意喚起を行うことが必要です。月をまたぐ集計（年720時間以内等）ができない製品もありますので、注意が必要です。
選定要素	自社が希望するサポート内容の製品か？	勤怠システムには、自社で初期設定を行う製品と、メーカーで要件定義や初期設定を行ってくれる製品があります。自社設定の製品は初期費用がかからない（安価な）分、初期設定など担当者の負担が大きくなります。メーカー設定の製品は担当者の負担は抑えられますが、初期費用がそれなりにかかります。
	製品の実績は十分にあるか？	勤怠システムはかなり多くの製品がリリースされており、新規参入も多い分野です。サービス開始時期が早く導入実績が多い製品は、その数に比例して顧客の声が製品に反映されていますので、機能が充実している傾向にあります。
	製品稼働後の運用イメージが持てるか？	担当者のみが利用する給与システムと違い、勤怠システムは従業員全員が利用するものです。従業員の視点で使い易いものを選ぶと成功する確率が高くなります。その製品を使って勤怠管理の業務が効率化できるかどうかがポイントです。

況などを確認しましょう。

➡ 時間外労働の上限は、月 45 時間・年 360 時間です。これを超える勤務記録
　があった場合は、36 協定の合意内容に沿っているのかどうかを確認し、か
　つ速やかに当該労働者の上長などに相談して過重労働にならないように気を
　つけましょう。勤怠システムの見直しも効果的です。

➡ 中小企業でも、2023 年 4 月以降、月 60 時間以上の時間外労働に対する割増
　賃金の割増率は 50 ％以上となります。給与システムで設定変更することを
　忘れないようにしましょう。

Q4-3　働き方改革（多様な働き方）

Q　「働き方改革」により推進されている「多様な働き方」にはどのようなものがあるのか教えてください。

A　「多様な働き方」には、「高度プロフェッショナル制度の創設」と「フレックスタイム制の見直し」の２つが含まれています。

解 説

　長時間労働においては、働く人の健康をどう守るかということが最も重要な課題のひとつですが、一方、経営者側にとっても割増賃金の負担をいかに軽減するか、ということも無視できない課題のひとつとなっています。これら双方の課題を解決するために、新たな働き方のスタイルとして「高度プロフェッショナル制度」が創設され、また、従来のフレックスタイム制の清算期間が最長３か月まで拡大されました。

1　高度プロフェッショナル制度の創設

　労働基準法では、労働者を法定時間外や休日・深夜に労働させた場合、使用者に対して割増賃金の支払いを義務付けています。一方、一部の労働者には、労働時間ではなく成果で評価される働き方を望むケースもあり、深夜を含めた割増賃金の適用を除外した新たな労働時間制度として「高度プロフェッショナル制度」が2019年4月に施行されました。

（1）通常の労働時間制度との違い

　通常の労働時間制度においては、法定時間外や休日・深夜に労働させる場合、労使協定の届け出と割増賃金の支払義務が生じますが、**図表4-4**のとおり、高度プロフェッショナル制度においてはこれらの義務が免除されます。

図表4-4　通常の労働時間制度と高度プロフェッショナル制度の比較

労働制度の種類		労働時間			年次有給休暇
		時間外	休日	深夜	
通常の労働時間制度	管理監督者でない労働者	法定時間を超えて労働させる場合は、労使協定の届け出と割増賃金の支払いが必要	法定休日に労働させる場合は、労使協定の届け出と割増賃金の支払いが必要	深夜（22時〜5時）に労働させる場合は、割増賃金の支払いが必要	6か月継続勤務、かつ、8割以上出勤の場合は、最低10労働日の年休を付与
	管理監督者	適用除外（労使協定・割増賃金ともに不要）	適用除外（労使協定・割増賃金ともに不要）	同上	同上
高度プロフェッショナル制度		適用除外（労使協定・割増賃金ともに不要）	適用除外（労使協定・割増賃金ともに不要）	適用除外（割増賃金不要）	同上

（2）制度の対象となる業務

　対象となる業務は、対象業務に従事する時間に関し使用者から具体的な指示を受けて行うものは含まれず、具体的には次のような業務が対象となります。

① 　金融工学等の知識を用いて行う金融商品の開発の業務

② 　資産運用（指図を含む。以下同じ。）の業務または有価証券の売買その他の取引の業務のうち、投資判断に基づく資産運用の業務、投資判断に基づく資産運用として行う有価証券の売買その他の取引の業務または投資判断に基づき自己の計算において行う有価証券の売買その他の取引の業務

③ 　有価証券市場における相場等の動向または有価証券の価値等の分析、評価またはこれに基づく投資に関する助言の業務

④ 　顧客の事業の運営に関する重要な事項についての調査または分析および

これに基づく当該事項に関する考案または助言の業務

⑤　新たな技術、商品または役務の研究開発の業務

（3）制度の対象となる労働者

対象労働者となるのは労使委員会で決議された労働者であり、次の要件を満たすことが条件となります。

①　使用者との書面等による合意に基づき職務範囲が明確に定められていること

②　1年間に支払われる見込み賃金の額が、1,075万円を上回ること

③　対象労働者との個別の同意を得ること

（4）制度の導入と運営

制度の導入にあたっては、労使委員会の5分の4以上の決議が必要となります。また、対象労働者の時間管理、健康・福祉確保措置も求められます。とりわけ、休日の管理（1年を通じ104日以上、かつ、4週間を通じ4日以上の休日を与えること）は必須条件となります。

2　フレックスタイム制の見直し

これまでのフレックスタイム制は、清算期間（勤怠記録の締めの期間）の上限は「1か月」までとされていましたが、2019年4月以降、すべての企業において、清算期間の上限が「3か月」まで認められるようになりました。月をまたいだ労働時間の調整が可能になりましたので、労働者にとってはより柔軟な働き方ができるようになりました。

一方、1か月超3か月以内の清算期間でフレックスタイム制を導入・運用するためには、労働基準監督署への労使協定の届け出が必要であり、また、1か月以内の清算期間とは異なる割増賃金の計算が必要になるなど、実務担当者の事務負担も大きく増えることになります。1か月超3か月以内の清算期間でフレックスタイム制を導入する場合には、**図表4-5**を参考に、各種の実務ポイントを踏まえたうえで慎重に検討するようにしましょう。

図表4-5 清算期間1か月以内と1か月超3か月以内の場合の実務上の相違点

清算期間1か月以内の場合	清算期間1か月超3か月以内の場合
導入にあたっては就業規則への規定・労使協定の締結が必要	導入にあたっては就業規則への規定・労使協定の締結が必要、かつ、労働基準監督署への届け出が必要
清算期間を平均して1週間あたり40時間以内に収まっていれば、割増賃金を支払うことなく、1週40時間、1日8時間の法定上限を超えて労働させることが可能	同左（ただし、1か月ごとに区分した期間について、1週平均50時間（※）を超えないことが条件） （※）完全週休2日制で1日あたり2時間程度の時間外労働が目安
割増賃金の支払いが不要となる労働時間の総枠（A）の計算は次のように行う。 （A）＝40時間×清算期間の暦日数÷7日 上記（A）を超える労働時間があった場合、その超過時間について、1か月ごとに割増賃金を算定して支払う。	①1か月ごとに区分した期間について1週平均50時間を超える労働があった場合： 割増賃金の支払いが不要となる労働時間の上限枠（B）の計算は次のように行う。 （B）＝50時間×1か月の暦日数÷7日 上記（B）を超える労働時間について、1か月ごとに割増賃金を算定して支払う。 ②清算期間全体における法定労働時間の総枠を超えた労働（上記（B）の1か月ごとに清算した超過労働時間を除く）があった場合： 割増賃金の支払いが不要となる労働時間の上限枠（C）の計算は次のように行う。 （C）＝40時間×清算期間の暦日数÷7日 上記（C）を超える労働時間があった場合、その超過時間について、清算期間の終了時に割増賃金を算定して支払う。
1か月の時間外労働時間が60時間を超えた場合、その超過部分は5割以上の割増賃金率で支払う（中小企業は2023年4月1日以降適用）。	同左（ただし、清算期間全体を通して月平均60時間超の時間外労働時間があったかどうかの確認が必要）

➡ 高度プロフェッショナル制度は、対象業務や対象労働者がかなり限定的であり、また、対象労働者の健康管理もハードルは高めに設定されています。

➡ 1か月超3か月以内の清算期間でフレックスタイム制を運用するためには、1か月以内の清算期間とは異なる割増賃金の計算が必要になるなど、実務担当者の事務負担も大きく増えることになります。多様な働き方の導入にあたっては、管理運用面も含めた検討を行いましょう。

感染症対策における給与計算・労務管理の留意点

Q4-4 | テレワーク労務管理のポイント

Q 新型コロナウイルス感染拡大防止のためテレワークを実施しています。テレワークでも労働関連の法律は適用されるのでしょうか。

A テレワークであっても、労働基準法をはじめとする労働関連の法律は適用されます。

解 説

　テレワークとは、インターネットなどの情報通信技術（ICT）を活用し自宅などで仕事をする、時間や場所を有効に活用できる柔軟な働き方のことです。近年は主に感染症対策や企業の BCP（Business Continuity Plan：事業継続計画）の一環として注目を浴びていますが、そもそもは育児や介護をしながらでも働ける就労形態として従来政府が推進している働き方のひとつです。

図表 4-6　テレワークの形態

形態	形態ごとの特徴
在宅勤務	労働者の自宅で業務を行う
モバイルワーク	ノートパソコンや携帯電話等を活用して臨機応変に選択した場所で業務を行う
サテライトオフィス勤務	労働者の属するメインのオフィス以外に設けられたオフィスを利用する

テレワークは、「在宅勤務」、「モバイルワーク」、「サテライトオフィス勤務（施設利用型勤務）」の3つの形態の総称です。

いずれの場合も、単に通常の職場から離れて仕事を行っているに過ぎず、始業・終業時刻など労働時間の管理をはじめとするすべての労働関係の法律が適用されます。労働時間制度やその他の労働条件をまったく変えずにテレワークさせる場合は、既存の勤怠ルールで管理できますが、社員は管理者の目の届かない場所で就業しているので、テレワークにおける適正なルール作りをすることが重要です。

1 テレワーク規程の作成

テレワークを導入するにあたっては、その対象とする労働者や制度の利用方法、また業務に必要となる機器をどうするのかなど新たなルールづくりが必要になるため、原則として就業規則の整備が必要になります。

就業規則を整備する場合、就業規則本体にテレワークに関する規定を追加するか、就業規則とは別にテレワーク勤務規程を作成することになります。どちらの方法でも構いませんが、就業規則本体に規定を追加すると就業規則の分量が増えてわかりにくくなるため、別規程を作成することが現実的でしょう。

就業規則または別規程で定めるべき主なものとして次のような項目があります。

図表4-7　テレワーク規程で定めるべき主な項目

項目	内容
導入の目的	目的を、育児・介護等の事情もしくは非常時の事業継続に限定するか、限定しないか。
対象者	対象者を限定（勤続年数の要件、一定部署の従業員のみ。育児や介護、傷病などによって出勤が困難な従業員のみ）するか、限定せず許可制とするか。 また、コロナ禍のような緊急時の対策として、感染症の拡

	大や災害発生時などには全従業員にテレワークを命じることができる旨の規定を設けるか。
服務規律	機密保持、職務専念義務
労働時間、休憩、休日	適用する労働時間制度
時間外労働・休日労働のルール	時間外労働、休日労働、深夜労働の申請ルールを明確にする。
勤怠のルール	始業開始、休憩開始と終了、中抜け、業務終了の報告のルール、遅刻、早退、欠勤のルールを明確にする。
賃金	通勤手当の取扱い、在宅勤務手当等会社が独自に支給する手当があればその基準と取扱いを明確にする。
費用負担	テレワーク勤務者にどのような機器（パソコンやスマートフォンなど）を貸与するのか、また、テレワークを進めるにあたって必要となる費用（通信費や消耗品費など）の負担割合も明確にしておく。
安全衛生	安全衛生に関する法令、労働災害に関する法令が適用されることを明確にする。

2 テレワークにおける労働時間管理

　テレワークであっても労働時間を適正に把握・管理し、労働者の労働日ごとの始業・終業時刻を確認し、記録することが必要です。

　管理監督者や裁量労働制などで働く労働者も対象です（高度プロフェッショナル制度で働く労働者は対象外）。

　労働時間の把握にあたっては、原則として「使用者が直接確認する」、「タイムカード・IC カード・パソコンのログ」などの客観的な記録を用いることとされており、労働者からの自己申告制は例外的な措置となります。

　ただし、テレワークでは現認（目で直接確認）したり、タイムカードに打刻したりすることが難しいため、勤怠管理のクラウドサービスを使用したり、パソコンのログを用いたりするなどの方法が必要です。

3 フレックスタイム制の活用

　フレックスタイム制は、一定期間（清算期間）についてあらかじめ定めた総労働時間の範囲内で、労働者が日々の始業および終業の時刻、労働時間を自主的に決めて働くことができる制度です。1日の労働時間帯をコアタイム（必ず勤務すべき時間帯）と、フレキシブルタイム（労働者が自分で働く・働かないを判断できる時間帯）に分けて設定することが一般的ですが、必ずしもコアタイムを設ける必要はありません。

　フレックスタイム制は清算期間内での総労働時間で考えるので、1日8時間・週40時間という法定労働時間を超えて働いても、ただちに時間外労働とはならず、反対に、1日の標準労働時間に達しない場合でもただちに遅刻や早退の扱いとはなりません。「総労働時間（総枠）」に不足があった場合には、不足分を翌月の労働時間に加算して労働させることができるという特別な調整方法も認められています。ただし、フレックスタイム制でも22時から翌5時の深夜時間帯に勤務した場合は深夜割増が必要です。

　なお、時間の自由が効きやすいテレワークで、特段の理由もなく深夜時間帯に勤務することを避けるためは、フレキシブルタイムを5時から22時など深夜にかからない時間帯に設定しておくのもひとつの方法です。

Check!

➡ テレワークでも始業・終業時刻など労働時間の管理をはじめとするすべての労働関係の法律が適用されます。

➡ テレワークを導入するにあたっては、新たなルールづくりが必要になるため、社内規程（就業規則または就業規則の一部として独立した規程）の整備が必要になります。

➡ 目の届かない場所で勤務している社員の時間管理をどのようにすべきか、各社の事情に合わせてルール作りを行いましょう。

Q4-5 在宅勤務手当と通勤手当の扱い

Q 新型コロナウイルス感染拡大防止のため在宅勤務制度の導入を考えており、在宅勤務をする者への在宅勤務手当の支給と通勤手当の支払方法の変更を検討中です。どのようなことに留意すればよいか教えてください。

A 在宅勤務手当の支給と通勤手当の支払方法の変更のいずれのケースにおいても、所得税や社会保険料の扱いについて留意する必要があります。

解説

在宅で働くためには、通信環境を整え、パソコンなど各種事務用品を準備する必要があります。環境整備にあたり、会社が手当を支給する、事務用品等を支給または貸与するなど、その方法は様々ですが、これらの支給や貸与が所得税や社会保険料の対象となるのか否か整理しておく必要があります。

また、在宅勤務をする日数分だけ通勤回数が減りますので、通勤手当の変更調整なども必要となります。この変更調整により、社会保険料の扱いがどのようになるのかという点についても確認しておきましょう。

1 在宅勤務に係る手当等の支給

(1) 在宅勤務手当・一時金

在宅で仕事を行うためには、机、椅子、照明器具、通信環境などさまざまな環境整備が必要となりますが、自宅の環境は人によって異なります。これを全従業員に確認して個別に環境を整えていくのは極めて困難な作業となりますので、事務の省力化という観点で「在宅勤務手当」または「在宅勤務一時金」を

給与に加えて支給する方法があります。

2020年12月における各種民間レベルでの調査・統計によると毎月、在宅勤務手当を支給している企業は全体の約2割で、そのうちの約5割の企業が月額3千円から5千円ぐらいの手当を支給しているようです。一時金として支給する企業もありますが、全体の1割未満と少なく、支給額は概ね5万円以下となっているようです。

（2）在宅勤務に係る事務用品等の支給

在宅勤務手当や一時金を支給する方法は、ある程度一律に事務処理ができるので会社側の事務省力化の観点で有効ですが、必ずしも個人の自宅環境の実態に合った額を支給しているわけではありませんので、支払いの過不足の問題は残ります。自宅の就労環境整備が必要な人に、必要なものを必要な分だけ与えたい場合は、会社の決めるガイドラインに沿って事務用品等を従業員個別に支給する方法が有効です。ただし、後述のとおり、その支給の仕方によって税務・社会保険の取扱いが複雑になりますので注意が必要です。

2 在宅勤務手当等の支給に係る税務・社会保険の取扱い

（1）在宅勤務手当・一時金に係る税務・社会保険の取扱い

在宅勤務に伴う毎月の手当および一時金は、雇用関係に起因する金銭の支給であり、いずれも所得税、住民税、社会保険（健康保険・介護保険・厚生年金保険）料、雇用保険料など、給与から控除すべき法定控除の計算対象となります。

月次給与の中で手当として支給する場合は、社会保険（健康保険・介護保険・厚生年金保険）の報酬月額に含まれますので、月額変更届の必要性について確認する必要があります（**Q1-33**参照）。また、在宅勤務手当は、時間外労働にかかる割増賃金の計算基礎に含める必要がありますので、この点にも注意が必要です（**Q1-5** 5 参照）。給与ソフトの設定状況を必ず確認しましょう。

一時金として支給する場合は、賞与の扱いとなりますので、所得税も賞与の税額表で計算し、また、社会保険（健康保険・介護保険・厚生年金保険）の賞与支払届も作成・提出する必要がありますので注意しましょう。

（2）事務用品等の支給に係る税務・社会保険の取扱い

ア）会社が所有する事務用品等を支給する場合

　パソコンやモニターなど、比較的高価な事務用品については、会社で購入したものを貸与して自宅で使用させる形式が一般的です。この場合は、単に業務で必要な会社の事務用品を使用しているだけなので、給与計算、社会保険事務で行うべきことはありません。従業員が立替払いで購入した後で経費精算する場合も、その事務用品の所有権が会社にある限り、事務用品を貸与していることに変わりはないので給与処理で行うべきことはありません。

　逆に言えば、その事務用品の購入時または購入後に、その事務用品の所有権を従業員に移した場合（＝会社への返還義務をなくした場合）は、その時点で現物給与として給与課税が必要になります。社会保険料、雇用保険料も同様に計算の対象となりますので注意しましょう。

イ）従業員に現物支給する場合の税務・社会保険の取扱い

　会社への返還義務のない机、椅子、パソコンなどの事務用品を従業員に支給した場合には、現物給与として、購入価額または帳簿価額をもとに給与課税が必要になります。社会保険料、雇用保険料も同様です。

ウ）水道光熱費・通信費に係る取扱い

　一般的に、自宅の水道光熱費や電話・インターネットの通信費を、私的利用分と業務利用分に正確に分けることは極めて困難です。そこで、国税庁では、在宅勤務日数や自宅床面積における業務に使用した部屋の床面積割合などを用いた按分計算式を使用するよう求めています。この按分計算により業務使用部分として算出された金額は税務上非課税となりますので給与処理は不要です。

　しかし、この計算も非常に煩雑で、対象人数にもよりますが膨大な事務処理を要することとなってしまいます。水道光熱費・通信費は金額的に大きくないので、これらの費用についての業務使用部分の補填をしない企業もありますが、もし補填したい場合は、会社で決めた一定額（たとえば1か月在宅勤務日数×1日あたり数十円、など）を支払う方法が事務処理上は有効な方法と考えられます。ただし、この場合の支給額は、所得税、社会保険料の対象となりますの

で給与計算処理が必要となります。

エ）レンタルオフィス

自宅が狭い、子どもがいて仕事にならない、などの理由で、自宅近くのレンタルオフィス等で在宅勤務をするケースがありますが、従業員が領収書等を会社に提出して経費精算する場合は、税務上非課税となりますので給与処理する必要はありません。

3 通勤手当の調整に係る税務・社会保険などの取扱い

（1）全日在宅勤務となる場合

基本的な就業場所が自宅または徒歩圏内のレンタルオフィススペースとなる場合、会社の規程によっては通勤手当の支給を止めることになります。通勤手当を不支給とした場合、その後3か月間の給与支給状況により社会保険の標準報酬月額の改定の必要性について確認をする必要があります。要件に該当する場合は、月額変更届を作成し保険者に提出します。

（2）月のうち数日が在宅勤務となる場合

在宅勤務の対象者の中でも、在宅と通勤の割合は社員によって異なることが想定されます。一般的には、月の半分以上など一定の日数について在宅勤務となることが想定される社員については、上記（1）同様、通勤手当を不支給とし、実際に通勤した日数に応じて通勤費用を経費精算するケースが多いようです。

この場合、上記（1）のケースを含めて、「通勤手当の不支給は、労働基準法上の不利益変更にあたるのか」という点に注意が必要です。

労働基準法では、通勤手当も賃金に該当しますので、その減額のルールについて雇用契約書や賃金規程等で明示せず、一方的に減額・不支給の処理をしてしまうと思わぬ労使トラブルに発展する可能性があります。トラブル回避のためにも賃金規程などの見直しをしておくとよいでしょう。

実際の通勤日数に応じて通勤費用を経費精算する場合であっても、原則の考え方では、社会保険料や雇用保険料の対象として給与計算に含める必要があります。ただし、この原則の考え方には専門家や行政機関の間でも意見が分かれ

図表 4−8　在宅勤務で出勤日が少ない場合の通勤手当の規定例

（通勤手当） 第○条　通勤手当は、通勤に電車、バス等の公共交通機関を利用する従業員であって、通勤定期券を購入し、かつ、これを使用して通勤している従業員に対して、月額○万円を限度に通勤定期券代１か月相当額を毎月支給する。 　2.　（中略） 　3.　第１項の規定にかかわらず、在宅勤務等により、賃金計算期間において、出勤日が○○日未満のときは、当該通勤定期券代１か月相当額の支給に替えて、実際に通勤した日数に応じた通勤定期券代の経路における通勤に要する往復の乗車券代の実費を支給する。

る面もあるため、今後の行政通達など動向を注視していきましょう。

Check!

➡ 在宅勤務手当や一時金は、すべて所得税、社会保険料の対象となります。

➡ 会社への返還義務のない事務用品を支給した場合も、現物給与として課税対象となりますので忘れずに給与処理に含めましょう。

➡ 通勤手当を不支給とする場合は、トラブル回避のために、その根拠を賃金規程などで明示するようにしましょう。

➡ コロナ禍では、急遽在宅勤務が増えた事情もあり、税務や社会保険における取扱いが頻繁に更新されることが予想されます。各省庁のホームページなどで最新の取扱いについて確認するようにしましょう。

Q4-6 休業手当とは

Q 新型コロナウイルス感染症拡大の影響により、一部の従業員は在宅で勤務してもらい給与を全額支払っているのですが、業務の性質上、オフィス以外の環境では仕事ができない者について休業させています。この場合でも給与は全額支払う必要がありますか？

A 休業させる背景にはさまざまな事情やケースが考えられ、ひとくくりに給与や休業補償の支払の要否を判断することはできませんが、新型のウィルス感染症拡大など未曽有の事態においては、「従業員の生活を守る」という観点で一定の補償を行うことが企業に求められています。

解説

労働基準法では、「使用者の責に帰すべき事由」に該当せず、天災事変などの「不可抗力」による休業である場合は、休業手当を支払わなくてもよい、とされています。

2020年以降のコロナ禍における雇用者の生活保障について、国は「雇用調整助成金」を企業に支給する形で対策を打っています。企業が雇用調整助成金の支給を受けるためには、休業させている従業員に対して、企業が「休業手当」を支払っていることが条件となります。そのため、各企業は、いったん法律上の休業手当支給の要否は棚上げし、とにかく「従業員の生活を守る」ことを優先して休業手当を支払っている、というのが実情です。

1 休業手当とは

休業手当は、会社の責めに帰すべき事由による休業をさせた場合に、社員に対して支払うことが義務付けられている手当のことです（労働基準法第26条）。

休業手当は就業規則等、会社で定めるルールに従って支払われますが、労働基準法ではその最低基準となる算定方法が定められており、休業手当の額は、1日につき平均賃金の60％以上とされています。

2 平均賃金とは

　休業手当を算定するためには、まず平均賃金を計算する必要があります。平均賃金は、労働基準法第12条でその算定方法が定められており、次の計算式により計算されます。

$$平均賃金 = \frac{算定事由の発生した日以前3か月間に支払われた賃金の総額（※①②③）}{算定事由の発生した日以前3か月間の総日数（暦日）（※④）}$$

① 「算定事由が発生した日」とは、休業の場合には休業した日を指します。また、休業日が2日以上の期間にわたるときは、その最初の日を指します。

② 「以前3か月」とは、算定事由の発生した日は含まず、その前日から遡って3か月です。賃金締切日がある場合は、直前の賃金締切日から遡って3か月となります。賃金締切日に算定事由が発生した場合は、その前の賃金締切日から遡ります。なお、3か月間のうちに次の期間がある場合は、その日数および賃金額は総日数や賃金総額から除かれます。

　・業務上負傷し、または疾病にかかり療養のために休業した期間

　・産前産後休業の期間

　・会社の責めに帰すべき事由により休業した期間

　・育児介護休業の期間

　・試みの使用期間（試用期間）

③ 「賃金総額」とは、算定期間中に支払われる賃金のすべてが含まれます。基本給、役職手当、通勤手当、皆勤手当、年次有給休暇の賃金や残業手当も含まれ、現実に支払われた賃金だけではなく、賃金の支払いが遅れているような場合は、未払い賃金も含めて計算されます。ベースアップが確定

している場合も算入し、6か月通勤定期の通勤手当などは1か月ごとに支給されたものみなして計算されます。

なお、次の賃金については賃金総額から除きます。

・臨時に支払われた賃金（結婚手当、私傷病手当、加療見舞金、退職金等）

・賞与など3か月を超える期間ごとに支払われる賃金（賞与であっても3か月ごとに支払われる場合は算入します）

・労働協約で定められていない現物給与

④　総日数とは、労働日数ではなく、暦の日数を指します。

計算された平均賃金は、銭未満を切り捨てて銭まで算出します。たとえば、計算の結果が9,560.5864のような場合、9,560円58銭が平均賃金の額となります。

3 パートやアルバイトの平均賃金における最低保障額とは

パートやアルバイトなど賃金が時給や日給で支払われている場合で所定労働日が少ない者や出来高払いその他の請負制によって定められている者の平均賃金には最低保障額があり、先ほどの原則的な計算式で計算された額と最低保障額を比べ、いずれか高い方の金額を平均賃金とします。

$$
最低保障額 = \frac{算定事由の発生した日以前3か月間に支払われた賃金の総額}{算定事由の発生した日以前3か月間に実際に労働した日数} \times 60\%
$$

原則的な算定式と異なるところは、実際に労働した日数を使用するところと賃金総額を実際の労働日数で除して算定した額を更に60%とすることです。

➡ 休業手当の額は、1日につき平均賃金の 60 ％以上とされています。

➡ パートやアルバイトなどの時給・日給者の平均賃金最低保障額を求める際には、3 か月間の賃金総額を、その期間に実際に労働した日数で割った額をもとにします。

Q4-7 | 休業手当の具体的計算例

Q 休業手当の具体的な計算例を教えてください。

A 休業手当は、各個人ごとの平均賃金を基に、休日を除き実際に休業させた日数をもとに算定します。具体的な事例を参考に計算してみましょう。

解 説

○○株式会社は、令和○年4月20日から臨時休業とし、正社員（月給）とパート社員（時給）に対して、平均賃金の60％の休業手当を支払うことにしました。

○○株式会社の給与の締切日は毎月末日、給与支給日は翌月15日です。算定事由発生日は休業日である4月20日となります。

これらの条件のもとでどのように計算のするのか、以下、計算例に基づいて解説していきます。

1 正社員（月給）の休業手当の計算例

計算例①：正社員Aさん（休業日数8日）

給与	暦日数	賃金総額	内　訳
1月	31日	23万円	基本給21万円＋通勤手当1万円＋残業手当1万円
2月	28日	22万円	基本給21万円＋通勤手当1万円
3月	31日	24万円	基本給21万円＋通勤手当1万円＋残業手当2万円
合計	90日	69万円	

平均賃金 = 69 万円 ÷ 90 日 = 7,666 円 66 銭（銭未満切捨て）

休業手当 = 7,666 円 66 銭 × 60 % × 休業日数 8 日 = 36,800 円（円未満四捨五入）

計算例②：正社員 B さん 令和○年 2 月 1 日入社（休業日数 8 日）

給与	暦日数	賃金総額	内　　訳
1 月	―	―	
2 月	28 日	25 万円	基本給 23 万円＋通勤手当 1 万円＋残業手当 1 万円
3 月	31 日	26 万円	基本給 23 万円＋通勤手当 1 万円＋残業手当 2 万円
合計	59 日	51 万円	

平均賃金 = 51 万円 ÷ 59 日 = 8,644 円 06 銭（銭未満切捨て）

休業手当 = 8,644 円 06 銭 × 60 % × 休業日数 8 日 = 41,491 円（円未満四捨五入）

　B さんは、雇入後 3 か月に満たない社員となりますが、この場合は雇入後の期間とその期間中の賃金総額で算定することになります。

　また、試用期間中に平均賃金の算定事由が発生した場合においては、その期間中の日数および賃金は平均賃金の算定の基礎に算入して計算します。

計算例③：正社員 C さん 令和○年 4 月 1 日入社 4 月 19 日まで勤務
（休業日数 8 日）

給与	暦日数	賃金総額	内　　訳
4 月	19 日	15 万円	基本給 14 万円（日割計算）＋通勤手当 1 万円
合計	19 日	15 万円	

平均賃金 = 15 万円 ÷ 19 日 = 7,894 円 73 銭（銭未満切捨て）

休業手当 = 7,894 円 73 銭 × 60 % × 休業日数 8 日 = 37,895 円（円未満四捨五入）

　C さんは、雇入後、一度も賃金締切期間が経過していませんが、この場合

は、算定事由の発生した日以前の期間で計算します。

計算例④：正社員Dさん 令和○年4月1日入社 入社日より休業
（休業日数21日）

給与	暦日数	賃金総額	内　　訳
雇用契約で定めた額	30日	23万円	基本給22万円＋通勤手当1万円
合計	30日	23万円	

平均賃金＝23万円÷30日＝7,666円66銭（銭未満切捨て）

休業手当＝7,666円66銭×60％×休業日数21日＝96,600円（円未満四捨五入）

　Dさんは、入社日から一度も勤務せずに休業に入りましたが、この場合は、雇用契約書で定められた額に基づき計算します。

2 パート・アルバイトなどの非正社員（日給・時給）の休業手当の計算例

計算例⑤：パート社員Eさん（休業日数8日）

給与	暦日数	労働日数	賃金総額	内　　訳
1月	31日	15日	10万円	基本給9万円＋通勤手当1万円
2月	28日	14日	9万円	基本給8万円＋通勤手当1万円
3月	31日	18日	9万円	基本給8万円＋通勤手当1万円
合計	90日	47日	28万円	

平均賃金（原則）＝28万円÷90日＝3,111円11銭（銭未満切捨て）

平均賃金（最低保障）＝28万円÷47日×60％＝3,574円46銭（銭未満切捨て）

原則と最低保障のうち高いほうが平均賃金＝3,574円46銭

休業手当＝3,574円46銭×60％×休業日数8日＝17,157円（円未満四捨五入）

➡ 雇入後3か月に満たない社員の場合は、雇入後の期間とその期間中の賃金総額で算定します。

➡ 雇入後、一度も賃金締切期間が経過していない社員の場合は、算定事由の発生した日以前の期間で計算します。

➡ 入社日から一度も勤務せずに休業に入った場合は、雇用契約書で定められた額に基づき計算します。

Q4-8 | 休業時における賃金控除と 休業手当の支給

Q 休業させた社員の休業手当の計算はしましたが、これを給与計算でどのように反映させればよいのか教えてください。

A 休業による不就業部分については、一般的にノーワークノーペイの原則により就業規則や雇用契約書に定められたルールに従い賃金控除を行ったうえで、休業日数に応じて休業手当を支払います。その具体的な方法については月給者と時給者・日給者によって計算方法が異なります。

解説

　ノーワークノーペイの原則とは、社員が労務を提供していない場合には、会社はその不就業の部分について賃金を支払う義務がないという原則です。

　この考え方は、給与計算を行っていくうえでの基本原則となります。たとえば欠勤した場合や遅刻や早退をした場合にその日や時間に対応する部分について会社は賃金を支払う必要はなく、月給者であれば賃金を控除することができます。

　つまり、月給者の場合は、休業で休んだ日数分の給与は減額控除されますが、その分の穴埋めとして休業手当が支給される、という仕組みになります。

　一方、時給・日給者の場合、給与計算期間において労働した時間や日数に応じて給与額が計算されます。よって、休業が行われた場合には、その休業時間に対応する給与が支払われないこととなるため、賃金の減額や控除という概念は発生しません。ただし、会社の責めに帰すべき事由による休業の場合には休業手当の支払いが必要となりますので、休業した日数に応じた休業手当を支払う必要があります。

1 正社員（月給者）に休業手当を支払う場合の給与計算

　一般的に、就業規則や賃金規程では、不就業があった際の計算式を定めており、たとえば、月給を所定労働日数や所定労働時間で割って日や時間の控除単価を計算しています。単価が算出されれば休業日数に応じて控除額を計算して給与から控除することになります。ただし、会社の責めに帰すべき事由による休業の場合には、控除するだけではなく、休業手当の支給が必要となります。**Q4-7** の計算例① A さんの例で 4 月分給与明細をみると次のようになります。

【給与明細書イメージ　**Q4-7** の計算例① A さんのケース】

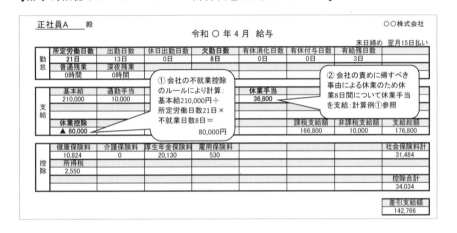

2 パート社員（時給者）に休業手当を支払う場合の給与計算

　時給者（時給制のパート社員やアルバイト社員など）の場合、給与計算期間において労働した時間に応じて給与額が計算されます。よって、休業が行われた場合には、その休業時間に対応する給与が支払われないこととなるため、賃金の減額や控除といった概念は存在しません。ただし、あらかじめ雇用契約書やシフト表などで労働日が特定されていたにもかかわらず、会社の責めに帰すべき事由により休業させた場合には休業手当の支払いが必要となりますので、休業した日数に応じた休業手当を支払う必要があります。休業手当と実際の労働

による賃金は、その計算の根拠や目的が異なるため、給与明細書や賃金台帳において、それぞれ独立した項目として記載することが望ましいです。また、時給で給与が支払われるパート社員は日によって労働時間が異なるケースもありますが、このような場合であっても、休業手当の額は日単位で計算しなければならないため、労働時間の長短にかかわらず日数に応じた休業手当の計算が必要です。

Q4-7 の計算例⑤Ｅさんの例で４月分給与明細をみると次のようになります。

【給与明細書イメージ　**Q4-7** の計算例⑤Ｅさんのケース】

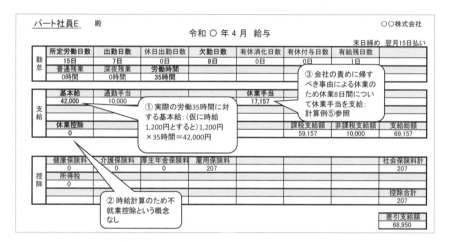

Check!

➡ 月給者を休業させた場合は、不就業日に対する控除を行ったうえで休業手当を支給します。

➡ 時給者・日給者を休業させた場合は、休業させた日に対して休業手当を支給します（不就業控除という概念は存在しません）。

Q4-9 | 労働契約終了における留意点

Q 感染症拡大の影響に伴い事業の継続が厳しくなってきたため、何人かの社員に辞めてもらうことになりました。どのようなことに注意して進めればよいか教えてください。

A 社員が辞めることは「労働契約の終了」にあたり、労働者が何らかの形で使用者との雇用関係が消滅することとなります。労働契約終了には、3つの形態があります。

解説

労働契約終了の形態は大きく分けると次の3つになります。

① 任意退職…労働者の都合や労使間の合意に基づく終了

② 自動退職…定年や休職期間の満了、有期契約労働者の労働契約期間満了、労働者の死亡などで自動的に終了

③ 解雇………使用者の一方的な意思表示による終了

労働者側からの申し入れによる自主退職や、死亡・定年に伴う退職において労使トラブルに発展するケースは稀ですが、有期契約労働者の退職、使用者側からの申し入れによる合意退職、解雇、などの場面ではさまざまな紛争に発展するケースもありますので、契約終了の判断や事務を進めるうえでは細心の注意を払う必要があります。

1 有期労働契約終了時における留意点

（1）有期労働契約の期間

有期労働契約とは、会社と労働者が期間を定めて労働契約を結ぶことをいいます。労働基準法では、契約期間の上限は3年（高度に専門的な知識や技術、ま

たは経験を有する者や、満60歳以上の者は5年）と定められています。

　また、有期労働契約の更新の結果、通算5年を超えたとき、労働者の申し出により無期労働契約（期間の定めのない契約）に転換できることが労働契約法で定められています。

（2）契約期間更新の有無についての明示

　労働者と労働契約を結んだときは、賃金や労働条件を原則として書面で明示する必要がありますが、特に契約更新の有無については、「自動的に更新する」、「更新する場合があり得る」、「契約の更新はしない」などと明記しておく必要があります。

（3）更新判断の基準

　更新判断の基準は企業ごとの実情に合わせて決めることになりますが、一般的には、契約期間満了時の業務量や労働者の能力・勤務成績・態度、または従事している業務の進捗状況や会社の経営状況などが挙げられます。「感染症拡大の影響に伴い事業の継続が厳しくなってきた」というのは、「会社の経営状況」に当てはまりますので、更新判断基準にこの要素を含めておくことはとても重要です。

（4）契約満了に伴う有期労働契約社員の雇止め

　会社経営状況が厳しくなり整理解雇を行う場合、解雇回避努力義務の観点から、正社員や無期労働契約社員よりも先に有期労働契約社員を、契約期間の満了をもって終了させることが通例となっています。契約期間満了に伴って労働契約終了となるのは当然のことと思われがちですが、更新を期待させる要素（労働者が従事する職務内容（正社員との同一性の有無）や、反復更新の有無など）があった場合には、不当な雇止めとして紛争に発展することがあります。
このようなリスクを回避するためには、雇用継続を望む社員に対して現契約で終了とせずに、一度は更新したうえで、「更新後の期間満了時には更新しない」と記載した更新契約を結び、その契約期間満了をもって終了とするのがよいでしょう。

（5）契約期間の途中による有期労働契約社員の雇止め

民法第 628 条では、「期間の定めのある雇用契約を締結した場合であっても、やむを得ない事由があるときは、労使ともに、直ちに契約の解除をすることができる」と規定されています。

しかし、この「やむを得ない事由」というのは非常にハードルが高く、実際に会社が破産手続きに入るなどのレベルでなければそれに該当しません。一般的に、「有期労働契約期間中における使用者側からの契約解除は、無期労働契約社員を解雇するよりも困難」と言われており、契約期間の途中による有期労働契約社員の雇止めは安易に行うものではありません。

ただし、労働契約において、労働者側は労働することを求める権利を有しているわけではありません。そのため、契約残余期間の給与相当額を将来の労働を待たずに全額支払うことで、契約期間の途中で即時終了させることも労働者との交渉しだいで可能となりますので、紛争リスクを回避するための有効な手段のひとつとして覚えておきましょう。

2 無期労働契約終了時における留意点

（1）解雇と退職勧奨の違い

解雇とは、使用者の一方的な意思による労働契約の終了をいいます。一方、退職勧奨とは、使用者が労働者に対し「辞めてほしい」、「辞めてくれないか」など退職を勧めることをいいます。どちらも、使用者側の意思が起点になるところが同じで誤解されがちですが、解雇は労働者の言い分を問わず一方的に労働契約を終了させるのに対し、退職勧奨は、使用者側から金銭面などの一定の条件を付けた退職の提案を労働者に働きかけ、その提案に対する合意が成立したときに退職扱いになる、という点に解雇との違いがあります。退職勧奨において労働者が退職を選択したら退職届を提出してもらい正式に退職となります。退職勧奨でも十分な人員整理ができない場合の最終的な手段として解雇権を使う、というのが人員整理を行うときの一般的な流れです。

（2）退職勧奨による合意退職

　退職勧奨を受けるかどうかは、社員の自由な意思により選択されなければなりません。合意に至るまでの協議の過程において、使用者側が退職に応じるよう労働者に過度なに働きかけを行ない、「応じなければ解雇する」などと脅迫するようなことがあった場合は、たとえ本人が合意していた場合でも、その過程に問題があったとして無効になるケースもあります。本人には退職勧奨を行わなければならない会社側の都合を十分に説明し、また、選択のための十分な検討時間も与えることが大切です。仮に、労働者が「退職しない」選択を行った場合に、「退職する」を選択するまで何度も同じ理由を繰り返して説明すると、紛争に発展した場合、会社側の立場がどんどん不利になってしまいます。紛争でのリスクを軽減するために、以下の点に留意して退職勧奨を行うとよいでしょう。

・同じ状況、同じ理由で短期間に何度も行わない

・長時間行わない、最長でも１回１時間までを目安とする

・最少人数（対象労働者は１人、会社側実施者は１人か２人）で行う

・圧迫感のある場所や他社員に聞こえる場所を避けた適切な場所で行う

・丁寧・穏当な言葉使いで説明する

　退職勧奨を受けた労働者は、将来の経済的不安（収入がなくなることの不安、転職先が見つかるかどうかの不安など）があり、なかなか退職勧奨に応じられない場合が多いようです。そうした不安を少しでも取り除くためには、雇用保険の失業給付の内容（受給額や受給可能期間の目安）を説明し、また、退職勧奨による特別な条件（特別退職金の支給、未消化有休休暇の買上げ、一定期間の転職支援サービスの無償利用など）についてひとつひとつ丁寧に説明することが大切です。

（3）解雇の難しさ

　解雇は、使用者がいつでも自由に行えるというものではなく、解雇が客観的に合理的な理由を欠き、社会通念上相当と認められない場合は、その権利を濫用したものとして無効となります。裁判に発展した場合、解雇権の濫用、と判

断されるケースが多く、解雇が有効と判断されるためには相当高いハードルを
クリアしなければなりません。

（4）整理解雇の4要件

　解雇には「普通解雇」や「懲戒解雇」など様々な理由や類型がありますが、
経営状況の悪化に伴い人員整理する解雇は、一般に「整理解雇」と呼ばれるも
のに該当します。

　裁判では、整理解雇の有効要件として、次の4つの要件や要素を満たす必要
があるとされています。

　①　人員削減の必要性

　　　人員削減をしないと事業の維持・存続が厳しい状況であるのかどうか

　②　解雇回避のための努力義務の履行

　　　役員報酬の不支給・減額、賞与の不支給・減額、昇給の停止、新規採用
　　の停止、希望退職者の募集、配置転換・出向・転籍による会社負担の軽
　　減、派遣労働者・業務委託等外部労働力の整理のほか、有期雇用社員の
　　「雇止め」が行われているかどうか、など、正社員の解雇の前に取り得る
　　措置を講じているかどうか

　③　対象者（解雇される労働者）選定の合理性

　　　労働組合員や性別といった法律上差別的取扱いが禁止されている事項に
　　着眼した選定など、会社側の恣意性が入った選定になっていないかどうか

　④　手続きの妥当性

　　　労働者・労働組合との間で、説明・協議・納得を得るための手続きを
　　取っているか、十分な期間をかけて繰り返し説明会などを行い労働者側の
　　意見を聴取しているかどうか

　繰り返しになりますが、整理解雇は、人員整理のあらゆる方法を試した後の
最後の手段です。整理解雇には法的紛争リスクが必ずついてくることを理解
し、少しでもリスクを下げるために上記4要件を意識して手続きを進めるよう
にしましょう。

Check!

➡ 有期労働契約社員の雇止めにあたっては、不当な雇止めとして紛争に発展しないよう細心の注意を払いましょう。

➡ 経営状況が苦しくても、まずは、退職勧奨による合意退職を検討し、それでも駄目な場合の最終手段として整理解雇があることを理解しましょう。

➡ 整理解雇には必ず法的紛争リスクが伴うことを理解しましょう。

第**5**章

練習問題編

1 練習問題

　本書の理解度や給与計算担当者としての実力を知るための練習問題を用意してみました。全100問、所要時間45分を目安に挑戦してみてください。

点数の目安

95点以上	もはやプロ並みの実力です
90〜94点	ベテランの域に達しています
80〜89点	実務に十分対応できる力があります
70〜79点	おおむね実務に対応できる力があります
70点未満	もう一度本書を復習しましょう

		○ or ×
問1	給与で支給する項目には、基本給や通勤手当など金額が固定の項目と、残業手当などの毎月変動する項目があるが、いずれも所得税の対象となるものなので、どちらの区分に属するかは重要ではない。	
問2	公共交通機関を利用する場合の通勤手当は、月10万円までは所得税非課税扱いとなるが、健康保険・介護保険・厚生年金保険および雇用保険においてはすべて保険料の計算対象となる。	
問3	1日の所定労働時間が7時間である会社が、7時間を超え8時間までの1時間の残業について割増しない時間単価で残業手当を払うことは違法である。	
問4	1日の所定労働時間を7時間、土曜日を所定休日、日曜日を法定休日としている会社で、土曜日の勤務は休日出勤にあたるので、必ず125％の割増率で手当を払わなければならない。	
問5	問4のケースで、振替休日もなく日曜日に出勤した場合には、必ず135％以上の割増率で手当を払わなければならない。	
問6	シフト制で夜11時に出勤して翌朝4時に帰る場合には、8時間を超えて勤務していないので深夜手当を払う必要はない。	
問7	残業手当を計算する元となる時間単価の計算には、基本給や通	

	勤手当などすべての支給項目を対象としなければならない。	
問 8	事業主が労働者に法定労働時間を超えて労働させることは原則禁止されているが、36 協定を結び、その書面を労働基準監督署長に届け出れば、法定時間を超えて労働させることが許される。	
問 9	一般的に、健康保険・介護保険・厚生年金保険を「社会保険」、雇用保険・労災保険を「労働保険」と呼ぶが、いずれも給与にかかる保険料は、給与支給額にそれぞれ定められた保険料率を乗じて計算される。	
問 10	通勤手当は実費弁償的なものとして所得税の非課税扱いとされているので、「社会保険」の標準報酬を決定する際にもこれを除外して計算する。	
問 11	35 歳以上 65 歳未満の人は介護保険第 2 号被保険者として、健康保険料と合わせて介護保険料も負担しなければならない。	
問 12	健康保険・介護保険・厚生年金保険の保険料は、原則として労使折半が法律で義務付けられている。	
問 13	厚生年金の適用事業所は、中学校修了前の児童を養育している人に支給される児童手当の費用の一部を、「子ども・子育て拠出金」として負担することが義務付けられており、労使で折半しなければならない。	
問 14	4 月分の健康保険・介護保険・厚生年金保険にかかる保険料は、原則として 4 月分の給与から控除しなければならない。	
問 15	健康保険・介護保険・厚生年金保険の保険料は、その月の末日に在籍していれば発生するので、たとえ 4 月 30 日に入社し同日に保険加入した場合であっても 1 か月分の保険料が全額発生する。	
問 16	雇用保険料は、単純に給与の支給総額に雇用保険料率を乗じることによって計算されるが、通勤手当は所得税の非課税対象なので、これを除いて計算する。	
問 17	雇用保険料は、労使で折半負担することが法律で義務付けられている。	
問 18	労災保険料は、労使で折半負担することが法律で義務付けられている。	
問 19	所得税を計算する際には控除対象となる扶養親族等の数に応じ	

	た「扶養控除」をとることができ、対象となる扶養親族等の数が多いほど所得税の金額は小さくなる。
問20	所得税を計算する際の扶養親族等の状況は「給与所得者の扶養控除等（異動）申告書」（以下「扶養控除等申告書」という）により確認するので、複数社で勤務している人も含めて全員から提出を受けなければならない。
問21	扶養控除等申告書の提出がない場合は乙欄の税額区分で所得税を計算する。
問22	扶養している血縁関係のある子どもは全員扶養親族にあたるが、16歳未満の子どもは、所得税を計算するうえでの控除対象扶養親族には該当しない。
問23	日本国外に住んでいる親族にかかる扶養控除等の適用を受ける場合には、当該親族にかかる「親族関係書類」または「送金関係書類」を提出または提示することが義務化されている。
問24	源泉徴収税額表から甲欄の源泉所得税を求める場合には、通勤手当など非課税とされる給与を除いた総支給額と扶養人数の交わるところをみて算出する。
問25	「電子計算機等を使用して計算する特例」により計算した結果、源泉徴収税額表から算出した所得税額とズレが生じた場合は、源泉徴収税額表から算出した所得税額を優先しなければならない。
問26	住民税は、社員の住んでいる市区町村の役所が前年1月から12月の所得に基づいて計算し、その支払年度は当年4月から翌年5月である。
問27	毎月の給与から住民税を控除して、本人の代わりに会社が市区町村に納付する方法を「特別徴収」といい、本人が直接市区町村に納付する方法を「普通徴収」という。
問28	入社してきた者が、普通徴収を選択している場合は、ただちに特別徴収に切替えしなければならない。
問29	退職する人の住民税に5月までの未納分があるときは、最終給与などを通じて必ず一括徴収し、未納分全額を市区町村に納めなければならない。
問30	退職する人が他社への転職が決まっており、住民税の特別徴収

	継続を希望する場合は、所定の事項を記入した「特別徴収にかかる給与所得者異動届出書」を作成し、当社から直接市区町村に提出しなければならない。	
問31	退職する人が5月までの住民税未納分について普通徴収を希望する場合は、会社は「特別徴収にかかる給与所得者異動届出書」を作成する必要はない。	
問32	退職する人が5月までの住民税未納分がある場合は、必ず「特別徴収にかかる給与所得者異動届出書」を作成する必要がある。	
問33	市区町村役所が住民税を計算するための情報として、会社は、給与支払報告書を作成し、毎年1月中に市区町村ごとに提出しなければならない。	
問34	給与計算は秘密の事項を扱うことが多いので、ワークペーパーはなるべく自分の手帳などを活用するのがよい。	
問35	給与ソフトへの情報の登録は、当月の給与の変更情報、社員情報などのマスター情報の順に行うとよい。	
問36	給与ソフトから出力した計算書類をチェックする際には、あらかじめ作成したワークペーパーと付け合せながら行うとよい。	
問37	銀行の給振サービスを利用する場合には、給与支給日の前日までに振込データを銀行に提出すればよい。	
問38	当月分の社会保険（健康保険・介護保険・厚生年金保険）料の納付期限は、当月末日（月末が休日の場合は翌営業日）である。	
問39	労働保険（雇用保険・労災保険）料は、年1回だけ納付するものである。	
問40	源泉所得税と住民税の納付期限は、原則として給与支払月の翌月10日（10日が休日の場合は翌営業日）である。	
問41	給与から控除した社会保険（健康保険・介護保険・厚生年金保険）料の預かり金は、給与から控除した月の末日に納付するので、特段の事情がない限り、その預かり金の月末残高は0円であることが通常である。	
問42	社会保険の資格取得届に記載した標準報酬に誤りがあっても、給与ソフトで正しい標準報酬が計算されていれば何ら問題はない。	

問43	社会保険の資格取得届や賞与支払届、月額変更届の保険者への提出が遅れた場合は、月末時点の社会保険料預かり金が残ってしまうことがあるが、時間の経過で解消されるので問題はない。	
問44	社会保険の標準報酬月額変更に該当し、正しく給与処理していたとしても、月額変更届を保険者に提出しない限り、控除した保険料と納付額が一致することはない。	
問45	賞与から控除する法定控除は、社会保険料、所得税、住民税である。	
問46	年4回のタイミングで支給される手当は、健康保険法と厚生年金保険法においては賞与とみなされないため、賞与としての保険料を徴収する必要はない。	
問47	賞与にかかる社会保険料を求める際の標準賞与額とは、各人に支給される賞与額の百円未満を切り捨てた額をいう。	
問48	標準賞与額は、健康保険・介護保険において年度（1月1日～12月31日）での上限額が設定され、厚生年金保険において1か月あたりの上限額が設定されている。	
問49	健康保険・介護保険における標準賞与額の上限額は、年度累計で540万円である。	
問50	厚生年金保険における標準賞与額の上限額は、1か月あたり100万円である。	
問51	健康保険・介護保険・厚生年金保険のいずれにおいても、標準賞与額の上限を超える部分の賞与支給額には保険料はかからない。	
問52	標準賞与額に乗じる保険料率は、毎月の給与の保険料率とは異なり、健康保険・介護保険、厚生年金保険のいずれにおいても賞与専用の保険料率が設定されている。	
問53	賞与にかかる雇用保険料は、賞与支給額の千円未満を切り捨てた額に保険料を乗じて求める。	
問54	賞与にかかる雇用保険の保険料率は、毎月の給与の保険料率とは異なり、賞与専用の保険料率が設定されている。	

問 55	賞与にかかる所得税の税率を求める際には、当月給与における社会保険料控除後の金額を参照する。	
問 56	賞与にかかる所得税の税率は、賞与に対する源泉徴収税額算出率の表において、賞与の社会保険料控除後の金額と扶養親族等の数が交わるところで確定する。	
問 57	賞与にかかる所得税の税率が確定したら、賞与支給額から賞与にかかる社会保険料を控除した額（課税賞与額）に税率を乗じて所得税を求め、税額は百円未満を切り捨てる。	
問 58	前月に給与がない場合（たとえば休職期間中）や、賞与額が前月給与の 10 倍を超えるような場合には、賞与にかかる所得税の計算方法が通常とは異なる。	
問 59	賞与にかかる社会保険料（健康保険・介護保険・厚生年金保険）は、賞与支払届に納付すべき保険料を記載し、賞与支払月の翌月末日までに納付する。	
問 60	賞与にかかる所得税の納付期限は支給月の翌月 10 日であり、納付書は毎月の給与とは違う納付書を使用する。	
問 61	年の中途で入社した人は確定申告の対象者となるので、年末調整を行う必要はない。	
問 62	当社からしか給与を受けていないことが明らかな者であっても、年末調整を行うときまでに扶養控除等申告書の提出がない者は年末調整の対象外となる。	
問 63	年末調整は年末に行うものなので、死亡した社員や海外転勤社員の年末調整も年末に行うのが原則である。	
問 64	当社に扶養控除等申告書を提出していても、2 か所以上から給与を受けている者については年末調整を行わない。	
問 65	不動産収入などのある人から「自分で確定申告するから年末調整しないでください」という申し出があった場合は年末調整をしなくてもよい。	
問 66	年税額を求める際には、扶養状況に応じた人的控除や保険料控除、住宅借入金等特別控除などの各種所得控除を差し引いた所得額を確定して税額計算を行う。	

問67	年税額を計算する際の所得は、「給与収入－所得控除」で求めるが、その所得控除には給与所得控除、所得金額調整控除、人的控除、保険料控除がある。	
問68	年末調整のときに提出してもらう扶養控除等申告書の目的は、その年の12月末時点の本人と扶養家族の状況、およびその年末調整を行う年の1月1日の住所を確認するのが主な目的である。	
問69	扶養控除等申告書に1月から扶養親族として記載されていた父親が、その年の12月31日より前に死亡していたことが判明した場合には、その年の年末調整においては扶養控除からはずさなければならない。	
問70	老人扶養親族とは、扶養親族のうち年齢75歳以上の人をいう。	
問71	身体障害者福祉法の規定により交付を受けた身体障害者手帳に1級、2級または3級である者として記載されている人は特別障害者にあたる。	
問72	控除対象扶養親族にあたらない年齢16歳未満の扶養親族（年少扶養親族）であっても、その年少扶養親族が障害者に該当する場合は、障害者控除の適用は受けられる。	
問73	特定扶養親族とは、扶養親族のうち、年齢19歳以上23歳未満のいわゆる大学生世代の人をいうので、実際に学校に通っていない人は特定扶養親族にあたらない。	
問74	扶養親族である同一生計の子を有することは、ひとり親控除の絶対要件であるが、寡婦控除では、同一生計の扶養親族を有することは絶対要件ではない。	
問75	保険料控除申告書に記載されている生命保険の内容が、前年の証明書と同じ内容であることが確認できれば、当年分の証明書の添付は特に必要ない。	
問76	受取人が所得者本人や扶養親族でない場合でも、実際の保険料の支払者が所得者本人であれば、その支払った生命保険料や年金保険料については保険料控除の対象となる。	
問77	保険料控除証明書に発行日までの支払済み保険料と年末までの本年支払予定保険料の記載がある場合は、支払予定保険料で控除額を計算して差し支えない。	

問 78	国民年金保険は保険料控除申告書への証明書類の添付が不要であるが、国民健康保険は証明書類の添付が必要である。	
問 79	すべての小規模企業共済等掛金は保険料控除申告書への証明書類の添付が不要である。	
問 80	配偶者の年間給与収入が 103 万円をわずかでも超えていれば配偶者控除は受けられないが、103 万円超 201 万 6 千円未満に収まっていれば、必ず配偶者特別控除を受けられる。	
問 81	住宅借入金等特別控除は、適用初年度に確定申告で適用を受け、翌年以降は税務署からまとめて所得者に送付される申告書を会社に提出することで控除適用を受ける。	
問 82	住宅借入金等特別控除は、借入金の残高に対して計算されるものであり、所得者本人が実際に住んでいない投機目的の家屋でも適用対象となる。	
問 83	住宅借入金等特別控除申告書には借入金の年末残高証明書の添付が必須であり、添付がない場合は控除を受けられない。	
問 84	住宅借入金等特別控除額の計算をする際に、ローンの借換えをしている場合は、その年末に発行された残高証明書の金額をそのまま用いるのではなく、借換え直前の当初のローン残高との比較などが必要である。	
問 85	他の所得申告がない人で年末調整の対象となる人の場合、基本的に全員が基礎控除 48 万円の適用を受けられると考えて差し支えない。	
問 86	年末調整後には源泉徴収票を作成し、本人への交付はもちろんのこと、1 月中に全員分の源泉徴収票を税務署および市区町村役所へ提出しなければならない。	
問 87	社会保険の標準報酬月額は、「月額変更届」等に該当しない限り、少なくとも年に 1 回は定時決定（算定）により見直しが行われる。	
問 88	社会保険の算定基礎届は、4 ～ 6 月の月額給与支給額（通勤手当含む）を記載し、毎年 7 月に保険者に提出する。	
問 89	5 月 1 日以降に被保険者の資格を取得した人については、標準報酬月額を決定したばかりなので、その年の算定は行わない。	
問 90	算定より月変が優先されるので、その年の 4 月の固定的賃金の	

		変動により7月月変（随時改定）となった人については、算定基礎届の提出は不要である。	
問91		算定における標準報酬月額は、4～6月の各月合計報酬の1か月平均額で求めるが、報酬の支払基礎日数が15日未満の月については、その月を除いた平均額で決定する。	
問92		算定における標準報酬月額は、4～6月の各月合計報酬の1か月平均額で求めるが、4月・5月の月中途入社者で報酬が日割減額されている場合には、その月を除いた平均額で決定する。	
問93		算定基礎届に記載すべき報酬には、基本給や通勤手当など毎月固定的に支払っている報酬を記載するので、残業手当などの変動する手当は含めない。	
問94		算定で決定した新たな標準報酬月額の有効期間は、その年の10月から翌年9月（その間に随時改定により標準報酬月額が改定となった場合は、その変更の前月）まで有効となる。	
問95		昇給や降給により固定的賃金の変動があった場合は、社会保険標準報酬月額の随時改定（月変）にあたるかどうか判定しなければならないが、賃金体系の変更があった場合は判定不要である。	
問96		社会保険の被保険者である時給アルバイトの時給が上がった場合や、時給パートが正社員になって月給制となった場合は、随時改定（月変）に該当するかどうかの判定が必要である。	
問97		固定的賃金の変動があり、以後3か月に受けた報酬の平均額が従前の標準報酬月額と比べて2等級以上の差があっても、その3か月間の中に支払基礎日数17日未満の月が1月でもあれば随時改定にはあたらない。	
問98		標準報酬の月額変更届を作成して保険者に提出した場合、固定的賃金変動から4か月目の月から標準報酬月額が変更となるため、4か月目の月の給与計算から社会保険料の控除額を変更しなければならない。	
問99		継続事業において、概算で前払いした労働保険料が、確定した保険料と比べて多く払いすぎていたことが判明した場合は、過払い分を還付請求して返してもらう。	
問100		労働保険の概算保険料は、金額の多少にかかわらず、3回分割で納付することが可能である。	

	解答	解 説
問1	×	社会保険の月変判定で重要（**Q1-4**、**Q1-32**、**Q1-33** 参照）
問2	×	通勤手当は月 15 万円まで所得税非課税扱い（**Q1-4** 参照）
問3	×	法定時間内は必ずしも割増しなくてもよい（**Q1-5** 参照）
問4	×	週 40 時間を超えていなければ割増不要の場合あり（**Q1-5** 参照）
問5	○	**Q1-5** 参照
問6	×	勤務時間の長短にかかわらず、深夜労働には 25 ％の加算必要（**Q1-5** 参照）
問7	×	一部は計算から除外できる（**Q1-5** 参照）
問8	○	**Q1-5** 参照
問9	×	「社会保険」の保険料は月額保険料額表で決定（**Q1-7** 参照）
問10	×	標準報酬の計算基礎に含める（**Q1-7** 参照）
問11	×	40 歳以上 65 歳未満（**Q1-7** 参照）
問12	○	**Q1-7** 参照
問13	×	「子ども・子育て拠出金」は事業主のみが負担（**Q1-7** 参照）
問14	×	1 か月遅れの 5 月分給与から控除（**Q1-7** 参照）
問15	○	**Q1-7** 参照
問16	×	通勤手当を含めて計算する（**Q1-7** 参照）
問17	×	事業主負担が多い（**Q1-7** 参照）
問18	×	事業主のみが負担（**Q1-7** 参照）
問19	○	**Q1-8** 参照
問20	×	主たる給与を受ける会社にしか提出できない（**Q1-8** 参照）
問21	○	**Q1-8** 参照
問22	○	**Q1-8**、**Q1-25** 参照
問23	×	両方の提出または提示が必要（**Q1-8** 参照）
問24	×	総支給額→社会保険料控除後（**Q1-8** 参照）

問 25	×	どちらの答えも正しく、数十円程度のズレは問題ない（**Q1-8** 参照）
問 26	×	支払年度は当年 6 月から翌年 5 月（**Q1-9** 参照）
問 27	○	**Q1-9** 参照
問 28	×	必須ではない（**Q1-9** 参照）
問 29	×	残額の精算方法は本人の希望による（**Q1-9** 参照）
問 30	×	本人に交付しなければならない（**Q1-9** 参照）
問 31	×	作成して市区町村役所に提出（**Q1-9** 参照）
問 32	○	**Q1-9** 参照
問 33	○	**Q1-9** 参照
問 34	×	**Q1-10** 参照
問 35	×	**Q1-12** 参照
問 36	○	**Q1-13** 参照
問 37	×	3 営業日前（**Q1-14** 参照）
問 38	×	翌月末日（**Q1-15** 参照）
問 39	×	年 3 回の場合もある（**Q1-15** 参照）
問 40	○	**Q1-15** 参照
問 41	○	**Q1-16** 参照
問 42	×	預かり金と納付額がずれてしまう（**Q1-16** 参照）
問 43	○	**Q1-16** 参照
問 44	○	**Q1-16** 参照
問 45	×	住民税なし（**Q1-17** 参照）
問 46	○	**Q1-17** 参照
問 47	×	千円未満切捨て（**Q1-18** 参照）
問 48	×	年度は 4 月 1 日〜 3 月 31 日（**Q1-18** 参照）
問 49	×	573 万円（**Q1-18** 参照）
問 50	×	150 万円（**Q1-18** 参照）
問 51	○	**Q1-18** 参照

問 52	✕	毎月の給与と同じ料率（**Q1-18** 参照）
問 53	✕	切捨てしない額（**Q1-18** 参照）
問 54	✕	毎月の給与と同じ料率（**Q1-18** 参照）
問 55	✕	前月給与（**Q1-19** 参照）
問 56	✕	「賞与の社会保険料控除後の金額」ではなく、「<u>前月給与の社会保険料控除後の金額</u>」（**Q1-19** 参照）
問 57	✕	所得税は円未満切捨て（**Q1-19** 参照）
問 58	◯	**Q1-19** 参照
問 59	✕	賞与支払届には賞与支払額のみ記載（**Q1-20** 参照）
問 60	✕	同じ納付書（**Q1-20** 参照）
問 61	✕	必要（**Q1-21** 参照）
問 62	◯	**Q1-21** 参照
問 63	✕	その都度行う（**Q1-21** 参照）
問 64	✕	行う（**Q1-21** 参照）
問 65	✕	該当者である限りしなければならない（**Q1-21** 参照）
問 66	✕	住宅借入金等特別控除は税額控除（**Q1-24** 参照）
問 67	◯	**Q1-24** 参照
問 68	✕	年末調整を行う翌年の1月1日の住所（**Q1-25** 参照）
問 69	✕	死亡した年は扶養控除の対象となる（**Q1-25** 参照）
問 70	✕	70歳以上（**Q1-25** 参照）
問 71	✕	3級は普通障害（**Q1-25** 参照）
問 72	◯	**Q1-25** 参照
問 73	✕	年齢のみで判定（**Q1-25** 参照）
問 74	◯	**Q1-25** 参照
問 75	✕	証明書添付は必須条件（**Q1-27** 参照）
問 76	✕	受取人は一定の範囲に限られる（**Q1-27** 参照）
問 77	◯	**Q1-27** 参照
問 78	✕	国年と国保が逆（**Q1-27** 参照）

問 79	×	個人型確定拠出年金加入者掛金は必要（**Q1-27** 参照）
問 80	×	本人の年間所得が 1,000 万円超の場合は受けられない（**Q1-26** 参照）
問 81	○	**Q1-28** 参照
問 82	×	住んでいることが条件（**Q1-28** 参照）
問 83	○	**Q1-28** 参照
問 84	○	**Q1-28** 参照
問 85	○	**Q1-26** 参照
問 86	×	税務署への提出は一定要件の人のみ（**Q1-31** 参照）
問 87	○	**Q1-32** 参照
問 88	○	**Q1-32** 参照
問 89	×	6 月 1 日以降（**Q1-32** 参照）
問 90	○	**Q1-32** 参照
問 91	×	17 日未満（**Q1-32** 参照）
問 92	○	**Q1-32** 参照
問 93	×	含める（**Q1-32** 参照）
問 94	×	9 月から翌年 8 月（**Q1-32** 参照）
問 95	×	賃金体系の変更時も判定必要（**Q1-33** 参照）
問 96	○	**Q1-33** 参照
問 97	○	**Q1-33** 参照
問 98	×	保険料は 1 か月遅れで控除のため 5 か月目から変更（**Q1-33** 参照）
問 99	×	次年度概算保険料に充当して精算する（**Q1-34** 参照）
問 100	×	40 万円以上の場合（**Q1-34** 参照）

第**6**章

資料編

資料1 協会けんぽ（東京）標準報酬月額保険料額表

令和3年3月分（4月納付分）からの健康保険・厚生年金保険の保険料額表

・健康保険料率：令和3年3月分～　適用　　・厚生年金保険料率：平成29年9月分～　適用
・介護保険料率：令和3年3月分～　適用　　・子ども・子育て拠出金率：令和2年4月分～　適用

（東京都）　　　（単位：円）

標準報酬 等級	標準報酬 月額	報酬月額 円以上	報酬月額 円未満	全国健康保険協会管掌健康保険料 介護保険第2号被保険者に該当しない場合 9.84% 全額	折半額	全国健康保険協会管掌健康保険料 介護保険第2号被保険者に該当する場合 11.64% 全額	折半額	厚生年金保険料（厚生年金基金加入員を除く） 一般・坑内員・船員 18.300%※ 全額	折半額
1	58,000	～	63,000	5,707.2	2,853.6	6,751.2	3,375.6		
2	68,000	63,000 ～	73,000	6,691.2	3,345.6	7,915.2	3,957.6		
3	78,000	73,000 ～	83,000	7,675.2	3,837.6	9,079.2	4,539.6		
4(1)	88,000	83,000 ～	93,000	8,659.2	4,329.6	10,243.2	5,121.6	16,104.00	8,052.00
5(2)	98,000	93,000 ～	101,000	9,643.2	4,821.6	11,407.2	5,703.6	17,934.00	8,967.00
6(3)	104,000	101,000 ～	107,000	10,233.6	5,116.8	12,105.6	6,052.8	19,032.00	9,516.00
7(4)	110,000	107,000 ～	114,000	10,824.0	5,412.0	12,804.0	6,402.0	20,130.00	10,065.00
8(5)	118,000	114,000 ～	122,000	11,611.2	5,805.6	13,735.2	6,867.6	21,594.00	10,797.00
9(6)	126,000	122,000 ～	130,000	12,398.4	6,199.2	14,666.4	7,333.2	23,058.00	11,529.00
10(7)	134,000	130,000 ～	138,000	13,185.6	6,592.8	15,597.6	7,798.8	24,522.00	12,261.00
11(8)	142,000	138,000 ～	146,000	13,972.8	6,986.4	16,528.8	8,264.4	25,986.00	12,993.00
12(9)	150,000	146,000 ～	155,000	14,760.0	7,380.0	17,460.0	8,730.0	27,450.00	13,725.00
13(10)	160,000	155,000 ～	165,000	15,744.0	7,872.0	18,624.0	9,312.0	29,280.00	14,640.00
14(11)	170,000	165,000 ～	175,000	16,728.0	8,364.0	19,788.0	9,894.0	31,110.00	15,555.00
15(12)	180,000	175,000 ～	185,000	17,712.0	8,856.0	20,952.0	10,476.0	32,940.00	16,470.00
16(13)	190,000	185,000 ～	195,000	18,696.0	9,348.0	22,116.0	11,058.0	34,770.00	17,385.00
17(14)	200,000	195,000 ～	210,000	19,680.0	9,840.0	23,280.0	11,640.0	36,600.00	18,300.00
18(15)	220,000	210,000 ～	230,000	21,648.0	10,824.0	25,608.0	12,804.0	40,260.00	20,130.00
19(16)	240,000	230,000 ～	250,000	23,616.0	11,808.0	27,936.0	13,968.0	43,920.00	21,960.00
20(17)	260,000	250,000 ～	270,000	25,584.0	12,792.0	30,264.0	15,132.0	47,580.00	23,790.00
21(18)	280,000	270,000 ～	290,000	27,552.0	13,776.0	32,592.0	16,296.0	51,240.00	25,620.00
22(19)	300,000	290,000 ～	310,000	29,520.0	14,760.0	34,920.0	17,460.0	54,900.00	27,450.00
23(20)	320,000	310,000 ～	330,000	31,488.0	15,744.0	37,248.0	18,624.0	58,560.00	29,280.00
24(21)	340,000	330,000 ～	350,000	33,456.0	16,728.0	39,576.0	19,788.0	62,220.00	31,110.00
25(22)	360,000	350,000 ～	370,000	35,424.0	17,712.0	41,904.0	20,952.0	65,880.00	32,940.00
26(23)	380,000	370,000 ～	395,000	37,392.0	18,696.0	44,232.0	22,116.0	69,540.00	34,770.00
27(24)	410,000	395,000 ～	425,000	40,344.0	20,172.0	47,724.0	23,862.0	75,030.00	37,515.00
28(25)	440,000	425,000 ～	455,000	43,296.0	21,648.0	51,216.0	25,608.0	80,520.00	40,260.00
29(26)	470,000	455,000 ～	485,000	46,248.0	23,124.0	54,708.0	27,354.0	86,010.00	43,005.00
30(27)	500,000	485,000 ～	515,000	49,200.0	24,600.0	58,200.0	29,100.0	91,500.00	45,750.00
31(28)	530,000	515,000 ～	545,000	52,152.0	26,076.0	61,692.0	30,846.0	96,990.00	48,495.00
32(29)	560,000	545,000 ～	575,000	55,104.0	27,552.0	65,184.0	32,592.0	102,480.00	51,240.00
33(30)	590,000	575,000 ～	605,000	58,056.0	29,028.0	68,676.0	34,338.0	107,970.00	53,985.00
34(31)	620,000	605,000 ～	635,000	61,008.0	30,504.0	72,168.0	36,084.0	113,460.00	56,730.00
35(32)	650,000	635,000 ～	665,000	63,960.0	31,980.0	75,660.0	37,830.0	118,950.00	59,475.00
36	680,000	665,000 ～	695,000	66,912.0	33,456.0	79,152.0	39,576.0		
37	710,000	695,000 ～	730,000	69,864.0	34,932.0	82,644.0	41,322.0		
38	750,000	730,000 ～	770,000	73,800.0	36,900.0	87,300.0	43,650.0		
39	790,000	770,000 ～	810,000	77,736.0	38,868.0	91,956.0	45,978.0		
40	830,000	810,000 ～	855,000	81,672.0	40,836.0	96,612.0	48,306.0		
41	880,000	855,000 ～	905,000	86,592.0	43,296.0	102,432.0	51,216.0		
42	930,000	905,000 ～	955,000	91,512.0	45,756.0	108,252.0	54,126.0		
43	980,000	955,000 ～	1,005,000	96,432.0	48,216.0	114,072.0	57,036.0		
44	1,030,000	1,005,000 ～	1,055,000	101,352.0	50,676.0	119,892.0	59,946.0		
45	1,090,000	1,055,000 ～	1,115,000	107,256.0	53,628.0	126,876.0	63,438.0		
46	1,150,000	1,115,000 ～	1,175,000	113,160.0	56,580.0	133,860.0	66,930.0		
47	1,210,000	1,175,000 ～	1,235,000	119,064.0	59,532.0	140,844.0	70,422.0		
48	1,270,000	1,235,000 ～	1,295,000	124,968.0	62,484.0	147,828.0	73,914.0		
49	1,330,000	1,295,000 ～	1,355,000	130,872.0	65,436.0	154,812.0	77,406.0		
50	1,390,000	1,355,000 ～		136,776.0	68,388.0	161,796.0	80,898.0		

※厚生年金基金に加入している方の厚生年金保険料率は、基金ごとに定められている免除保険料率（2.4%～5.0%）を控除した率となります。

加入する基金ごとに異なりますので、免除保険料率および厚生年金基金の掛金については、加入する厚生年金基金にお問い合わせください。

◆介護保険第2号被保険者は、40歳から64歳までの方であり、健康保険料率（9.84%）に介護保険料率（1.80%）が加わります。
◆等級欄の（　）内の数字は、厚生年金保険の標準報酬月額等級です。
　4（1）等級の「報酬月額」欄は、厚生年金保険の場合「93,000円未満」と読み替えてください。
　35（32）等級の「報酬月額」欄は、厚生年金保険の場合「635,000円以上」と読み替えてください。
◆令和3年度における全国健康保険協会の任意継続被保険者について、標準報酬月額の上限は、300,000円です。

○被保険者負担分（表の折半額の欄）に円未満の端数がある場合
　①事業主が、給与から被保険者負担分を控除する場合、被保険者負担分の端数が50銭以下の場合は切り捨て、50銭を超える場合は切り上げて1円となります。
　②被保険者が、被保険者負担分を事業主へ現金で支払う場合、被保険者負担分の端数が50銭未満の場合は切り捨て、50銭以上の場合は切り上げて1円となります。
　（注）①、②にかかわらず、事業主と被保険者間で特約がある場合には、特約に基づき端数処理をすることができます。
○納入告知書の保険料額
　納入告知書の保険料額は、被保険者個々の保険料額を合算した金額になります。ただし、合算した金額に円未満の端数がある場合は、その端数を切り捨てた額となります。
○賞与にかかる保険料額
　賞与に係る保険料額は、賞与額から1,000円未満の端数を切り捨てた額（標準賞与額）に、保険料率を乗じた額となります。
　また、標準賞与額の上限は、健康保険は年間573万円（毎年4月1日から翌年3月31日までの累計額。）となり、厚生年金保険と子ども・子育て拠出金の場合は
　月額150万円となります。
○子ども・子育て拠出金
　事業主の方は、児童手当の支給に要する費用等の一部として、子ども・子育て拠出金を負担いただくことになります。（被保険者の負担はありません。）
　この子ども・子育て拠出金の額は、被保険者個々の厚生年金保険の標準報酬月額および標準賞与額に、拠出金率（0.36%）を乗じて得た額の総額となります。

資料2 労災保険率表

(単位：1/1,000)　　　　　　　　　　　　　　　　　　　　　　　　　　　　　　　　　　　（平成 30 年4月1日施行）

事業の種類の分類	業種番号	事業の種類	労災保険率
林業	02又は03	林業	60
漁業	11	海面漁業（定置網漁業又は海面魚類養殖業を除く。）	18
	12	定置網漁業又は海面魚類養殖業	38
鉱業	21	金属鉱業、非金属鉱業（石灰石鉱業又はドロマイト鉱業を除く。）又は石炭鉱業	88
	23	石灰石鉱業又はドロマイト鉱業	16
	24	原油又は天然ガス鉱業	2.5
	25	採石業	49
	26	その他の鉱業	26
建設事業	31	水力発電施設、ずい道等新設事業	62
	32	道路新設事業	11
	33	舗装工事業	9
	34	鉄道又は軌道新設事業	9
	35	建築事業（既設建築物設備工事業を除く。）	9.5
	38	既設建築物設備工事業	12
	36	機械装置の組立て又は据付けの事業	6.5
	37	その他の建設事業	15
製造業	41	食料品製造業	6
	42	繊維工業又は繊維製品製造業	4
	44	木材又は木製品製造業	14
	45	パルプ又は紙製造業	6.5
	46	印刷又は製本業	3.5
	47	化学工業	4.5
	48	ガラス又はセメント製造業	6
	66	コンクリート製造業	13
	62	陶磁器製品製造業	18
	49	その他の窯業又は土石製品製造業	26
	50	金属精錬業（非鉄金属精錬業を除く。）	6.5
	51	非鉄金属精錬業	7
	52	金属材料品製造業（鋳物業を除く。）	5.5
	53	鋳物業	16
	54	金属製品製造業又は金属加工業（洋食器、刃物、手工具又は一般金物製造業及びめっき業を除く。）	10
	63	洋食器、刃物、手工具又は一般金物製造業（めっき業を除く。）	6.5
	55	めっき業	7
	56	機械器具製造業（電気機械器具製造業、輸送用機械器具製造業、船舶製造又は修理業及び計量器、光学機械、時計等製造業を除く。）	5
	57	電気機械器具製造業	2.5
	58	輸送用機械器具製造業（船舶製造又は修理業を除く。）	4
	59	船舶製造又は修理業	23
	60	計量器、光学機械、時計等製造業（電気機械器具製造業を除く。）	2.5
	64	貴金属製品、装身具、皮革製品等製造業	3.5
	61	その他の製造業	6.5
運輸業	71	交通運輸事業	4
	72	貨物取扱事業（港湾貨物取扱事業及び港湾荷役業を除く。）	9
	73	港湾貨物取扱事業（港湾荷役業を除く。）	9
	74	港湾荷役業	13
電気、ガス、水道又は熱供給の事業	81	電気、ガス、水道又は熱供給の事業	3
その他の事業	95	農業又は海面漁業以外の漁業	13
	91	清掃、火葬又はと畜の事業	13
	93	ビルメンテナンス業	5.5
	96	倉庫業、警備業、消毒又は害虫駆除の事業又はゴルフ場の事業	6.5
	97	通信業、放送業、新聞業又は出版業	2.5
	98	卸売業・小売業、飲食店又は宿泊業	3
	99	金融業、保険業又は不動産業	2.5
	94	その他の各種事業	3
	90	船舶所有者の事業	47

資料3　給与所得の源泉徴収税額表（月額表）（令和3年分）

（平成24年3月31日財務省告示第115号別表第一（平成31年3月29日財務省告示第97号改正）

（一）　　（〜166,999円）

その月の社会保険料等控除後の給与等の金額		甲								乙
以　上	未　満	扶　養　親　族　等　の　数								税　額
		0人	1人	2人	3人	4人	5人	6人	7人	
		税			額					
円	円	円	円	円	円	円	円	円	円	円
88,000 円未満		0	0	0	0	0	0	0	0	その月の社会保険料等控除後の給与等の金額の3.063%に相当する金額
88,000	89,000	130	0	0	0	0	0	0	0	3,200
89,000	90,000	180	0	0	0	0	0	0	0	3,200
90,000	91,000	230	0	0	0	0	0	0	0	3,200
91,000	92,000	290	0	0	0	0	0	0	0	3,200
92,000	93,000	340	0	0	0	0	0	0	0	3,300
93,000	94,000	390	0	0	0	0	0	0	0	3,300
94,000	95,000	440	0	0	0	0	0	0	0	3,300
95,000	96,000	490	0	0	0	0	0	0	0	3,400
96,000	97,000	540	0	0	0	0	0	0	0	3,400
97,000	98,000	590	0	0	0	0	0	0	0	3,500
98,000	99,000	640	0	0	0	0	0	0	0	3,500
99,000	101,000	720	0	0	0	0	0	0	0	3,600
101,000	103,000	830	0	0	0	0	0	0	0	3,600
103,000	105,000	930	0	0	0	0	0	0	0	3,700
105,000	107,000	1,030	0	0	0	0	0	0	0	3,800
107,000	109,000	1,130	0	0	0	0	0	0	0	3,800
109,000	111,000	1,240	0	0	0	0	0	0	0	3,900
111,000	113,000	1,340	0	0	0	0	0	0	0	4,000
113,000	115,000	1,440	0	0	0	0	0	0	0	4,100
115,000	117,000	1,540	0	0	0	0	0	0	0	4,100
117,000	119,000	1,640	0	0	0	0	0	0	0	4,200
119,000	121,000	1,750	120	0	0	0	0	0	0	4,300
121,000	123,000	1,850	220	0	0	0	0	0	0	4,500
123,000	125,000	1,950	330	0	0	0	0	0	0	4,800
125,000	127,000	2,050	430	0	0	0	0	0	0	5,100
127,000	129,000	2,150	530	0	0	0	0	0	0	5,400
129,000	131,000	2,260	630	0	0	0	0	0	0	5,700
131,000	133,000	2,360	740	0	0	0	0	0	0	6,000
133,000	135,000	2,460	840	0	0	0	0	0	0	6,300
135,000	137,000	2,550	930	0	0	0	0	0	0	6,600
137,000	139,000	2,610	990	0	0	0	0	0	0	6,800
139,000	141,000	2,680	1,050	0	0	0	0	0	0	7,100
141,000	143,000	2,740	1,110	0	0	0	0	0	0	7,500
143,000	145,000	2,800	1,170	0	0	0	0	0	0	7,800
145,000	147,000	2,860	1,240	0	0	0	0	0	0	8,100
147,000	149,000	2,920	1,300	0	0	0	0	0	0	8,400
149,000	151,000	2,980	1,360	0	0	0	0	0	0	8,700
151,000	153,000	3,050	1,430	0	0	0	0	0	0	9,000
153,000	155,000	3,120	1,500	0	0	0	0	0	0	9,300
155,000	157,000	3,200	1,570	0	0	0	0	0	0	9,600
157,000	159,000	3,270	1,640	0	0	0	0	0	0	9,900
159,000	161,000	3,340	1,720	100	0	0	0	0	0	10,200
161,000	163,000	3,410	1,790	170	0	0	0	0	0	10,500
163,000	165,000	3,480	1,860	250	0	0	0	0	0	10,800
165,000	167,000	3,550	1,930	320	0	0	0	0	0	11,100

(167,000円～289,999円)

その月の社会保険料等控除後の給与等の金額		甲								乙
		扶 養 親 族 等 の 数								
		0人	1人	2人	3人	4人	5人	6人	7人	
以 上	未 満	税				額				税 額
円	円	円	円	円	円	円	円	円	円	円
167,000	169,000	3,620	2,000	390	0	0	0	0	0	11,400
169,000	171,000	3,700	2,070	460	0	0	0	0	0	11,700
171,000	173,000	3,770	2,140	530	0	0	0	0	0	12,000
173,000	175,000	3,840	2,220	600	0	0	0	0	0	12,400
175,000	177,000	3,910	2,290	670	0	0	0	0	0	12,700
177,000	179,000	3,980	2,360	750	0	0	0	0	0	13,200
179,000	181,000	4,050	2,430	820	0	0	0	0	0	13,900
181,000	183,000	4,120	2,500	890	0	0	0	0	0	14,600
183,000	185,000	4,200	2,570	960	0	0	0	0	0	15,300
185,000	187,000	4,270	2,640	1,030	0	0	0	0	0	16,000
187,000	189,000	4,340	2,720	1,100	0	0	0	0	0	16,700
189,000	191,000	4,410	2,790	1,170	0	0	0	0	0	17,500
191,000	193,000	4,480	2,860	1,250	0	0	0	0	0	18,100
193,000	195,000	4,550	2,930	1,320	0	0	0	0	0	18,800
195,000	197,000	4,630	3,000	1,390	0	0	0	0	0	19,500
197,000	199,000	4,700	3,070	1,460	0	0	0	0	0	20,200
199,000	201,000	4,770	3,140	1,530	0	0	0	0	0	20,900
201,000	203,000	4,840	3,220	1,600	0	0	0	0	0	21,500
203,000	205,000	4,910	3,290	1,670	0	0	0	0	0	22,200
205,000	207,000	4,980	3,360	1,750	130	0	0	0	0	22,700
207,000	209,000	5,050	3,430	1,820	200	0	0	0	0	23,300
209,000	211,000	5,130	3,500	1,890	280	0	0	0	0	23,900
211,000	213,000	5,200	3,570	1,960	350	0	0	0	0	24,400
213,000	215,000	5,270	3,640	2,030	420	0	0	0	0	25,000
215,000	217,000	5,340	3,720	2,100	490	0	0	0	0	25,500
217,000	219,000	5,410	3,790	2,170	560	0	0	0	0	26,100
219,000	221,000	5,480	3,860	2,250	630	0	0	0	0	26,800
221,000	224,000	5,560	3,950	2,340	710	0	0	0	0	27,400
224,000	227,000	5,680	4,060	2,440	830	0	0	0	0	28,400
227,000	230,000	5,780	4,170	2,550	930	0	0	0	0	29,300
230,000	233,000	5,890	4,280	2,650	1,040	0	0	0	0	30,300
233,000	236,000	5,990	4,380	2,770	1,140	0	0	0	0	31,300
236,000	239,000	6,110	4,490	2,870	1,260	0	0	0	0	32,400
239,000	242,000	6,210	4,590	2,980	1,360	0	0	0	0	33,400
242,000	245,000	6,320	4,710	3,080	1,470	0	0	0	0	34,400
245,000	248,000	6,420	4,810	3,200	1,570	0	0	0	0	35,400
248,000	251,000	6,530	4,920	3,300	1,680	0	0	0	0	36,400
251,000	254,000	6,640	5,020	3,410	1,790	170	0	0	0	37,500
254,000	257,000	6,750	5,140	3,510	1,900	290	0	0	0	38,500
257,000	260,000	6,850	5,240	3,620	2,000	390	0	0	0	39,400
260,000	263,000	6,960	5,350	3,730	2,110	500	0	0	0	40,400
263,000	266,000	7,070	5,450	3,840	2,220	600	0	0	0	41,500
266,000	269,000	7,180	5,560	3,940	2,330	710	0	0	0	42,500
269,000	272,000	7,280	5,670	4,050	2,430	820	0	0	0	43,500
272,000	275,000	7,390	5,780	4,160	2,540	930	0	0	0	44,500
275,000	278,000	7,490	5,880	4,270	2,640	1,030	0	0	0	45,500
278,000	281,000	7,610	5,990	4,370	2,760	1,140	0	0	0	46,600
281,000	284,000	7,710	6,100	4,480	2,860	1,250	0	0	0	47,600
284,000	287,000	7,820	6,210	4,580	2,970	1,360	0	0	0	48,600
287,000	290,000	7,920	6,310	4,700	3,070	1,460	0	0	0	49,700

その月の社会保険料等控除後の給与等の金額		甲								乙
		扶　養　親　族　等　の　数								
		0人	1人	2人	3人	4人	5人	6人	7人	
以　上	未　満	税			額					税　額
円	円	円	円	円	円	円	円	円	円	円
290,000	293,000	8,040	6,420	4,800	3,190	1,570	0	0	0	50,900
293,000	296,000	8,140	6,520	4,910	3,290	1,670	0	0	0	52,100
296,000	299,000	8,250	6,640	5,010	3,400	1,790	160	0	0	52,900
299,000	302,000	8,420	6,740	5,130	3,510	1,890	280	0	0	53,700
302,000	305,000	8,670	6,860	5,250	3,630	2,010	400	0	0	54,500
305,000	308,000	8,910	6,980	5,370	3,760	2,130	520	0	0	55,200
308,000	311,000	9,160	7,110	5,490	3,880	2,260	640	0	0	56,100
311,000	314,000	9,400	7,230	5,620	4,000	2,380	770	0	0	56,900
314,000	317,000	9,650	7,350	5,740	4,120	2,500	890	0	0	57,800
317,000	320,000	9,890	7,470	5,860	4,250	2,620	1,010	0	0	58,800
320,000	323,000	10,140	7,600	5,980	4,370	2,750	1,130	0	0	59,800
323,000	326,000	10,380	7,720	6,110	4,490	2,870	1,260	0	0	60,900
326,000	329,000	10,630	7,840	6,230	4,610	2,990	1,380	0	0	61,900
329,000	332,000	10,870	7,960	6,350	4,740	3,110	1,500	0	0	62,900
332,000	335,000	11,120	8,090	6,470	4,860	3,240	1,620	0	0	63,900
335,000	338,000	11,360	8,210	6,600	4,980	3,360	1,750	130	0	64,900
338,000	341,000	11,610	8,370	6,720	5,110	3,480	1,870	260	0	66,000
341,000	344,000	11,850	8,620	6,840	5,230	3,600	1,990	380	0	67,000
344,000	347,000	12,100	8,860	6,960	5,350	3,730	2,110	500	0	68,000
347,000	350,000	12,340	9,110	7,090	5,470	3,850	2,240	620	0	69,000
350,000	353,000	12,590	9,350	7,210	5,600	3,970	2,360	750	0	70,000
353,000	356,000	12,830	9,600	7,330	5,720	4,090	2,480	870	0	71,100
356,000	359,000	13,080	9,840	7,450	5,840	4,220	2,600	990	0	72,100
359,000	362,000	13,320	10,090	7,580	5,960	4,340	2,730	1,110	0	73,100
362,000	365,000	13,570	10,330	7,700	6,090	4,460	2,850	1,240	0	74,200
365,000	368,000	13,810	10,580	7,820	6,210	4,580	2,970	1,360	0	75,200
368,000	371,000	14,060	10,820	7,940	6,330	4,710	3,090	1,480	0	76,200
371,000	374,000	14,300	11,070	8,070	6,450	4,830	3,220	1,600	0	77,100
374,000	377,000	14,550	11,310	8,190	6,580	4,950	3,340	1,730	100	78,100
377,000	380,000	14,790	11,560	8,320	6,700	5,070	3,460	1,850	220	79,000
380,000	383,000	15,040	11,800	8,570	6,820	5,200	3,580	1,970	350	79,900
383,000	386,000	15,280	12,050	8,810	6,940	5,320	3,710	2,090	470	81,400
386,000	389,000	15,530	12,290	9,060	7,070	5,440	3,830	2,220	590	83,100
389,000	392,000	15,770	12,540	9,300	7,190	5,560	3,950	2,340	710	84,700
392,000	395,000	16,020	12,780	9,550	7,310	5,690	4,070	2,460	840	86,500
395,000	398,000	16,260	13,030	9,790	7,430	5,810	4,200	2,580	960	88,200
398,000	401,000	16,510	13,270	10,040	7,560	5,930	4,320	2,710	1,080	89,800
401,000	404,000	16,750	13,520	10,280	7,680	6,050	4,440	2,830	1,200	91,600
404,000	407,000	17,000	13,760	10,530	7,800	6,180	4,560	2,950	1,330	93,300
407,000	410,000	17,240	14,010	10,770	7,920	6,300	4,690	3,070	1,450	95,000
410,000	413,000	17,490	14,250	11,020	8,050	6,420	4,810	3,200	1,570	96,700
413,000	416,000	17,730	14,500	11,260	8,170	6,540	4,930	3,320	1,690	98,300
416,000	419,000	17,980	14,740	11,510	8,290	6,670	5,050	3,440	1,820	100,100
419,000	422,000	18,220	14,990	11,750	8,530	6,790	5,180	3,560	1,940	101,800
422,000	425,000	18,470	15,230	12,000	8,770	6,910	5,300	3,690	2,060	103,400
425,000	428,000	18,710	15,480	12,240	9,020	7,030	5,420	3,810	2,180	105,200
428,000	431,000	18,960	15,720	12,490	9,260	7,160	5,540	3,930	2,310	106,900
431,000	434,000	19,210	15,970	12,730	9,510	7,280	5,670	4,050	2,430	108,500
434,000	437,000	19,450	16,210	12,980	9,750	7,400	5,790	4,180	2,550	110,300
437,000	440,000	19,700	16,460	13,220	10,000	7,520	5,910	4,300	2,680	112,000

その月の社会保険料等控除後の給与等の金額		甲								乙
		扶　養　親　族　等　の　数								
以　上	未　満	0人	1人	2人	3人	4人	5人	6人	7人	税　額
		税				額				税　額
円	円	円	円	円	円	円	円	円	円	円
440,000	443,000	20,090	16,700	13,470	10,240	7,650	6,030	4,420	2,800	113,600
443,000	446,000	20,580	16,950	13,710	10,490	7,770	6,160	4,540	2,920	115,400
446,000	449,000	21,070	17,190	13,960	10,730	7,890	6,280	4,670	3,040	117,100
449,000	452,000	21,560	17,440	14,200	10,980	8,010	6,400	4,790	3,170	118,700
452,000	455,000	22,050	17,680	14,450	11,220	8,140	6,520	4,910	3,290	120,500
455,000	458,000	22,540	17,930	14,690	11,470	8,260	6,650	5,030	3,410	122,200
458,000	461,000	23,030	18,170	14,940	11,710	8,470	6,770	5,160	3,530	123,800
461,000	464,000	23,520	18,420	15,180	11,960	8,720	6,890	5,280	3,660	125,600
464,000	467,000	24,010	18,660	15,430	12,200	8,960	7,010	5,400	3,780	127,300
467,000	470,000	24,500	18,910	15,670	12,450	9,210	7,140	5,520	3,900	129,000
470,000	473,000	24,990	19,150	15,920	12,690	9,450	7,260	5,650	4,020	130,700
473,000	476,000	25,480	19,400	16,160	12,940	9,700	7,380	5,770	4,150	132,300
476,000	479,000	25,970	19,640	16,410	13,180	9,940	7,500	5,890	4,270	134,000
479,000	482,000	26,460	20,000	16,650	13,430	10,190	7,630	6,010	4,390	135,600
482,000	485,000	26,950	20,490	16,900	13,670	10,430	7,750	6,140	4,510	137,200
485,000	488,000	27,440	20,980	17,140	13,920	10,680	7,870	6,260	4,640	138,800
488,000	491,000	27,930	21,470	17,390	14,160	10,920	7,990	6,380	4,760	140,400
491,000	494,000	28,420	21,960	17,630	14,410	11,170	8,120	6,500	4,880	142,000
494,000	497,000	28,910	22,450	17,880	14,650	11,410	8,240	6,630	5,000	143,700
497,000	500,000	29,400	22,940	18,120	14,900	11,660	8,420	6,750	5,130	145,200
500,000	503,000	29,890	23,430	18,370	15,140	11,900	8,670	6,870	5,250	146,800
503,000	506,000	30,380	23,920	18,610	15,390	12,150	8,910	6,990	5,370	148,500
506,000	509,000	30,880	24,410	18,860	15,630	12,390	9,160	7,120	5,490	150,100
509,000	512,000	31,370	24,900	19,100	15,880	12,640	9,400	7,240	5,620	151,600
512,000	515,000	31,860	25,390	19,350	16,120	12,890	9,650	7,360	5,740	153,300
515,000	518,000	32,350	25,880	19,590	16,370	13,130	9,890	7,480	5,860	154,900
518,000	521,000	32,840	26,370	19,900	16,610	13,380	10,140	7,610	5,980	156,500
521,000	524,000	33,330	26,860	20,390	16,860	13,620	10,380	7,730	6,110	158,100
524,000	527,000	33,820	27,350	20,880	17,100	13,870	10,630	7,850	6,230	159,600
527,000	530,000	34,310	27,840	21,370	17,350	14,110	10,870	7,970	6,350	161,000
530,000	533,000	34,800	28,330	21,860	17,590	14,360	11,120	8,100	6,470	162,500
533,000	536,000	35,290	28,820	22,350	17,840	14,600	11,360	8,220	6,600	164,000
536,000	539,000	35,780	29,310	22,840	18,080	14,850	11,610	8,380	6,720	165,400
539,000	542,000	36,270	29,800	23,330	18,330	15,090	11,850	8,630	6,840	166,900
542,000	545,000	36,760	30,290	23,820	18,570	15,340	12,100	8,870	6,960	168,400
545,000	548,000	37,250	30,780	24,310	18,820	15,580	12,340	9,120	7,090	169,900
548,000	551,000	37,740	31,270	24,800	19,060	15,830	12,590	9,360	7,210	171,300
551,000	554,000	38,280	31,810	25,340	19,330	16,100	12,860	9,630	7,350	172,800
554,000	557,000	38,830	32,370	25,890	19,600	16,380	13,140	9,900	7,480	174,300
557,000	560,000	39,380	32,920	26,440	19,980	16,650	13,420	10,180	7,630	175,700
560,000	563,000	39,930	33,470	27,000	20,530	16,930	13,690	10,460	7,760	177,200
563,000	566,000	40,480	34,020	27,550	21,080	17,200	13,970	10,730	7,900	178,700
566,000	569,000	41,030	34,570	28,100	21,630	17,480	14,240	11,010	8,040	180,100
569,000	572,000	41,590	35,120	28,650	22,190	17,760	14,520	11,280	8,180	181,600
572,000	575,000	42,140	35,670	29,200	22,740	18,030	14,790	11,560	8,330	183,100
575,000	578,000	42,690	36,230	29,750	23,290	18,310	15,070	11,830	8,610	184,600
578,000	581,000	43,240	36,780	30,300	23,840	18,580	15,350	12,110	8,880	186,000
581,000	584,000	43,790	37,330	30,850	24,390	18,860	15,620	12,380	9,160	187,500
584,000	587,000	44,340	37,880	31,410	24,940	19,130	15,900	12,660	9,430	189,000
587,000	590,000	44,890	38,430	31,960	25,490	19,410	16,170	12,940	9,710	190,400

その月の社会保険料等控除後の給与等の金額		甲								乙
		扶 養 親 族 等 の 数								
以 上	未 満	0人	1人	2人	3人	4人	5人	6人	7人	税 額
		税			額					
円	円	円	円	円	円	円	円	円	円	円
590,000	593,000	45,440	38,980	32,510	26,050	19,680	16,450	13,210	9,990	191,900
593,000	596,000	46,000	39,530	33,060	26,600	20,130	16,720	13,490	10,260	193,400
596,000	599,000	46,550	40,080	33,610	27,150	20,690	17,000	13,760	10,540	194,800
599,000	602,000	47,100	40,640	34,160	27,700	21,240	17,280	14,040	10,810	196,300
602,000	605,000	47,650	41,190	34,710	28,250	21,790	17,550	14,310	11,090	197,800
605,000	608,000	48,200	41,740	35,270	28,800	22,340	17,830	14,590	11,360	199,300
608,000	611,000	48,750	42,290	35,820	29,350	22,890	18,100	14,870	11,640	200,700
611,000	614,000	49,300	42,840	36,370	29,910	23,440	18,380	15,140	11,920	202,200
614,000	617,000	49,860	43,390	36,920	30,460	23,990	18,650	15,420	12,190	203,700
617,000	620,000	50,410	43,940	37,470	31,010	24,540	18,930	15,690	12,470	205,100
620,000	623,000	50,960	44,500	38,020	31,560	25,100	19,210	15,970	12,740	206,700
623,000	626,000	51,510	45,050	38,570	32,110	25,650	19,480	16,240	13,020	208,100
626,000	629,000	52,060	45,600	39,120	32,660	26,200	19,760	16,520	13,290	209,500
629,000	632,000	52,610	46,150	39,680	33,210	26,750	20,280	16,800	13,570	211,000
632,000	635,000	53,160	46,700	40,230	33,760	27,300	20,830	17,070	13,840	212,500
635,000	638,000	53,710	47,250	40,780	34,320	27,850	21,380	17,350	14,120	214,000
638,000	641,000	54,270	47,800	41,330	34,870	28,400	21,930	17,620	14,400	214,900
641,000	644,000	54,820	48,350	41,880	35,420	28,960	22,480	17,900	14,670	215,900
644,000	647,000	55,370	48,910	42,430	35,970	29,510	23,030	18,170	14,950	217,000
647,000	650,000	55,920	49,460	42,980	36,520	30,060	23,590	18,450	15,220	218,000
650,000	653,000	56,470	50,010	43,540	37,070	30,610	24,140	18,730	15,500	219,000
653,000	656,000	57,020	50,560	44,090	37,620	31,160	24,690	19,000	15,770	220,000
656,000	659,000	57,570	51,110	44,640	38,180	31,710	25,240	19,280	16,050	221,000
659,000	662,000	58,130	51,660	45,190	38,730	32,260	25,790	19,550	16,330	222,100
662,000	665,000	58,680	52,210	45,740	39,280	32,810	26,340	19,880	16,600	223,100
665,000	668,000	59,230	52,770	46,290	39,830	33,370	26,890	20,430	16,880	224,100
668,000	671,000	59,780	53,320	46,840	40,380	33,920	27,440	20,980	17,150	225,000
671,000	674,000	60,330	53,870	47,390	40,930	34,470	28,000	21,530	17,430	226,000
674,000	677,000	60,880	54,420	47,950	41,480	35,020	28,550	22,080	17,700	227,100
677,000	680,000	61,430	54,970	48,500	42,030	35,570	29,100	22,640	17,980	228,100
680,000	683,000	61,980	55,520	49,050	42,590	36,120	29,650	23,190	18,260	229,100
683,000	686,000	62,540	56,070	49,600	43,140	36,670	30,200	23,740	18,530	230,400
686,000	689,000	63,090	56,620	50,150	43,690	37,230	30,750	24,290	18,810	232,100
689,000	692,000	63,640	57,180	50,700	44,240	37,780	31,300	24,840	19,080	233,600
692,000	695,000	64,190	57,730	51,250	44,790	38,330	31,860	25,390	19,360	235,100
695,000	698,000	64,740	58,280	51,810	45,340	38,880	32,410	25,940	19,630	236,700
698,000	701,000	65,290	58,830	52,360	45,890	39,430	32,960	26,490	20,030	238,200
701,000	704,000	65,840	59,380	52,910	46,450	39,980	33,510	27,050	20,580	239,700
704,000	707,000	66,400	59,930	53,460	47,000	40,530	34,060	27,600	21,130	241,300
707,000	710,000	66,960	60,480	54,020	47,550	41,090	34,620	28,150	21,690	242,900
710,000	713,000	67,570	61,100	54,630	48,160	41,700	35,230	28,760	22,300	244,400
713,000	716,000	68,180	61,710	55,250	48,770	42,310	35,850	29,370	22,910	246,000
716,000	719,000	68,790	62,320	55,860	49,390	42,920	36,460	29,990	23,520	247,500
719,000	722,000	69,410	62,930	56,470	50,000	43,540	37,070	30,600	24,140	249,000
722,000	725,000	70,020	63,550	57,080	50,610	44,150	37,690	31,210	24,750	250,600
725,000	728,000	70,630	64,160	57,700	51,220	44,760	38,300	31,820	25,360	252,200
728,000	731,000	71,250	64,770	58,310	51,840	45,370	38,910	32,440	25,970	253,700
731,000	734,000	71,860	65,380	58,920	52,450	45,990	39,520	33,050	26,590	255,300
734,000	737,000	72,470	66,000	59,530	53,060	46,600	40,140	33,660	27,200	256,800
737,000	740,000	73,080	66,610	60,150	53,670	47,210	40,750	34,270	27,810	258,300

その月の社会保険料等控除後の給与等の金額	甲								乙
	扶　養　親　族　等　の　数								
	0人	1人	2人	3人	4人	5人	6人	7人	
以　上　　未　満	税				額				税　　額
740,000円	円 73,390	円 66,920	円 60,450	円 53,980	円 47,520	円 41,050	円 34,580	円 28,120	円 259,800
740,000円を超え780,000円に満たない金額	740,000円の場合の税額に、その月の社会保険料等控除後の給与等の金額のうち740,000円を超える金額の20.42％に相当する金額を加算した金額								259,800円に、その月の社会保険料等控除後の給与等の金額のうち740,000円を超える金額の40.84％に相当する金額を加算した金額
780,000円	円 81,560	円 75,090	円 68,620	円 62,150	円 55,690	円 49,220	円 42,750	円 36,290	
780,000円を超え950,000円に満たない金額	780,000円の場合の税額に、その月の社会保険料等控除後の給与等の金額のうち780,000円を超える金額の23.483％に相当する金額を加算した金額								
950,000円	円 121,480	円 115,010	円 108,540	円 102,070	円 95,610	円 89,140	円 82,670	円 76,210	
950,000円を超え1,700,000円に満たない金額	950,000円の場合の税額に、その月の社会保険料等控除後の給与等の金額のうち950,000円を超える金額の33.693％に相当する金額を加算した金額								
1,700,000円	円 374,180	円 367,710	円 361,240	円 354,770	円 348,310	円 341,840	円 335,370	円 328,910	円 651,900
1,700,000円を超え2,170,000円に満たない金額	1,700,000円の場合の税額に、その月の社会保険料等控除後の給与等の金額のうち1,700,000円を超える金額の40.84％に相当する金額を加算した金額								651,900円に、その月の社会保険料等控除後の給与等の金額のうち1,700,000円を超える金額の45.945％に相当する金額を加算した金額
2,170,000円	円 571,570	円 565,090	円 558,630	円 552,160	円 545,690	円 539,230	円 532,760	円 526,290	
2,170,000円を超え2,210,000円に満たない金額	2,170,000円の場合の税額に、その月の社会保険料等控除後の給与等の金額のうち2,170,000円を超える金額の40.84％に相当する金額を加算した金額								
2,210,000円	円 593,340	円 586,870	円 580,410	円 573,930	円 567,470	円 561,010	円 554,540	円 548,070	
2,210,000円を超え2,250,000円に満たない金額	2,210,000円の場合の税額に、その月の社会保険料等控除後の給与等の金額のうち2,210,000円を超える金額の40.84％に相当する金額を加算した金額								
2,250,000円	円 615,120	円 608,650	円 602,190	円 595,710	円 589,250	円 582,790	円 576,310	円 569,850	
2,250,000円を超え3,500,000円に満たない金額	2,250,000円の場合の税額に、その月の社会保険料等控除後の給与等の金額のうち2,250,000円を超える金額の40.84％に相当する金額を加算した金額								

(七)　　　（3,500,000円〜）

その月の社会保険料等控除後の給与等の金額	甲								乙
	扶 養 親 族 等 の 数								
以　上　未　満	0人	1人	2人	3人	4人	5人	6人	7人	税　　額
	税				額				税　　額
3,500,000円	円 1,125,620	円 1,119,150	円 1,112,690	円 1,106,210	円 1,099,750	円 1,093,290	円 1,086,810	円 1,080,350	651,900円に、その月の社会保険料等控除後の給与等の金額のうち1,700,000円を超える金額の45.945%に相当する金額を加算した金額
3,500,000円を超える金額	3,500,000円の場合の税額に、その月の社会保険料等控除後の給与等の金額のうち3,500,000円を超える金額の45.945%に相当する金額を加算した金額								
扶養親族等の数が7人を超える場合には、扶養親族等の数が7人の場合の税額から、その7人を超える1人ごとに1,610円を控除した金額									従たる給与についての扶養控除等申告書が提出されている場合には、当該申告書に記載された扶養親族等の数に応じ、扶養親族等1人ごとに1,610円を、上の各欄によって求めた税額から控除した金額

（注）この表における用語の意味は、次のとおりです。
　1　「扶養親族等」とは、源泉控除対象配偶者及び控除対象扶養親族をいいます。詳しくは19ページ2「税額表の使い方」をご覧ください。
　2　「社会保険料等」とは、所得税法第74条第2項（社会保険料控除）に規定する社会保険料及び同法第75条第2項（小規模企業共済等掛金控除）に規定する小規模企業共済等掛金をいいます。

（備考）税額の求め方は、次のとおりです。
　1　「給与所得者の扶養控除等申告書」（以下この表において「扶養控除等申告書」といいます。）の提出があった人
　　(1)　まず、その人のその月の給与等の金額から、その給与等の金額から控除される社会保険料等の金額を控除した金額を求めます。
　　(2)　次に、扶養控除等申告書により申告された扶養親族等（その申告書に記載がされていないものとされる源泉控除対象配偶者を除きます。また、扶養親族等が国外居住親族である場合には、親族に該当する旨を証する書類が扶養控除等申告書に添付され、又は当該書類が扶養控除等申告書の提出の際に提示された扶養親族等に限ります。）の数が7人以下である場合には、(1)により求めた金額に応じて「その月の社会保険料等控除後の給与等の金額」欄の該当する行を求め、その行と扶養親族等の数に応じた甲欄の該当欄との交わるところに記載されている金額を求めます。これが求める税額です。
　　(3)　扶養控除等申告書により申告された扶養親族等の数が7人を超える場合には、(1)により求めた金額に応じて、扶養親族等の数が7人であるものとして(2)により求めた税額から、扶養親族等の数が7人を超える1人ごとに1,610円を控除した金額を求めます。これが求める税額です。
　　(4)　(2)及び(3)の場合において、扶養控除等申告書にその人が障害者（特別障害者を含みます。）、寡婦、ひとり親又は勤労学生に該当する旨の記載があるときは、扶養親族等の数にこれらの一に該当するごとに1人を加算した数を、扶養控除等申告書にその人の同一生計配偶者又は扶養親族のうちに障害者（特別障害者を含みます。）又は同居特別障害者（障害者（特別障害者を含みます。）又は同居特別障害者が国外居住親族である場合には、親族に該当する旨を証する書類が扶養控除等申告書に添付され、又は当該書類が扶養控除等申告書の提出の際に提示された障害者（特別障害者を含みます。）又は同居特別障害者に限ります。）に該当する人がいる旨の記載があるときは、扶養親族等の数にこれらの一に該当するごとに1人を加算した数を、それぞれ(2)及び(3)の扶養親族等の数とします。
　2　扶養控除等申告書の提出がない人（「従たる給与についての扶養控除等申告書」の提出があった人を含みます。）
　　その人のその月の給与等の金額から、その給与等の金額から控除される社会保険料等の金額を控除し、その控除後の金額に応じた「その月の社会保険料等控除後の給与等の金額」欄の該当する行と乙欄との交わるところに記載されている金額（「従たる給与についての扶養控除等申告書」の提出があった場合には、その申告書により申告された扶養親族等（その申告書に記載がされていないものとされる源泉控除対象配偶者を除きます。）の数に応じ、扶養親族等1人ごとに1,610円を控除した金額）を求めます。これが求める税額です。

資料4　賞与に対する源泉徴収税額の算出率の表（令和3年分）

（平成24年3月31日財務省告示第115号別表第三（平成31年3月29日財務省告示第97号改正））

賞与の金額に乗ずべき率	甲							
	扶　養　親　族							族
	0　人		1　人		2　人		3　人	
	前　月　の　社　会　保　険　料　等　控							
	以　上	未　満	以　上	未　満	以　上	未　満	以　上	未　満
％	千円	千円	千円	千円	千円	千円	千円	千円
0.000	68 千円未満		94 千円未満		133 千円未満		171 千円未満	
2.042	68	79	94	243	133	269	171	295
4.084	79	252	243	282	269	312	295	345
6.126	252	300	282	338	312	369	345	398
8.168	300	334	338	365	369	393	398	417
10.210	334	363	365	394	393	420	417	445
12.252	363	395	394	422	420	450	445	477
14.294	395	426	422	455	450	484	477	510
16.336	426	520	455	520	484	520	510	544
18.378	520	601	520	617	520	632	544	647
20.420	601	678	617	699	632	721	647	745
22.462	678	708	699	733	721	757	745	782
24.504	708	745	733	771	757	797	782	823
26.546	745	788	771	814	797	841	823	868
28.588	788	846	814	874	841	902	868	931
30.630	846	914	874	944	902	975	931	1,005
32.672	914	1,312	944	1,336	975	1,360	1,005	1,385
35.735	1,312	1,521	1,336	1,526	1,360	1,526	1,385	1,538
38.798	1,521	2,621	1,526	2,645	1,526	2,669	1,538	2,693
41.861	2,621	3,495	2,645	3,527	2,669	3,559	2,693	3,590
45.945	3,495 千円以上		3,527 千円以上		3,559 千円以上		3,590 千円以上	

（注）この表における用語の意味は、次のとおりです。
1　「扶養親族等」とは、源泉控除対象配偶者及び控除対象扶養親族をいいます。詳しくは19ページ2「税額表の使い方」をご覧ください。
2　「社会保険料等」とは、所得税法第74条第2項（社会保険料控除）に規定する社会保険料及び同法第75条第2項（小規模企業共済等掛金控除）に規定する小規模企業共済等掛金をいいます。
　　また、「賞与の金額に乗ずべき率」の賞与の金額とは、賞与の金額から控除される社会保険料等の金額がある場合には、その社会保険料等控除後の金額をいいます。

（備考）賞与の金額に乗ずべき率の求め方は、次のとおりです。
1　「給与所得者の扶養控除等申告書」（以下この表において「扶養控除等申告書」といいます。）の提出があった人（4に該当する場合を除きます。）
(1)　まず、その人の前月中の給与等（賞与を除きます。以下この表において同じです。）の金額から、その給与等の金額から控除される社会保険料等の金額（以下この表において「前月中の社会保険料等の金額」といいます。）を控除した金額を求めます。
(2)　次に、扶養控除等申告書により申告された扶養親族等（その申告書に記載がされていないものとされる源泉控除対象配偶者を除きます。また、扶養親族等が国外居住親族である場合には、親族に該当する旨を証する書類が扶養控除等申告書等に添付され、又は当該書類が扶養控除等申告書の提出の際に提示された扶養親族等に限ります。）の数と(1)により求めた金額とに応じて甲欄の「前月の社会保険料等控除後の給与等の金額」欄の該当する行を求めます。
(3)　(2)により求めた行と「賞与の金額に乗ずべき率」欄との交わるところに記載されている率を求めます。これが求める率です。

等 の 数								乙	
4 人		5 人		6 人		7 人 以 上		前月の社会保険料等控除後の給与等の金額	
除 後 の 給 与 等 の 金 額									
以上	未満	以上	未満	以上	未満	以上	未満	以上	未満
千円	千円	千円	千円	千円	千円	千円	千円	千円	千円
210 千円未満		243 千円未満		275 千円未満		308 千円未満			
210	300	243	300	275	333	308	372		
300	378	300	406	333	431	372	456		
378	424	406	450	431	476	456	502		
424	444	450	472	476	499	502	523		
444	470	472	496	499	521	523	545	222千円未満	
470	503	496	525	521	547	545	571		
503	534	525	557	547	582	571	607		
534	570	557	597	582	623	607	650		
570	662	597	677	623	693	650	708		
662	768	677	792	693	815	708	838	222	293
768	806	792	831	815	856	838	880		
806	849	831	875	856	900	880	926		
849	896	875	923	900	950	926	978		
896	959	923	987	950	1,015	978	1,043	293	524
959	1,036	987	1,066	1,015	1,096	1,043	1,127		
1,036	1,409	1,066	1,434	1,096	1,458	1,127	1,482		
1,409	1,555	1,434	1,555	1,458	1,555	1,482	1,583		
1,555	2,716	1,555	2,740	1,555	2,764	1,583	2,788	524	1,118
2,716	3,622	2,740	3,654	2,764	3,685	2,788	3,717		
3,622 千円以上		3,654 千円以上		3,685 千円以上		3,717 千円以上		1,118 千円以上	

2 1の場合において、扶養控除等申告書にその人が障害者（特別障害者を含みます。）、寡婦、ひとり親又は勤労学生に該当する旨の記載があるときは、扶養親族等の数にこれらの一に該当するごとに1人を加算した数を、扶養控除等申告書にその人の同一生計配偶者又は扶養親族のうちに障害者（特別障害者を含みます。）又は同居特別障害者（障害者（特別障害者を含みます。）又は国外居住親族である場合には、親族に該当する旨を証する書類が扶養控除等申告書に添付され、又は当該書類が扶養控除等申告書の提出の際に提示された障害者（特別障害者を含みます。）又は同居特別障害者に限ります。）に該当する人がいる旨の記載があるときは、扶養親族等の数にこれらの一に該当するごとに1人を加算した数を、それぞれ扶養親族等の数とします。

3 扶養控除等申告書の提出がない人（「従たる給与についての扶養控除等申告書」の提出があった人を含み、4に該当する場合を除きます。）

(1) その人の前月中の給与等の金額から前月中の社会保険料等の金額を控除した金額を求めます。

(2) (1)により求めた金額に応じて乙欄の「前月の社会保険料等控除後の給与等の金額」欄の該当する行を求めます。

(3) (2)により求めた行と「賞与の金額に乗ずべき率」欄との交わるところに記載されている率を求めます。これが求める率です。

4 前月中の給与等の金額がない場合や前月中の給与等の金額が前月中の社会保険料等の金額以下である場合又はその賞与の金額（その金額から控除される社会保険料等の金額がある場合には、その控除後の金額）が前月中の給与等の金額から前月中の社会保険料等の金額を控除した金額の10倍に相当する金額を超える場合には、この表によらず、平成24年3月31日財務省告示第115号（平成31年3月29日財務省告示第97号改正）第3項第1号イ(2)若しくはロ(2)又は第2号の規定により、月額表を使って税額を計算します。

5 1から4までの場合において、その人の受ける給与等の支給期が月の整数倍の期間ごとと定められているときは、その賞与の支払の直前に支払を受けた若しくは支払を受けるべき給与等の金額又はその給与等の金額から控除される社会保険料等の金額をその倍数で除して計算した金額を、それぞれ前月中の給与等の金額又はその金額から控除される社会保険料等の金額とみなします。

資料 5　電子計算機等を使用して源泉徴収税額を計算する方法を定める財務省告示

月額表の甲欄を適用する給与等に対する源泉徴収税額の電算機計算の特例

　給与所得に対する源泉所得税及び復興特別所得税の額は、「給与所得の源泉徴収税額表」によって求めることができますが、その給与等の支払額に関する計算を電子計算機などの事務機械によって処理しているときは、月額表の甲欄を適用する給与等については、以下の別表（別表第一～別表第四）を用いて源泉所得税及び復興特別所得税の額を求めることができる特例が設けられています。

〔源泉徴収税額の計算方法〕

　その月の社会保険料等を控除した後の給与等の金額(A)から、別表第一により算出した給与所得控除の額及び別表第三により求めた基礎控除の額並びに別表第二に掲げる配偶者（特別）控除の額及び扶養控除の額の合計額を控除した残額（課税給与所得金額(B)）を、別表第四に当てはめて源泉徴収すべき税額を求めます。

〔**電子計算機等を使用して源泉徴収税額を計算する方法**（平成24年3月31日財務省告示第116号（平成31年3月29日財務省告示第98号改正））（令和3年分）〕

別表第一

その月の社会保険料等控除後の給与等の金額(A)		給 与 所 得 控 除 の 額
以　　上	以　　下	
円	円	
――――	135,416	45,834円
135,417	149,999	(A)×40 ％ －　8,333円
150,000	299,999	(A)×30 ％ ＋　6,667円
300,000	549,999	(A)×20 ％ ＋36,667円
550,000	708,330	(A)×10 ％ ＋91,667円
708,331 円　　以　　上		162,500円

（注）給与所得控除の額に1円未満の端数があるときは、これを切り上げた額をもってその求める給与所得控除の額とします。

別表第二

配 偶 者 （ 特 別 ） 控 除 の 額	31,667円
扶 　養 　控 　除 　の 　額	31,667円×控除対象扶養親族の数

別表第三

その月の社会保険料等控除後の給与等の金額(A)		基 礎 控 除 の 額
以　　上	以　　下	
円	円	
――――	2,162,499	40,000円
2,162,500	2,204,166	26,667円
2,204,167	2,245,833	13,334円
2,245,834 円　　以　　上		0円

別表第四

その月の課税給与所得金額(B)		税 　額 　の 　算 　式
以　　上	以　　下	
円	円	
――――	162,500	(B)×　5.105 ％
162,501	275,000	(B)×10.210 ％ －　8,296円
275,001	579,166	(B)×20.420 ％ －36,374円
579,167	750,000	(B)×23.483 ％ －54,113円
750,001	1,500,000	(B)×33.693 ％ －130,688円
1,500,001	3,333,333	(B)×40.840 ％ －237,893円
3,333,334 円　　以　　上		(B)×45.945 ％ －408,061円

（注）税額に10円未満の端数があるときは、これを四捨五入した額をもってその求める税額とします。

資料6 源泉徴収のための退職所得控除額の表（令和3年分）

（所得税法別表第六）

勤続年数	退職所得控除額		勤続年数	退職所得控除額	
	一般退職の場合	障害退職の場合		一般退職の場合	障害退職の場合
	千円	千円		千円	千円
2年以下	800	1,800	24　年	10,800	11,800
			25　年	11,500	12,500
			26　年	12,200	13,200
3　年	1,200	2,200	27　年	12,900	13,900
4　年	1,600	2,600	28　年	13,600	14,600
5　年	2,000	3,000	29　年	14,300	15,300
6　年	2,400	3,400	30　年	15,000	16,000
7　年	2,800	3,800	31　年	15,700	16,700
8　年	3,200	4,200	32　年	16,400	17,400
9　年	3,600	4,600	33　年	17,100	18,100
10　年	4,000	5,000	34　年	17,800	18,800
11　年	4,400	5,400	35　年	18,500	19,500
12　年	4,800	5,800	36　年	19,200	20,200
13　年	5,200	6,200	37　年	19,900	20,900
14　年	5,600	6,600	38　年	20,600	21,600
15　年	6,000	7,000	39　年	21,300	22,300
16　年	6,400	7,400	40　年	22,000	23,000
17　年	6,800	7,800			
18　年	7,200	8,200	41年以上	22,000千円に、勤続年数が40年を超える1年ごとに700千円を加算した金額	23,000千円に、勤続年数が40年を超える1年ごとに700千円を加算した金額
19　年	7,600	8,600			
20　年	8,000	9,000			
21　年	8,700	9,700			
22　年	9,400	10,400			
23　年	10,100	11,100			

（注）　この表における用語の意味は、次のとおりです。
1　「勤続年数」とは、退職手当等の支払を受ける人が、退職手当等の支払者の下においてその退職手当等の支払の基因となった退職の日まで引き続き勤務した期間により計算した一定の年数をいいます（所得税法施行令第69条）。
2　「障害退職の場合」とは、障害者になったことに直接基因して退職したと認められる一定の場合をいいます（所得税法第30条第5項第3号）。
3　「一般退職の場合」とは、障害退職の場合以外の退職の場合をいいます。

（備考）
1　退職所得控除額は、2に該当する場合を除き、退職手当等に係る勤続年数に応じ「勤続年数」欄の該当する行に当てはめて求めます。この場合、一般退職のときはその行の「退職所得控除額」の「一般退職の場合」欄に記載されている金額が、また、障害退職のときはその行の「退職所得控除額」の「障害退職の場合」欄に記載されている金額が、それぞれその退職手当等に係る退職所得控除額です。
2　所得税法第30条第5項第1号（退職所得控除額の計算の特例）に掲げる場合に該当するときは、同項の規定に準じて計算した金額が、その退職手当等に係る退職所得控除額です。

資料7 課税退職所得金額の算式の表（令和3年分）

退職手当等の区分	課税退職所得金額
一般退職手当等の場合	$\left(\text{一般退職手当等の収入金額} - \text{退職所得控除額}\right) \times \dfrac{1}{2}$
特定役員退職手当等の場合	$\text{特定役員退職手当等の収入金額} - \text{退職所得控除額}$
一般退職手当等と特定役員退職手当等の両方がある場合	$\left(\text{特定役員退職手当等の収入金額} - \text{特定役員退職所得控除額}\right) + \left(\text{一般退職手当等の収入金額} - \left(\text{退職所得控除額} - \text{特定役員退職所得控除額}\right)\right) \times \dfrac{1}{2}$

（注）1　課税退職所得金額に1,000円未満の端数があるときは、これを切り捨てます。
2　特定役員退職手当等とは、役員等勤続年数が5年以下である人がその役員等勤続年数に対応する退職手当等として支払を受けるものをいい、一般退職手当等とは、特定役員退職手当等以外の退職手当等をいいます。
3　特定役員退職所得控除額の算式は次のとおりです。

特定役員退職所得控除額＝40万円×（特定役員等勤続年数－重複勤続年数）＋20万円×重複勤続年数

資料 8　退職所得の源泉徴収税額の速算表（令和 3 年分）

課税退職所得金額 (A)		所得税率 (B)	控除額 (C)	税額 ＝（(A)×(B)－(C)）×102.1%
	1,950,000 円以下	5 %	—	((A)×5 %　　　　　　　)×102.1%
1,950,000 円超	3,300,000 円 〃	10 %	97,500 円	((A)×10 %－　97,500 円)×102.1%
3,300,000 円 〃	6,950,000 円 〃	20 %	427,500 円	((A)×20 %－　427,500 円)×102.1%
6,950,000 円 〃	9,000,000 円 〃	23 %	636,000 円	((A)×23 %－　636,000 円)×102.1%
9,000,000 円 〃	18,000,000 円 〃	33 %	1,536,000 円	((A)×33 %－1,536,000 円)×102.1%
18,000,000 円 〃	40,000,000 円 〃	40 %	2,796,000 円	((A)×40 %－2,796,000 円)×102.1%
40,000,000 円 〃		45 %	4,796,000 円	((A)×45 %－4,796,000 円)×102.1%

（注）求めた税額に 1 円未満の端数があるときは、これを切り捨てます。

資料9　年末調整等のための給与所得控除後の給与等の金額の表（令和2年分）

給与等の金額 以上	給与等の金額 未満	給与所得控除後の給与等の金額	給与等の金額 以上	給与等の金額 未満	給与所得控除後の給与等の金額	給与等の金額 以上	給与等の金額 未満	給与所得控除後の給与等の金額
551,000円未満		0	1,772,000	1,776,000	1,163,200	1,972,000	1,976,000	1,300,400
			1,776,000	1,780,000	1,165,600	1,976,000	1,980,000	1,303,200
			1,780,000	1,784,000	1,168,000	1,980,000	1,984,000	1,306,000
			1,784,000	1,788,000	1,170,400	1,984,000	1,988,000	1,308,800
			1,788,000	1,792,000	1,172,800	1,988,000	1,992,000	1,311,600
551,000	1,619,000	給与等の金額から550,000円を控除した金額	1,792,000	1,796,000	1,175,200	1,992,000	1,996,000	1,314,400
			1,796,000	1,800,000	1,177,600	1,996,000	2,000,000	1,317,200
			1,800,000	1,804,000	1,180,000	2,000,000	2,004,000	1,320,000
			1,804,000	1,808,000	1,182,800	2,004,000	2,008,000	1,322,800
			1,808,000	1,812,000	1,185,600	2,008,000	2,012,000	1,325,600
1,619,000	1,620,000	1,069,000	1,812,000	1,816,000	1,188,400	2,012,000	2,016,000	1,328,400
1,620,000	1,622,000	1,070,000	1,816,000	1,820,000	1,191,200	2,016,000	2,020,000	1,331,200
1,622,000	1,624,000	1,072,000	1,820,000	1,824,000	1,194,000	2,020,000	2,024,000	1,334,000
1,624,000	1,628,000	1,074,000	1,824,000	1,828,000	1,196,800	2,024,000	2,028,000	1,336,800
1,628,000	1,632,000	1,076,800	1,828,000	1,832,000	1,199,600	2,028,000	2,032,000	1,339,600
1,632,000	1,636,000	1,079,200	1,832,000	1,836,000	1,202,400	2,032,000	2,036,000	1,342,400
1,636,000	1,640,000	1,081,600	1,836,000	1,840,000	1,205,200	2,036,000	2,040,000	1,345,200
1,640,000	1,644,000	1,084,000	1,840,000	1,844,000	1,208,000	2,040,000	2,044,000	1,348,000
1,644,000	1,648,000	1,086,400	1,844,000	1,848,000	1,210,800	2,044,000	2,048,000	1,350,800
1,648,000	1,652,000	1,088,800	1,848,000	1,852,000	1,213,600	2,048,000	2,052,000	1,353,600
1,652,000	1,656,000	1,091,200	1,852,000	1,856,000	1,216,400	2,052,000	2,056,000	1,356,400
1,656,000	1,660,000	1,093,600	1,856,000	1,860,000	1,219,200	2,056,000	2,060,000	1,359,200
1,660,000	1,664,000	1,096,000	1,860,000	1,864,000	1,222,000	2,060,000	2,064,000	1,362,000
1,664,000	1,668,000	1,098,400	1,864,000	1,868,000	1,224,800	2,064,000	2,068,000	1,364,800
1,668,000	1,672,000	1,100,800	1,868,000	1,872,000	1,227,600	2,068,000	2,072,000	1,367,600
1,672,000	1,676,000	1,103,200	1,872,000	1,876,000	1,230,400	2,072,000	2,076,000	1,370,400
1,676,000	1,680,000	1,105,600	1,876,000	1,880,000	1,233,200	2,076,000	2,080,000	1,373,200
1,680,000	1,684,000	1,108,000	1,880,000	1,884,000	1,236,000	2,080,000	2,084,000	1,376,000
1,684,000	1,688,000	1,110,400	1,884,000	1,888,000	1,238,800	2,084,000	2,088,000	1,378,800
1,688,000	1,692,000	1,112,800	1,888,000	1,892,000	1,241,600	2,088,000	2,092,000	1,381,600
1,692,000	1,696,000	1,115,200	1,892,000	1,896,000	1,244,400	2,092,000	2,096,000	1,384,400
1,696,000	1,700,000	1,117,600	1,896,000	1,900,000	1,247,200	2,096,000	2,100,000	1,387,200
1,700,000	1,704,000	1,120,000	1,900,000	1,904,000	1,250,000	2,100,000	2,104,000	1,390,000
1,704,000	1,708,000	1,122,400	1,904,000	1,908,000	1,252,800	2,104,000	2,108,000	1,392,800
1,708,000	1,712,000	1,124,800	1,908,000	1,912,000	1,255,600	2,108,000	2,112,000	1,395,600
1,712,000	1,716,000	1,127,200	1,912,000	1,916,000	1,258,400	2,112,000	2,116,000	1,398,400
1,716,000	1,720,000	1,129,600	1,916,000	1,920,000	1,261,200	2,116,000	2,120,000	1,401,200
1,720,000	1,724,000	1,132,000	1,920,000	1,924,000	1,264,000	2,120,000	2,124,000	1,404,000
1,724,000	1,728,000	1,134,400	1,924,000	1,928,000	1,266,800	2,124,000	2,128,000	1,406,800
1,728,000	1,732,000	1,136,800	1,928,000	1,932,000	1,269,600	2,128,000	2,132,000	1,409,600
1,732,000	1,736,000	1,139,200	1,932,000	1,936,000	1,272,400	2,132,000	2,136,000	1,412,400
1,736,000	1,740,000	1,141,600	1,936,000	1,940,000	1,275,200	2,136,000	2,140,000	1,415,200
1,740,000	1,744,000	1,144,000	1,940,000	1,944,000	1,278,000	2,140,000	2,144,000	1,418,000
1,744,000	1,748,000	1,146,400	1,944,000	1,948,000	1,280,800	2,144,000	2,148,000	1,420,800
1,748,000	1,752,000	1,148,800	1,948,000	1,952,000	1,283,600	2,148,000	2,152,000	1,423,600
1,752,000	1,756,000	1,151,200	1,952,000	1,956,000	1,286,400	2,152,000	2,156,000	1,426,400
1,756,000	1,760,000	1,153,600	1,956,000	1,960,000	1,289,200	2,156,000	2,160,000	1,429,200
1,760,000	1,764,000	1,156,000	1,960,000	1,964,000	1,292,000	2,160,000	2,164,000	1,432,000
1,764,000	1,768,000	1,158,400	1,964,000	1,968,000	1,294,800	2,164,000	2,168,000	1,434,800
1,768,000	1,772,000	1,160,800	1,968,000	1,972,000	1,297,600	2,168,000	2,172,000	1,437,600

給与等の金額		給与所得控除後の給与等の金額	給与等の金額		給与所得控除後の給与等の金額	給与等の金額		給与所得控除後の給与等の金額
以 上	未 満		以 上	未 満		以 上	未 満	
円	円	円	円	円	円	円	円	円
2,172,000	2,176,000	1,440,400	2,372,000	2,376,000	1,580,400	2,572,000	2,576,000	1,720,400
2,176,000	2,180,000	1,443,200	2,376,000	2,380,000	1,583,200	2,576,000	2,580,000	1,723,200
2,180,000	2,184,000	1,446,000	2,380,000	2,384,000	1,586,000	2,580,000	2,584,000	1,726,000
2,184,000	2,188,000	1,448,800	2,384,000	2,388,000	1,588,800	2,584,000	2,588,000	1,728,800
2,188,000	2,192,000	1,451,600	2,388,000	2,392,000	1,591,600	2,588,000	2,592,000	1,731,600
2,192,000	2,196,000	1,454,400	2,392,000	2,396,000	1,594,400	2,592,000	2,596,000	1,734,400
2,196,000	2,200,000	1,457,200	2,396,000	2,400,000	1,597,200	2,596,000	2,600,000	1,737,200
2,200,000	2,204,000	1,460,000	2,400,000	2,404,000	1,600,000	2,600,000	2,604,000	1,740,000
2,204,000	2,208,000	1,462,800	2,404,000	2,408,000	1,602,800	2,604,000	2,608,000	1,742,800
2,208,000	2,212,000	1,465,600	2,408,000	2,412,000	1,605,600	2,608,000	2,612,000	1,745,600
2,212,000	2,216,000	1,468,400	2,412,000	2,416,000	1,608,400	2,612,000	2,616,000	1,748,400
2,216,000	2,220,000	1,471,200	2,416,000	2,420,000	1,611,200	2,616,000	2,620,000	1,751,200
2,220,000	2,224,000	1,474,000	2,420,000	2,424,000	1,614,000	2,620,000	2,624,000	1,754,000
2,224,000	2,228,000	1,476,800	2,424,000	2,428,000	1,616,800	2,624,000	2,628,000	1,756,800
2,228,000	2,232,000	1,479,600	2,428,000	2,432,000	1,619,600	2,628,000	2,632,000	1,759,600
2,232,000	2,236,000	1,482,400	2,432,000	2,436,000	1,622,400	2,632,000	2,636,000	1,762,400
2,236,000	2,240,000	1,485,200	2,436,000	2,440,000	1,625,200	2,636,000	2,640,000	1,765,200
2,240,000	2,244,000	1,488,000	2,440,000	2,444,000	1,628,000	2,640,000	2,644,000	1,768,000
2,244,000	2,248,000	1,490,800	2,444,000	2,448,000	1,630,800	2,644,000	2,648,000	1,770,800
2,248,000	2,252,000	1,493,600	2,448,000	2,452,000	1,633,600	2,648,000	2,652,000	1,773,600
2,252,000	2,256,000	1,496,400	2,452,000	2,456,000	1,636,400	2,652,000	2,656,000	1,776,400
2,256,000	2,260,000	1,499,200	2,456,000	2,460,000	1,639,200	2,656,000	2,660,000	1,779,200
2,260,000	2,264,000	1,502,000	2,460,000	2,464,000	1,642,000	2,660,000	2,664,000	1,782,000
2,264,000	2,268,000	1,504,800	2,464,000	2,468,000	1,644,800	2,664,000	2,668,000	1,784,800
2,268,000	2,272,000	1,507,600	2,468,000	2,472,000	1,647,600	2,668,000	2,672,000	1,787,600
2,272,000	2,276,000	1,510,400	2,472,000	2,476,000	1,650,400	2,672,000	2,676,000	1,790,400
2,276,000	2,280,000	1,513,200	2,476,000	2,480,000	1,653,200	2,676,000	2,680,000	1,793,200
2,280,000	2,284,000	1,516,000	2,480,000	2,484,000	1,656,000	2,680,000	2,684,000	1,796,000
2,284,000	2,288,000	1,518,800	2,484,000	2,488,000	1,658,800	2,684,000	2,688,000	1,798,800
2,288,000	2,292,000	1,521,600	2,488,000	2,492,000	1,661,600	2,688,000	2,692,000	1,801,600
2,292,000	2,296,000	1,524,400	2,492,000	2,496,000	1,664,400	2,692,000	2,696,000	1,804,400
2,296,000	2,300,000	1,527,200	2,496,000	2,500,000	1,667,200	2,696,000	2,700,000	1,807,200
2,300,000	2,304,000	1,530,000	2,500,000	2,504,000	1,670,000	2,700,000	2,704,000	1,810,000
2,304,000	2,308,000	1,532,800	2,504,000	2,508,000	1,672,800	2,704,000	2,708,000	1,812,800
2,308,000	2,312,000	1,535,600	2,508,000	2,512,000	1,675,600	2,708,000	2,712,000	1,815,600
2,312,000	2,316,000	1,538,400	2,512,000	2,516,000	1,678,400	2,712,000	2,716,000	1,818,400
2,316,000	2,320,000	1,541,200	2,516,000	2,520,000	1,681,200	2,716,000	2,720,000	1,821,200
2,320,000	2,324,000	1,544,000	2,520,000	2,524,000	1,684,000	2,720,000	2,724,000	1,824,000
2,324,000	2,328,000	1,546,800	2,524,000	2,528,000	1,686,800	2,724,000	2,728,000	1,826,800
2,328,000	2,332,000	1,549,600	2,528,000	2,532,000	1,689,600	2,728,000	2,732,000	1,829,600
2,332,000	2,336,000	1,552,400	2,532,000	2,536,000	1,692,400	2,732,000	2,736,000	1,832,400
2,336,000	2,340,000	1,555,200	2,536,000	2,540,000	1,695,200	2,736,000	2,740,000	1,835,200
2,340,000	2,344,000	1,558,000	2,540,000	2,544,000	1,698,000	2,740,000	2,744,000	1,838,000
2,344,000	2,348,000	1,560,800	2,544,000	2,548,000	1,700,800	2,744,000	2,748,000	1,840,800
2,348,000	2,352,000	1,563,600	2,548,000	2,552,000	1,703,600	2,748,000	2,752,000	1,843,600
2,352,000	2,356,000	1,566,400	2,552,000	2,556,000	1,706,400	2,752,000	2,756,000	1,846,400
2,356,000	2,360,000	1,569,200	2,556,000	2,560,000	1,709,200	2,756,000	2,760,000	1,849,200
2,360,000	2,364,000	1,572,000	2,560,000	2,564,000	1,712,000	2,760,000	2,764,000	1,852,000
2,364,000	2,368,000	1,574,800	2,564,000	2,568,000	1,714,800	2,764,000	2,768,000	1,854,800
2,368,000	2,372,000	1,577,600	2,568,000	2,572,000	1,717,600	2,768,000	2,772,000	1,857,600

給与等の金額 以上	未満	給与所得控除後の給与等の金額	給与等の金額 以上	未満	給与所得控除後の給与等の金額	給与等の金額 以上	未満	給与所得控除後の給与等の金額
円	円	円	円	円	円	円	円	円
2,772,000	2,776,000	1,860,400	2,972,000	2,976,000	2,000,400	3,172,000	3,176,000	2,140,400
2,776,000	2,780,000	1,863,200	2,976,000	2,980,000	2,003,200	3,176,000	3,180,000	2,143,200
2,780,000	2,784,000	1,866,000	2,980,000	2,984,000	2,006,000	3,180,000	3,184,000	2,146,000
2,784,000	2,788,000	1,868,800	2,984,000	2,988,000	2,008,800	3,184,000	3,188,000	2,148,800
2,788,000	2,792,000	1,871,600	2,988,000	2,992,000	2,011,600	3,188,000	3,192,000	2,151,600
2,792,000	2,796,000	1,874,400	2,992,000	2,996,000	2,014,400	3,192,000	3,196,000	2,154,400
2,796,000	2,800,000	1,877,200	2,996,000	3,000,000	2,017,200	3,196,000	3,200,000	2,157,200
2,800,000	2,804,000	1,880,000	3,000,000	3,004,000	2,020,000	3,200,000	3,204,000	2,160,000
2,804,000	2,808,000	1,882,800	3,004,000	3,008,000	2,022,800	3,204,000	3,208,000	2,162,800
2,808,000	2,812,000	1,885,600	3,008,000	3,012,000	2,025,600	3,208,000	3,212,000	2,165,600
2,812,000	2,816,000	1,888,400	3,012,000	3,016,000	2,028,400	3,212,000	3,216,000	2,168,400
2,816,000	2,820,000	1,891,200	3,016,000	3,020,000	2,031,200	3,216,000	3,220,000	2,171,200
2,820,000	2,824,000	1,894,000	3,020,000	3,024,000	2,034,000	3,220,000	3,224,000	2,174,000
2,824,000	2,828,000	1,896,800	3,024,000	3,028,000	2,036,800	3,224,000	3,228,000	2,176,800
2,828,000	2,832,000	1,899,600	3,028,000	3,032,000	2,039,600	3,228,000	3,232,000	2,179,600
2,832,000	2,836,000	1,902,400	3,032,000	3,036,000	2,042,400	3,232,000	3,236,000	2,182,400
2,836,000	2,840,000	1,905,200	3,036,000	3,040,000	2,045,200	3,236,000	3,240,000	2,185,200
2,840,000	2,844,000	1,908,000	3,040,000	3,044,000	2,048,000	3,240,000	3,244,000	2,188,000
2,844,000	2,848,000	1,910,800	3,044,000	3,048,000	2,050,800	3,244,000	3,248,000	2,190,800
2,848,000	2,852,000	1,913,600	3,048,000	3,052,000	2,053,600	3,248,000	3,252,000	2,193,600
2,852,000	2,856,000	1,916,400	3,052,000	3,056,000	2,056,400	3,252,000	3,256,000	2,196,400
2,856,000	2,860,000	1,919,200	3,056,000	3,060,000	2,059,200	3,256,000	3,260,000	2,199,200
2,860,000	2,864,000	1,922,000	3,060,000	3,064,000	2,062,000	3,260,000	3,264,000	2,202,000
2,864,000	2,868,000	1,924,800	3,064,000	3,068,000	2,064,800	3,264,000	3,268,000	2,204,800
2,868,000	2,872,000	1,927,600	3,068,000	3,072,000	2,067,600	3,268,000	3,272,000	2,207,600
2,872,000	2,876,000	1,930,400	3,072,000	3,076,000	2,070,400	3,272,000	3,276,000	2,210,400
2,876,000	2,880,000	1,933,200	3,076,000	3,080,000	2,073,200	3,276,000	3,280,000	2,213,200
2,880,000	2,884,000	1,936,000	3,080,000	3,084,000	2,076,000	3,280,000	3,284,000	2,216,000
2,884,000	2,888,000	1,938,800	3,084,000	3,088,000	2,078,800	3,284,000	3,288,000	2,218,800
2,888,000	2,892,000	1,941,600	3,088,000	3,092,000	2,081,600	3,288,000	3,292,000	2,221,600
2,892,000	2,896,000	1,944,400	3,092,000	3,096,000	2,084,400	3,292,000	3,296,000	2,224,400
2,896,000	2,900,000	1,947,200	3,096,000	3,100,000	2,087,200	3,296,000	3,300,000	2,227,200
2,900,000	2,904,000	1,950,000	3,100,000	3,104,000	2,090,000	3,300,000	3,304,000	2,230,000
2,904,000	2,908,000	1,952,800	3,104,000	3,108,000	2,092,800	3,304,000	3,308,000	2,232,800
2,908,000	2,912,000	1,955,600	3,108,000	3,112,000	2,095,600	3,308,000	3,312,000	2,235,600
2,912,000	2,916,000	1,958,400	3,112,000	3,116,000	2,098,400	3,312,000	3,316,000	2,238,400
2,916,000	2,920,000	1,961,200	3,116,000	3,120,000	2,101,200	3,316,000	3,320,000	2,241,200
2,920,000	2,924,000	1,964,000	3,120,000	3,124,000	2,104,000	3,320,000	3,324,000	2,244,000
2,924,000	2,928,000	1,966,800	3,124,000	3,128,000	2,106,800	3,324,000	3,328,000	2,246,800
2,928,000	2,932,000	1,969,600	3,128,000	3,132,000	2,109,600	3,328,000	3,332,000	2,249,600
2,932,000	2,936,000	1,972,400	3,132,000	3,136,000	2,112,400	3,332,000	3,336,000	2,252,400
2,936,000	2,940,000	1,975,200	3,136,000	3,140,000	2,115,200	3,336,000	3,340,000	2,255,200
2,940,000	2,944,000	1,978,000	3,140,000	3,144,000	2,118,000	3,340,000	3,344,000	2,258,000
2,944,000	2,948,000	1,980,800	3,144,000	3,148,000	2,120,800	3,344,000	3,348,000	2,260,800
2,948,000	2,952,000	1,983,600	3,148,000	3,152,000	2,123,600	3,348,000	3,352,000	2,263,600
2,952,000	2,956,000	1,986,400	3,152,000	3,156,000	2,126,400	3,352,000	3,356,000	2,266,400
2,956,000	2,960,000	1,989,200	3,156,000	3,160,000	2,129,200	3,356,000	3,360,000	2,269,200
2,960,000	2,964,000	1,992,000	3,160,000	3,164,000	2,132,000	3,360,000	3,364,000	2,272,000
2,964,000	2,968,000	1,994,800	3,164,000	3,168,000	2,134,800	3,364,000	3,368,000	2,274,800
2,968,000	2,972,000	1,997,600	3,168,000	3,172,000	2,137,600	3,368,000	3,372,000	2,277,600

給与等の金額 以上	未満	給与所得控除後の給与等の金額	給与等の金額 以上	未満	給与所得控除後の給与等の金額	給与等の金額 以上	未満	給与所得控除後の給与等の金額
円	円	円	円	円	円	円	円	円
3,372,000	3,376,000	2,280,400	3,572,000	3,576,000	2,420,400	3,772,000	3,776,000	2,577,600
3,376,000	3,380,000	2,283,200	3,576,000	3,580,000	2,423,200	3,776,000	3,780,000	2,580,800
3,380,000	3,384,000	2,286,000	3,580,000	3,584,000	2,426,000	3,780,000	3,784,000	2,584,000
3,384,000	3,388,000	2,288,800	3,584,000	3,588,000	2,428,800	3,784,000	3,788,000	2,587,200
3,388,000	3,392,000	2,291,600	3,588,000	3,592,000	2,431,600	3,788,000	3,792,000	2,590,400
3,392,000	3,396,000	2,294,400	3,592,000	3,596,000	2,434,400	3,792,000	3,796,000	2,593,600
3,396,000	3,400,000	2,297,200	3,596,000	3,600,000	2,437,200	3,796,000	3,800,000	2,596,800
3,400,000	3,404,000	2,300,000	3,600,000	3,604,000	2,440,000	3,800,000	3,804,000	2,600,000
3,404,000	3,408,000	2,302,800	3,604,000	3,608,000	2,443,200	3,804,000	3,808,000	2,603,200
3,408,000	3,412,000	2,305,600	3,608,000	3,612,000	2,446,400	3,808,000	3,812,000	2,606,400
3,412,000	3,416,000	2,308,400	3,612,000	3,616,000	2,449,600	3,812,000	3,816,000	2,609,600
3,416,000	3,420,000	2,311,200	3,616,000	3,620,000	2,452,800	3,816,000	3,820,000	2,612,800
3,420,000	3,424,000	2,314,000	3,620,000	3,624,000	2,456,000	3,820,000	3,824,000	2,616,000
3,424,000	3,428,000	2,316,800	3,624,000	3,628,000	2,459,200	3,824,000	3,828,000	2,619,200
3,428,000	3,432,000	2,319,600	3,628,000	3,632,000	2,462,400	3,828,000	3,832,000	2,622,400
3,432,000	3,436,000	2,322,400	3,632,000	3,636,000	2,465,600	3,832,000	3,836,000	2,625,600
3,436,000	3,440,000	2,325,200	3,636,000	3,640,000	2,468,800	3,836,000	3,840,000	2,628,800
3,440,000	3,444,000	2,328,000	3,640,000	3,644,000	2,472,000	3,840,000	3,844,000	2,632,000
3,444,000	3,448,000	2,330,800	3,644,000	3,648,000	2,475,200	3,844,000	3,848,000	2,635,200
3,448,000	3,452,000	2,333,600	3,648,000	3,652,000	2,478,400	3,848,000	3,852,000	2,638,400
3,452,000	3,456,000	2,336,400	3,652,000	3,656,000	2,481,600	3,852,000	3,856,000	2,641,600
3,456,000	3,460,000	2,339,200	3,656,000	3,660,000	2,484,800	3,856,000	3,860,000	2,644,800
3,460,000	3,464,000	2,342,000	3,660,000	3,664,000	2,488,000	3,860,000	3,864,000	2,648,000
3,464,000	3,468,000	2,344,800	3,664,000	3,668,000	2,491,200	3,864,000	3,868,000	2,651,200
3,468,000	3,472,000	2,347,600	3,668,000	3,672,000	2,494,400	3,868,000	3,872,000	2,654,400
3,472,000	3,476,000	2,350,400	3,672,000	3,676,000	2,497,600	3,872,000	3,876,000	2,657,600
3,476,000	3,480,000	2,353,200	3,676,000	3,680,000	2,500,800	3,876,000	3,880,000	2,660,800
3,480,000	3,484,000	2,356,000	3,680,000	3,684,000	2,504,000	3,880,000	3,884,000	2,664,000
3,484,000	3,488,000	2,358,800	3,684,000	3,688,000	2,507,200	3,884,000	3,888,000	2,667,200
3,488,000	3,492,000	2,361,600	3,688,000	3,692,000	2,510,400	3,888,000	3,892,000	2,670,400
3,492,000	3,496,000	2,364,400	3,692,000	3,696,000	2,513,600	3,892,000	3,896,000	2,673,600
3,496,000	3,500,000	2,367,200	3,696,000	3,700,000	2,516,800	3,896,000	3,900,000	2,676,800
3,500,000	3,504,000	2,370,000	3,700,000	3,704,000	2,520,000	3,900,000	3,904,000	2,680,000
3,504,000	3,508,000	2,372,800	3,704,000	3,708,000	2,523,200	3,904,000	3,908,000	2,683,200
3,508,000	3,512,000	2,375,600	3,708,000	3,712,000	2,526,400	3,908,000	3,912,000	2,686,400
3,512,000	3,516,000	2,378,400	3,712,000	3,716,000	2,529,600	3,912,000	3,916,000	2,689,600
3,516,000	3,520,000	2,381,200	3,716,000	3,720,000	2,532,800	3,916,000	3,920,000	2,692,800
3,520,000	3,524,000	2,384,000	3,720,000	3,724,000	2,536,000	3,920,000	3,924,000	2,696,000
3,524,000	3,528,000	2,386,800	3,724,000	3,728,000	2,539,200	3,924,000	3,928,000	2,699,200
3,528,000	3,532,000	2,389,600	3,728,000	3,732,000	2,542,400	3,928,000	3,932,000	2,702,400
3,532,000	3,536,000	2,392,400	3,732,000	3,736,000	2,545,600	3,932,000	3,936,000	2,705,600
3,536,000	3,540,000	2,395,200	3,736,000	3,740,000	2,548,800	3,936,000	3,940,000	2,708,800
3,540,000	3,544,000	2,398,000	3,740,000	3,744,000	2,552,000	3,940,000	3,944,000	2,712,000
3,544,000	3,548,000	2,400,800	3,744,000	3,748,000	2,555,200	3,944,000	3,948,000	2,715,200
3,548,000	3,552,000	2,403,600	3,748,000	3,752,000	2,558,400	3,948,000	3,952,000	2,718,400
3,552,000	3,556,000	2,406,400	3,752,000	3,756,000	2,561,600	3,952,000	3,956,000	2,721,600
3,556,000	3,560,000	2,409,200	3,756,000	3,760,000	2,564,800	3,956,000	3,960,000	2,724,800
3,560,000	3,564,000	2,412,000	3,760,000	3,764,000	2,568,000	3,960,000	3,964,000	2,728,000
3,564,000	3,568,000	2,414,800	3,764,000	3,768,000	2,571,200	3,964,000	3,968,000	2,731,200
3,568,000	3,572,000	2,417,600	3,768,000	3,772,000	2,574,400	3,968,000	3,972,000	2,734,400

給与等の金額		給与所得控除後の給与等の金額	給与等の金額		給与所得控除後の給与等の金額	給与等の金額		給与所得控除後の給与等の金額
以　上	未　満		以　上	未　満		以　上	未　満	
円	円	円	円	円	円	円	円	円
3,972,000	3,976,000	2,737,600	4,172,000	4,176,000	2,897,600	4,372,000	4,376,000	3,057,600
3,976,000	3,980,000	2,740,800	4,176,000	4,180,000	2,900,800	4,376,000	4,380,000	3,060,800
3,980,000	3,984,000	2,744,000	4,180,000	4,184,000	2,904,000	4,380,000	4,384,000	3,064,000
3,984,000	3,988,000	2,747,200	4,184,000	4,188,000	2,907,200	4,384,000	4,388,000	3,067,200
3,988,000	3,992,000	2,750,400	4,188,000	4,192,000	2,910,400	4,388,000	4,392,000	3,070,400
3,992,000	3,996,000	2,753,600	4,192,000	4,196,000	2,913,600	4,392,000	4,396,000	3,073,600
3,996,000	4,000,000	2,756,800	4,196,000	4,200,000	2,916,800	4,396,000	4,400,000	3,076,800
4,000,000	4,004,000	2,760,000	4,200,000	4,204,000	2,920,000	4,400,000	4,404,000	3,080,000
4,004,000	4,008,000	2,763,200	4,204,000	4,208,000	2,923,200	4,404,000	4,408,000	3,083,200
4,008,000	4,012,000	2,766,400	4,208,000	4,212,000	2,926,400	4,408,000	4,412,000	3,086,400
4,012,000	4,016,000	2,769,600	4,212,000	4,216,000	2,929,600	4,412,000	4,416,000	3,089,600
4,016,000	4,020,000	2,772,800	4,216,000	4,220,000	2,932,800	4,416,000	4,420,000	3,092,800
4,020,000	4,024,000	2,776,000	4,220,000	4,224,000	2,936,000	4,420,000	4,424,000	3,096,000
4,024,000	4,028,000	2,779,200	4,224,000	4,228,000	2,939,200	4,424,000	4,428,000	3,099,200
4,028,000	4,032,000	2,782,400	4,228,000	4,232,000	2,942,400	4,428,000	4,432,000	3,102,400
4,032,000	4,036,000	2,785,600	4,232,000	4,236,000	2,945,600	4,432,000	4,436,000	3,105,600
4,036,000	4,040,000	2,788,800	4,236,000	4,240,000	2,948,800	4,436,000	4,440,000	3,108,800
4,040,000	4,044,000	2,792,000	4,240,000	4,244,000	2,952,000	4,440,000	4,444,000	3,112,000
4,044,000	4,048,000	2,795,200	4,244,000	4,248,000	2,955,200	4,444,000	4,448,000	3,115,200
4,048,000	4,052,000	2,798,400	4,248,000	4,252,000	2,958,400	4,448,000	4,452,000	3,118,400
4,052,000	4,056,000	2,801,600	4,252,000	4,256,000	2,961,600	4,452,000	4,456,000	3,121,600
4,056,000	4,060,000	2,804,800	4,256,000	4,260,000	2,964,800	4,456,000	4,460,000	3,124,800
4,060,000	4,064,000	2,808,000	4,260,000	4,264,000	2,968,000	4,460,000	4,464,000	3,128,000
4,064,000	4,068,000	2,811,200	4,264,000	4,268,000	2,971,200	4,464,000	4,468,000	3,131,200
4,068,000	4,072,000	2,814,400	4,268,000	4,272,000	2,974,400	4,468,000	4,472,000	3,134,400
4,072,000	4,076,000	2,817,600	4,272,000	4,276,000	2,977,600	4,472,000	4,476,000	3,137,600
4,076,000	4,080,000	2,820,800	4,276,000	4,280,000	2,980,800	4,476,000	4,480,000	3,140,800
4,080,000	4,084,000	2,824,000	4,280,000	4,284,000	2,984,000	4,480,000	4,484,000	3,144,000
4,084,000	4,088,000	2,827,200	4,284,000	4,288,000	2,987,200	4,484,000	4,488,000	3,147,200
4,088,000	4,092,000	2,830,400	4,288,000	4,292,000	2,990,400	4,488,000	4,492,000	3,150,400
4,092,000	4,096,000	2,833,600	4,292,000	4,296,000	2,993,600	4,492,000	4,496,000	3,153,600
4,096,000	4,100,000	2,836,800	4,296,000	4,300,000	2,996,800	4,496,000	4,500,000	3,156,800
4,100,000	4,104,000	2,840,000	4,300,000	4,304,000	3,000,000	4,500,000	4,504,000	3,160,000
4,104,000	4,108,000	2,843,200	4,304,000	4,308,000	3,003,200	4,504,000	4,508,000	3,163,200
4,108,000	4,112,000	2,846,400	4,308,000	4,312,000	3,006,400	4,508,000	4,512,000	3,166,400
4,112,000	4,116,000	2,849,600	4,312,000	4,316,000	3,009,600	4,512,000	4,516,000	3,169,600
4,116,000	4,120,000	2,852,800	4,316,000	4,320,000	3,012,800	4,516,000	4,520,000	3,172,800
4,120,000	4,124,000	2,856,000	4,320,000	4,324,000	3,016,000	4,520,000	4,524,000	3,176,000
4,124,000	4,128,000	2,859,200	4,324,000	4,328,000	3,019,200	4,524,000	4,528,000	3,179,200
4,128,000	4,132,000	2,862,400	4,328,000	4,332,000	3,022,400	4,528,000	4,532,000	3,182,400
4,132,000	4,136,000	2,865,600	4,332,000	4,336,000	3,025,600	4,532,000	4,536,000	3,185,600
4,136,000	4,140,000	2,868,800	4,336,000	4,340,000	3,028,800	4,536,000	4,540,000	3,188,800
4,140,000	4,144,000	2,872,000	4,340,000	4,344,000	3,032,000	4,540,000	4,544,000	3,192,000
4,144,000	4,148,000	2,875,200	4,344,000	4,348,000	3,035,200	4,544,000	4,548,000	3,195,200
4,148,000	4,152,000	2,878,400	4,348,000	4,352,000	3,038,400	4,548,000	4,552,000	3,198,400
4,152,000	4,156,000	2,881,600	4,352,000	4,356,000	3,041,600	4,552,000	4,556,000	3,201,600
4,156,000	4,160,000	2,884,800	4,356,000	4,360,000	3,044,800	4,556,000	4,560,000	3,204,800
4,160,000	4,164,000	2,888,000	4,360,000	4,364,000	3,048,000	4,560,000	4,564,000	3,208,000
4,164,000	4,168,000	2,891,200	4,364,000	4,368,000	3,051,200	4,564,000	4,568,000	3,211,200
4,168,000	4,172,000	2,894,400	4,368,000	4,372,000	3,054,400	4,568,000	4,572,000	3,214,400

給与等の金額		給与所得控除後の給与等の金額	給与等の金額		給与所得控除後の給与等の金額	給与等の金額		給与所得控除後の給与等の金額
以 上	未 満		以 上	未 満		以 上	未 満	
円	円	円	円	円	円	円	円	円
4,572,000	4,576,000	3,217,600	4,772,000	4,776,000	3,377,600	4,972,000	4,976,000	3,537,600
4,576,000	4,580,000	3,220,800	4,776,000	4,780,000	3,380,800	4,976,000	4,980,000	3,540,800
4,580,000	4,584,000	3,224,000	4,780,000	4,784,000	3,384,000	4,980,000	4,984,000	3,544,000
4,584,000	4,588,000	3,227,200	4,784,000	4,788,000	3,387,200	4,984,000	4,988,000	3,547,200
4,588,000	4,592,000	3,230,400	4,788,000	4,792,000	3,390,400	4,988,000	4,992,000	3,550,400
4,592,000	4,596,000	3,233,600	4,792,000	4,796,000	3,393,600	4,992,000	4,996,000	3,553,600
4,596,000	4,600,000	3,236,800	4,796,000	4,800,000	3,396,800	4,996,000	5,000,000	3,556,800
4,600,000	4,604,000	3,240,000	4,800,000	4,804,000	3,400,000	5,000,000	5,004,000	3,560,000
4,604,000	4,608,000	3,243,200	4,804,000	4,808,000	3,403,200	5,004,000	5,008,000	3,563,200
4,608,000	4,612,000	3,246,400	4,808,000	4,812,000	3,406,400	5,008,000	5,012,000	3,566,400
4,612,000	4,616,000	3,249,600	4,812,000	4,816,000	3,409,600	5,012,000	5,016,000	3,569,600
4,616,000	4,620,000	3,252,800	4,816,000	4,820,000	3,412,800	5,016,000	5,020,000	3,572,800
4,620,000	4,624,000	3,256,000	4,820,000	4,824,000	3,416,000	5,020,000	5,024,000	3,576,000
4,624,000	4,628,000	3,259,200	4,824,000	4,828,000	3,419,200	5,024,000	5,028,000	3,579,200
4,628,000	4,632,000	3,262,400	4,828,000	4,832,000	3,422,400	5,028,000	5,032,000	3,582,400
4,632,000	4,636,000	3,265,600	4,832,000	4,836,000	3,425,600	5,032,000	5,036,000	3,585,600
4,636,000	4,640,000	3,268,800	4,836,000	4,840,000	3,428,800	5,036,000	5,040,000	3,588,800
4,640,000	4,644,000	3,272,000	4,840,000	4,844,000	3,432,000	5,040,000	5,044,000	3,592,000
4,644,000	4,648,000	3,275,200	4,844,000	4,848,000	3,435,200	5,044,000	5,048,000	3,595,200
4,648,000	4,652,000	3,278,400	4,848,000	4,852,000	3,438,400	5,048,000	5,052,000	3,598,400
4,652,000	4,656,000	3,281,600	4,852,000	4,856,000	3,441,600	5,052,000	5,056,000	3,601,600
4,656,000	4,660,000	3,284,800	4,856,000	4,860,000	3,444,800	5,056,000	5,060,000	3,604,800
4,660,000	4,664,000	3,288,000	4,860,000	4,864,000	3,448,000	5,060,000	5,064,000	3,608,000
4,664,000	4,668,000	3,291,200	4,864,000	4,868,000	3,451,200	5,064,000	5,068,000	3,611,200
4,668,000	4,672,000	3,294,400	4,868,000	4,872,000	3,454,400	5,068,000	5,072,000	3,614,400
4,672,000	4,676,000	3,297,600	4,872,000	4,876,000	3,457,600	5,072,000	5,076,000	3,617,600
4,676,000	4,680,000	3,300,800	4,876,000	4,880,000	3,460,800	5,076,000	5,080,000	3,620,800
4,680,000	4,684,000	3,304,000	4,880,000	4,884,000	3,464,000	5,080,000	5,084,000	3,624,000
4,684,000	4,688,000	3,307,200	4,884,000	4,888,000	3,467,200	5,084,000	5,088,000	3,627,200
4,688,000	4,692,000	3,310,400	4,888,000	4,892,000	3,470,400	5,088,000	5,092,000	3,630,400
4,692,000	4,696,000	3,313,600	4,892,000	4,896,000	3,473,600	5,092,000	5,096,000	3,633,600
4,696,000	4,700,000	3,316,800	4,896,000	4,900,000	3,476,800	5,096,000	5,100,000	3,636,800
4,700,000	4,704,000	3,320,000	4,900,000	4,904,000	3,480,000	5,100,000	5,104,000	3,640,000
4,704,000	4,708,000	3,323,200	4,904,000	4,908,000	3,483,200	5,104,000	5,108,000	3,643,200
4,708,000	4,712,000	3,326,400	4,908,000	4,912,000	3,486,400	5,108,000	5,112,000	3,646,400
4,712,000	4,716,000	3,329,600	4,912,000	4,916,000	3,489,600	5,112,000	5,116,000	3,649,600
4,716,000	4,720,000	3,332,800	4,916,000	4,920,000	3,492,800	5,116,000	5,120,000	3,652,800
4,720,000	4,724,000	3,336,000	4,920,000	4,924,000	3,496,000	5,120,000	5,124,000	3,656,000
4,724,000	4,728,000	3,339,200	4,924,000	4,928,000	3,499,200	5,124,000	5,128,000	3,659,200
4,728,000	4,732,000	3,342,400	4,928,000	4,932,000	3,502,400	5,128,000	5,132,000	3,662,400
4,732,000	4,736,000	3,345,600	4,932,000	4,936,000	3,505,600	5,132,000	5,136,000	3,665,600
4,736,000	4,740,000	3,348,800	4,936,000	4,940,000	3,508,800	5,136,000	5,140,000	3,668,800
4,740,000	4,744,000	3,352,000	4,940,000	4,944,000	3,512,000	5,140,000	5,144,000	3,672,000
4,744,000	4,748,000	3,355,200	4,944,000	4,948,000	3,515,200	5,144,000	5,148,000	3,675,200
4,748,000	4,752,000	3,358,400	4,948,000	4,952,000	3,518,400	5,148,000	5,152,000	3,678,400
4,752,000	4,756,000	3,361,600	4,952,000	4,956,000	3,521,600	5,152,000	5,156,000	3,681,600
4,756,000	4,760,000	3,364,800	4,956,000	4,960,000	3,524,800	5,156,000	5,160,000	3,684,800
4,760,000	4,764,000	3,368,000	4,960,000	4,964,000	3,528,000	5,160,000	5,164,000	3,688,000
4,764,000	4,768,000	3,371,200	4,964,000	4,968,000	3,531,200	5,164,000	5,168,000	3,691,200
4,768,000	4,772,000	3,374,400	4,968,000	4,972,000	3,534,400	5,168,000	5,172,000	3,694,400

給与等の金額		給与所得控除後の給与等の金額	給与等の金額		給与所得控除後の給与等の金額	給与等の金額		給与所得控除後の給与等の金額
以上	未満		以上	未満		以上	未満	
円	円	円	円	円	円	円	円	円
5,172,000	5,176,000	3,697,600	5,372,000	5,376,000	3,857,600	5,572,000	5,576,000	4,017,600
5,176,000	5,180,000	3,700,800	5,376,000	5,380,000	3,860,800	5,576,000	5,580,000	4,020,800
5,180,000	5,184,000	3,704,000	5,380,000	5,384,000	3,864,000	5,580,000	5,584,000	4,024,000
5,184,000	5,188,000	3,707,200	5,384,000	5,388,000	3,867,200	5,584,000	5,588,000	4,027,200
5,188,000	5,192,000	3,710,400	5,388,000	5,392,000	3,870,400	5,588,000	5,592,000	4,030,400
5,192,000	5,196,000	3,713,600	5,392,000	5,396,000	3,873,600	5,592,000	5,596,000	4,033,600
5,196,000	5,200,000	3,716,800	5,396,000	5,400,000	3,876,800	5,596,000	5,600,000	4,036,800
5,200,000	5,204,000	3,720,000	5,400,000	5,404,000	3,880,000	5,600,000	5,604,000	4,040,000
5,204,000	5,208,000	3,723,200	5,404,000	5,408,000	3,883,200	5,604,000	5,608,000	4,043,200
5,208,000	5,212,000	3,726,400	5,408,000	5,412,000	3,886,400	5,608,000	5,612,000	4,046,400
5,212,000	5,216,000	3,729,600	5,412,000	5,416,000	3,889,600	5,612,000	5,616,000	4,049,600
5,216,000	5,220,000	3,732,800	5,416,000	5,420,000	3,892,800	5,616,000	5,620,000	4,052,800
5,220,000	5,224,000	3,736,000	5,420,000	5,424,000	3,896,000	5,620,000	5,624,000	4,056,000
5,224,000	5,228,000	3,739,200	5,424,000	5,428,000	3,899,200	5,624,000	5,628,000	4,059,200
5,228,000	5,232,000	3,742,400	5,428,000	5,432,000	3,902,400	5,628,000	5,632,000	4,062,400
5,232,000	5,236,000	3,745,600	5,432,000	5,436,000	3,905,600	5,632,000	5,636,000	4,065,600
5,236,000	5,240,000	3,748,800	5,436,000	5,440,000	3,908,800	5,636,000	5,640,000	4,068,800
5,240,000	5,244,000	3,752,000	5,440,000	5,444,000	3,912,000	5,640,000	5,644,000	4,072,000
5,244,000	5,248,000	3,755,200	5,444,000	5,448,000	3,915,200	5,644,000	5,648,000	4,075,200
5,248,000	5,252,000	3,758,400	5,448,000	5,452,000	3,918,400	5,648,000	5,652,000	4,078,400
5,252,000	5,256,000	3,761,600	5,452,000	5,456,000	3,921,600	5,652,000	5,656,000	4,081,600
5,256,000	5,260,000	3,764,800	5,456,000	5,460,000	3,924,800	5,656,000	5,660,000	4,084,800
5,260,000	5,264,000	3,768,000	5,460,000	5,464,000	3,928,000	5,660,000	5,664,000	4,088,000
5,264,000	5,268,000	3,771,200	5,464,000	5,468,000	3,931,200	5,664,000	5,668,000	4,091,200
5,268,000	5,272,000	3,774,400	5,468,000	5,472,000	3,934,400	5,668,000	5,672,000	4,094,400
5,272,000	5,276,000	3,777,600	5,472,000	5,476,000	3,937,600	5,672,000	5,676,000	4,097,600
5,276,000	5,280,000	3,780,800	5,476,000	5,480,000	3,940,800	5,676,000	5,680,000	4,100,800
5,280,000	5,284,000	3,784,000	5,480,000	5,484,000	3,944,000	5,680,000	5,684,000	4,104,000
5,284,000	5,288,000	3,787,200	5,484,000	5,488,000	3,947,200	5,684,000	5,688,000	4,107,200
5,288,000	5,292,000	3,790,400	5,488,000	5,492,000	3,950,400	5,688,000	5,692,000	4,110,400
5,292,000	5,296,000	3,793,600	5,492,000	5,496,000	3,953,600	5,692,000	5,696,000	4,113,600
5,296,000	5,300,000	3,796,800	5,496,000	5,500,000	3,956,800	5,696,000	5,700,000	4,116,800
5,300,000	5,304,000	3,800,000	5,500,000	5,504,000	3,960,000	5,700,000	5,704,000	4,120,000
5,304,000	5,308,000	3,803,200	5,504,000	5,508,000	3,963,200	5,704,000	5,708,000	4,123,200
5,308,000	5,312,000	3,806,400	5,508,000	5,512,000	3,966,400	5,708,000	5,712,000	4,126,400
5,312,000	5,316,000	3,809,600	5,512,000	5,516,000	3,969,600	5,712,000	5,716,000	4,129,600
5,316,000	5,320,000	3,812,800	5,516,000	5,520,000	3,972,800	5,716,000	5,720,000	4,132,800
5,320,000	5,324,000	3,816,000	5,520,000	5,524,000	3,976,000	5,720,000	5,724,000	4,136,000
5,324,000	5,328,000	3,819,200	5,524,000	5,528,000	3,979,200	5,724,000	5,728,000	4,139,200
5,328,000	5,332,000	3,822,400	5,528,000	5,532,000	3,982,400	5,728,000	5,732,000	4,142,400
5,332,000	5,336,000	3,825,600	5,532,000	5,536,000	3,985,600	5,732,000	5,736,000	4,145,600
5,336,000	5,340,000	3,828,800	5,536,000	5,540,000	3,988,800	5,736,000	5,740,000	4,148,800
5,340,000	5,344,000	3,832,000	5,540,000	5,544,000	3,992,000	5,740,000	5,744,000	4,152,000
5,344,000	5,348,000	3,835,200	5,544,000	5,548,000	3,995,200	5,744,000	5,748,000	4,155,200
5,348,000	5,352,000	3,838,400	5,548,000	5,552,000	3,998,400	5,748,000	5,752,000	4,158,400
5,352,000	5,356,000	3,841,600	5,552,000	5,556,000	4,001,600	5,752,000	5,756,000	4,161,600
5,356,000	5,360,000	3,844,800	5,556,000	5,560,000	4,004,800	5,756,000	5,760,000	4,164,800
5,360,000	5,364,000	3,848,000	5,560,000	5,564,000	4,008,000	5,760,000	5,764,000	4,168,000
5,364,000	5,368,000	3,851,200	5,564,000	5,568,000	4,011,200	5,764,000	5,768,000	4,171,200
5,368,000	5,372,000	3,854,400	5,568,000	5,572,000	4,014,400	5,768,000	5,772,000	4,174,400

資料**9** 年末調整等のための給与所得控除後の給与等の金額の表（令和2年分） *313*

(5,772,000円～6,371,999円)

給与等の金額		給与所得控除後の給与等の金額	給与等の金額		給与所得控除後の給与等の金額	給与等の金額		給与所得控除後の給与等の金額
以上	未満		以上	未満		以上	未満	
円	円	円	円	円	円	円	円	円
5,772,000	5,776,000	4,177,600	5,972,000	5,976,000	4,337,600	6,172,000	6,176,000	4,497,600
5,776,000	5,780,000	4,180,800	5,976,000	5,980,000	4,340,800	6,176,000	6,180,000	4,500,800
5,780,000	5,784,000	4,184,000	5,980,000	5,984,000	4,344,000	6,180,000	6,184,000	4,504,000
5,784,000	5,788,000	4,187,200	5,984,000	5,988,000	4,347,200	6,184,000	6,188,000	4,507,200
5,788,000	5,792,000	4,190,400	5,988,000	5,992,000	4,350,400	6,188,000	6,192,000	4,510,400
5,792,000	5,796,000	4,193,600	5,992,000	5,996,000	4,353,600	6,192,000	6,196,000	4,513,600
5,796,000	5,800,000	4,196,800	5,996,000	6,000,000	4,356,800	6,196,000	6,200,000	4,516,800
5,800,000	5,804,000	4,200,000	6,000,000	6,004,000	4,360,000	6,200,000	6,204,000	4,520,000
5,804,000	5,808,000	4,203,200	6,004,000	6,008,000	4,363,200	6,204,000	6,208,000	4,523,200
5,808,000	5,812,000	4,206,400	6,008,000	6,012,000	4,366,400	6,208,000	6,212,000	4,526,400
5,812,000	5,816,000	4,209,600	6,012,000	6,016,000	4,369,600	6,212,000	6,216,000	4,529,600
5,816,000	5,820,000	4,212,800	6,016,000	6,020,000	4,372,800	6,216,000	6,220,000	4,532,800
5,820,000	5,824,000	4,216,000	6,020,000	6,024,000	4,376,000	6,220,000	6,224,000	4,536,000
5,824,000	5,828,000	4,219,200	6,024,000	6,028,000	4,379,200	6,224,000	6,228,000	4,539,200
5,828,000	5,832,000	4,222,400	6,028,000	6,032,000	4,382,400	6,228,000	6,232,000	4,542,400
5,832,000	5,836,000	4,225,600	6,032,000	6,036,000	4,385,600	6,232,000	6,236,000	4,545,600
5,836,000	5,840,000	4,228,800	6,036,000	6,040,000	4,388,800	6,236,000	6,240,000	4,548,800
5,840,000	5,844,000	4,232,000	6,040,000	6,044,000	4,392,000	6,240,000	6,244,000	4,552,000
5,844,000	5,848,000	4,235,200	6,044,000	6,048,000	4,395,200	6,244,000	6,248,000	4,555,200
5,848,000	5,852,000	4,238,400	6,048,000	6,052,000	4,398,400	6,248,000	6,252,000	4,558,400
5,852,000	5,856,000	4,241,600	6,052,000	6,056,000	4,401,600	6,252,000	6,256,000	4,561,600
5,856,000	5,860,000	4,244,800	6,056,000	6,060,000	4,404,800	6,256,000	6,260,000	4,564,800
5,860,000	5,864,000	4,248,000	6,060,000	6,064,000	4,408,000	6,260,000	6,264,000	4,568,000
5,864,000	5,868,000	4,251,200	6,064,000	6,068,000	4,411,200	6,264,000	6,268,000	4,571,200
5,868,000	5,872,000	4,254,400	6,068,000	6,072,000	4,414,400	6,268,000	6,272,000	4,574,400
5,872,000	5,876,000	4,257,600	6,072,000	6,076,000	4,417,600	6,272,000	6,276,000	4,577,600
5,876,000	5,880,000	4,260,800	6,076,000	6,080,000	4,420,800	6,276,000	6,280,000	4,580,800
5,880,000	5,884,000	4,264,000	6,080,000	6,084,000	4,424,000	6,280,000	6,284,000	4,584,000
5,884,000	5,888,000	4,267,200	6,084,000	6,088,000	4,427,200	6,284,000	6,288,000	4,587,200
5,888,000	5,892,000	4,270,400	6,088,000	6,092,000	4,430,400	6,288,000	6,292,000	4,590,400
5,892,000	5,896,000	4,273,600	6,092,000	6,096,000	4,433,600	6,292,000	6,296,000	4,593,600
5,896,000	5,900,000	4,276,800	6,096,000	6,100,000	4,436,800	6,296,000	6,300,000	4,596,800
5,900,000	5,904,000	4,280,000	6,100,000	6,104,000	4,440,000	6,300,000	6,304,000	4,600,000
5,904,000	5,908,000	4,283,200	6,104,000	6,108,000	4,443,200	6,304,000	6,308,000	4,603,200
5,908,000	5,912,000	4,286,400	6,108,000	6,112,000	4,446,400	6,308,000	6,312,000	4,606,400
5,912,000	5,916,000	4,289,600	6,112,000	6,116,000	4,449,600	6,312,000	6,316,000	4,609,600
5,916,000	5,920,000	4,292,800	6,116,000	6,120,000	4,452,800	6,316,000	6,320,000	4,612,800
5,920,000	5,924,000	4,296,000	6,120,000	6,124,000	4,456,000	6,320,000	6,324,000	4,616,000
5,924,000	5,928,000	4,299,200	6,124,000	6,128,000	4,459,200	6,324,000	6,328,000	4,619,200
5,928,000	5,932,000	4,302,400	6,128,000	6,132,000	4,462,400	6,328,000	6,332,000	4,622,400
5,932,000	5,936,000	4,305,600	6,132,000	6,136,000	4,465,600	6,332,000	6,336,000	4,625,600
5,936,000	5,940,000	4,308,800	6,136,000	6,140,000	4,468,800	6,336,000	6,340,000	4,628,800
5,940,000	5,944,000	4,312,000	6,140,000	6,144,000	4,472,000	6,340,000	6,344,000	4,632,000
5,944,000	5,948,000	4,315,200	6,144,000	6,148,000	4,475,200	6,344,000	6,348,000	4,635,200
5,948,000	5,952,000	4,318,400	6,148,000	6,152,000	4,478,400	6,348,000	6,352,000	4,638,400
5,952,000	5,956,000	4,321,600	6,152,000	6,156,000	4,481,600	6,352,000	6,356,000	4,641,600
5,956,000	5,960,000	4,324,800	6,156,000	6,160,000	4,484,800	6,356,000	6,360,000	4,644,800
5,960,000	5,964,000	4,328,000	6,160,000	6,164,000	4,488,000	6,360,000	6,364,000	4,648,000
5,964,000	5,968,000	4,331,200	6,164,000	6,168,000	4,491,200	6,364,000	6,368,000	4,651,200
5,968,000	5,972,000	4,334,400	6,168,000	6,172,000	4,494,400	6,368,000	6,372,000	4,654,400

給与等の金額		給与所得控除後の給与等の金額	給与等の金額		給与所得控除後の給与等の金額	給与等の金額		給与所得控除後の給与等の金額
以上	未満		以上	未満		以上	未満	
円	円	円	円	円	円	円	円	
6,372,000	6,376,000	4,657,600	6,492,000	6,496,000	4,753,600	6,600,000	8,500,000	給与等の金額に90%を乗じて算出した金額から1,100,000円を控除した金額
6,376,000	6,380,000	4,660,800	6,496,000	6,500,000	4,756,800			
6,380,000	6,384,000	4,664,000	6,500,000	6,504,000	4,760,000			
6,384,000	6,388,000	4,667,200	6,504,000	6,508,000	4,763,200			
6,388,000	6,392,000	4,670,400	6,508,000	6,512,000	4,766,400			
6,392,000	6,396,000	4,673,600	6,512,000	6,516,000	4,769,600	8,500,000	20,000,000	給与等の金額から1,950,000円を控除した金額
6,396,000	6,400,000	4,676,800	6,516,000	6,520,000	4,772,800			
6,400,000	6,404,000	4,680,000	6,520,000	6,524,000	4,776,000			
6,404,000	6,408,000	4,683,200	6,524,000	6,528,000	4,779,200			
6,408,000	6,412,000	4,686,400	6,528,000	6,532,000	4,782,400			
6,412,000	6,416,000	4,689,600	6,532,000	6,536,000	4,785,600	20,000,000円		18,050,000円
6,416,000	6,420,000	4,692,800	6,536,000	6,540,000	4,788,800			
6,420,000	6,424,000	4,696,000	6,540,000	6,544,000	4,792,000			
6,424,000	6,428,000	4,699,200	6,544,000	6,548,000	4,795,200			
6,428,000	6,432,000	4,702,400	6,548,000	6,552,000	4,798,400			
6,432,000	6,436,000	4,705,600	6,552,000	6,556,000	4,801,600			
6,436,000	6,440,000	4,708,800	6,556,000	6,560,000	4,804,800			
6,440,000	6,444,000	4,712,000	6,560,000	6,564,000	4,808,000			
6,444,000	6,448,000	4,715,200	6,564,000	6,568,000	4,811,200			
6,448,000	6,452,000	4,718,400	6,568,000	6,572,000	4,814,400			
6,452,000	6,456,000	4,721,600	6,572,000	6,576,000	4,817,600			
6,456,000	6,460,000	4,724,800	6,576,000	6,580,000	4,820,800			
6,460,000	6,464,000	4,728,000	6,580,000	6,584,000	4,824,000			
6,464,000	6,468,000	4,731,200	6,584,000	6,588,000	4,827,200			
6,468,000	6,472,000	4,734,400	6,588,000	6,592,000	4,830,400			
6,472,000	6,476,000	4,737,600	6,592,000	6,596,000	4,833,600			
6,476,000	6,480,000	4,740,800	6,596,000	6,600,000	4,836,800			
6,480,000	6,484,000	4,744,000						
6,484,000	6,488,000	4,747,200						
6,488,000	6,492,000	4,750,400						

（備考）　給与所得控除後の給与等の金額を求めるには、その年中の給与等の金額に応じ、まず、この表の「給与等の金額」欄の該当する行を求め、次にその行の「給与所得控除後の給与等の金額」欄に記載されている金額を求めます。この金額が、その給与等の金額についての給与所得控除後の給与等の金額です。この場合において、給与等の金額が6,600,000円以上の人の給与所得控除後の給与等の金額に1円未満の端数があるときは、これを切り捨てた額をもってその求める給与所得控除後の給与等の金額とします。

資料10 年末調整のための算出所得税額の速算表（令和2年分）

年末調整の際における年税額は、次の速算表により求めた算出所得税額から住宅借入金等特別控除額を控除し、その控除後の金額（年調所得税額）に102.1％を乗じて求めます。

課税給与所得金額 (A)		税率 (B)	控除額 (C)	税額＝(A) × (B) － (C)
	1,950,000 円以下	5 %	—	(A) × 5 %
1,950,000 円超	3,300,000 円 〃	10 %	97,500 円	(A) × 10 % － 97,500 円
3,300,000 〃	6,950,000 円 〃	20 %	427,500 円	(A) × 20 % － 427,500 円
6,950,000 〃	9,000,000 円 〃	23 %	636,000 円	(A) × 23 % － 636,000 円
9,000,000 〃	18,000,000 円 〃	33 %	1,536,000 円	(A) × 33 % － 1,536,000 円
18,000,000 〃	18,050,000 円 〃	40 %	2,796,000 円	(A) × 40 % － 2,796,000 円

（注）1　課税給与所得金額に1,000円未満の端数があるときは、これを切り捨てます。
　　　2　課税給与所得金額が18,050,000円を超える場合は、年末調整の対象となりません。

出典……全国健康保険協会ホームページ、厚生労働省ホームページ、
　　　　国税庁ホームページ

■執筆者紹介

平澤 貞三（ひらさわ・ていぞう）社会保険労務士
横浜市立大学商学部卒業後、大手国際会計事務所の人事サービス部門にて外資系企業向け給与計算サービスに従事。2008 年、平澤国際社労士事務所創業。2015年、社会保険労務士法人 HR ビジネスマネジメント（HRBM）設立。代表社員として延べ数百社におよぶ外資系企業の給与計算、社会保険手続き、人事労務コンサル業に携わる。

■執筆協力者

菅原 由紀（すがわら・ゆき）社会保険労務士
中央大学文学部卒業後、上場企業の総務部教育課に勤務、社員教育の企画・運営、社内報の編集業務に従事。社労士事務所勤務を経て、2015 年、菅原由紀社会保険労務士事務所開設。人事労務コンサル業を中心に延べ数百社の国内企業の支援を行う。2020 年、HRBM に参画し、横浜事務所代表として人事労務コンサル業に携わる。

木暮 敏洋（こぐれ・としひろ）特定社会保険労務士
立教大学社会学部卒業後、旅行会社にて企業の海外出張手配業務に従事。旅行会社退職後、2002 年より約 18 年間の社会保険労務士事務所勤務を経て、2020 年、木暮社会保険労務士事務所を開設。給与計算、社会保険手続き、人事労務コンサル業に携わる。

落合 敏宏（おちあい・としひろ）ベストキンタイ研究所代表
https://bestkintai.com/

■編集協力者

金子 祐子（かねこ・ゆうこ）社会保険労務士 / HRBM

関根 光（せきね・ひかる）/ HRBM

手に取るように理解がすすむ Q&A 給与計算の実務

2021年5月12日　発行

著　者　　平澤　貞三 ⓒ

発行者　　小泉　定裕

発行所　　株式会社 清文社

東京都千代田区内神田1-6-6（MIF ビル）
〒101-0047　電話 03(6273)7946　FAX 03(3518)0299
大阪市北区天神橋2丁目北2-6（大和南森町ビル）
〒530-0041　電話 06(6135)4050　FAX 06(6135)4059
URL　https://www.skattsei.co.jp/

印刷：亜細亜印刷㈱

ISBN978-4-433-74031-3